토익점수 확 올려주는

New TOEIC

영단어 뉴규

저자 **Howard Kim**

영어영문학을 전공하고 여러 학교와 중앙일보, Korea Times 등에서 영어를 가르쳤다. 계약서 전문 번역일과 웹사이트에서 영작 전문가로 많은 활동을 하였으며, 현재는 집필 작업에 몰두하고 있다.
저서로는 '성공 노하우 비즈니스 영어회화', '비즈니스 영어 쓰기' 등을 비롯하여 비즈니스와 토익 관련 책 10여권이 있다.

⇒ **howardkim777@hanmail.net**

초판 발행	2007년 08월 21일
초판 10쇄	2016년 02월 05일
저자	Howard Kim
발행인	이진곤
발행처	씨앤톡
등록일자	2003년 5월 22일
등록번호	제 313-2003-00192호
ISBN	978-89-6098-018-1 (03740)
주소	서울특별시 서대문구 연희로5길 82 2층
홈페이지	www.seentalk.co.kr
전화	02-338-0092
팩스	02-338-0097

어휘에 승리하는 그날까지!
勝
www.seentalk.co.kr

토익점수 **확** 올려주는

New
TOEIC

영단어 뉴뉴
new new

특별부록
Toeic Voca Box
MP3
무료 다운로드

Howard Kim 저

New Version · Best Voca!

씨앤톡
See&Talk

머리말

매번 책을 내고 서문을 쓸 때마다 책의 내용과 구성에 좀 더 충실할 수 있었는데 하는 아쉬운 생각과 함께 그렇게 하지 못한 것에 대한 부끄러움과 그렇게 할 수 없었던 능력의 한계 때문에 마음이 다소 울적하기도 하다. 그러나 이러한 것들이 밑거름이 되어 다음 책은 좀 더 나은 것이 될 수 있겠지 하는 막연한 기대감으로 안위를 삼고자 한다.

무엇을 얼마나 알고 있나를 측정하는 시험들은 일정한 틀을 갖추고 있다. 토익도 그렇다. 수험자들의 목적은 점수를 많이 받는 것이다. 점수를 많이 받기 위해서는 그것의 틀에 익숙해야 한다. 경향을 빨리 파악하고 그것에 숙달하는 것이다. 모든 영어 시험은 주어진 정보를 신속하게 파악하여 자기의 의견을 빠르고 정확하게 전달하는 능력을 측정하는 방향으로 나가고 있다. 그 중에서도 특히 쓰기에 초점이 맞추어지지 않을 수 없다. 왜냐하면 지금은 모든 일 처리가 이메일이라는 시대적 도구로 이루어지기 때문이다.

이 책의 전체적인 콘셉트는 표현 중심으로 어휘를 공부하도록 되어있다. 즉 덩어리 표현 위주로 공부하게끔 해놓은 것이다. 그래야 글의 파악도 빠르고, 글의 표현도 쉽게 된다. 그리고 단어의 뜻도 기존의 구태의연한 의미로 풀이해놓은 것이 아니라, 일일이 현대에 자주 쓰는 실용적인 뜻을 붙여 놓았다.

책의 구성은 Part1(토익 기출 최상위 영단어), Part2(토익 적중 품사별 영단어), Part3(토익 적중 테마별 영단어), Part4(New 토익 핵심 영단어)로 되어 있고, 파트 밑에는 총 50개의 chapter로 세분되어 있으며, 각 chapter는 [핵심 어휘 따라잡기], [collocation 확인하기], [실전 예문 연습하기], [어휘 개념 파악하기], [토익 보카 박스]로 되어 있다.

끝으로 이 책을 기획하고 편집하고 교정하신 여러 분들과 씨앤톡 사장님에게 고마움을 표한다.

조안연 능내리 작업실에서

"Learning a foreign language is a race against time."
외국어를 습득하는 것은 시간과의 싸움이다.

뉴토익 경향과 어휘 전략

1 뉴토익 시험의 경향

뉴토익이라고 해서 예전 시험과 전혀 별개의 것은 아니다. 다만 지금껏 익숙해온 것과 다소의 차이로 인해 심리적으로 어려움을 느꼈을 수 있다. 실제적으로 보면 첫 시행된 뉴토익의 전체적인 난이도는 예전 토익과 비슷하였다.

듣기에서는 미국식 발음 이외의 발음으로 다소 어렵게 느껴졌을 것이지만 문제의 수준이 어려웠던 것은 아니다. R/C도 새로운 Part 6의 도입과 Part 7에서의 이중지문이라는 부담은 있었지만 오히려 문제는 쉽게 출제되었다.

중요한 것은 충분히 기초를 닦아놓지 않고, 토익 시험 요령이나 감으로 문제를 접하지 말아야 한다는 것이다. 어휘의 정확한 의미와 sense group으로 이루어진 부분을 덩어리로 학습하는 것이 듣기와 읽기에 새로운 지평을 열 수 있는 가장 효율적인 방법이 될 것이다. 결국 어휘를 구태의연한 방법이 아니라, 위에서 말한 새로운 패러다임으로 접근해야 하겠다.

"The drop hollows the stone, not by its force, but by its frequency."

물방울이 돌을 뚫는 데는 '힘'이 아니라 '잦음'이 작용한다.

2 뉴토익 대비 어휘전략

듣기는 무엇보다 다국적 발음에 익숙해야겠다. 평소에 듣기를 꾸준히 하는 습관을 길러야겠고, 의미를 덩어리(sense group) 별로 암기하고 듣고 하는 훈련을 해야겠다. 특히 Part3과 4에서는 청취력뿐만 아니라, 속독속해로 문제를 읽고 푸는 능력이 동시에 필요하다. 세 개의 질문을 기억하면서 각각의 질문에 대한 초점듣기(focused listening)를 해야 한다.

읽기는 기본적인 문법 감각을 우선 익혀야 하고, 그 다음 문장을 전체적으로 보는 능력을 키워야겠다. 제한된 시간에 문제를 풀기 위해서는 평소에 앞에서부터 의미 파악을 할 수 있게 직독직해와 속독 연습이 충분히 되어야 한다. 이렇게 하기 위해서는 무엇보다도 단어를 암기할 때부터 정확한 의미와 함께 관련된 연어(collocation) 훈련이 되어야 살아있는 단어 공부가 될 수 있다.

Part6이 어휘를 묻는 스타일로 바뀌었고 Part7에서도 지문이 늘고, 토플 스타일의 어휘 문제가 나오기 시작했다. 토익에 나올법한 비즈니스 관련 지문(광고문, 업무용 편지, 회람, 공고문 등)을 자주 읽고, 빈출 표현들을 익혀두어야겠다.

이 책의 구성

A 핵심 어휘 따라잡기

표제어가 20개 정도 선별되어 있고, 그것과 관련한 파생어, 동의어, 관련 숙어, 관련 연어 등을 토익 경향에 맞게 추려냈다. 관련 예문은 뉴토익 경향에 맞추어 [실전 예문 연습하기]에 괄호 넣기 문제로 응용하였다.

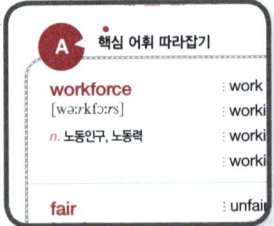

Biz Tips · Point Tips

Biz Tips는 각종 상업문이나 비즈니스 생활에서 나올 수 있는 문장을 선별하여 정리했으므로 독해나 쓰기에 많은 도움이 될 것이다. Point Tips는 Biz Tips에 나오는 문장 속의 핵심표현을 정리한 것이다.

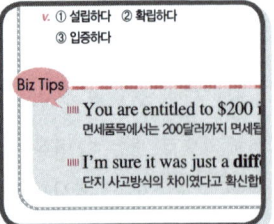

B Collocation 확인하기

collocation(연어 連語)은 두 단어가 결합할 때 어울리는 것이다. 예를 들면 '균형을 이루다'는 'strike a balance'이다. 여기서는 좀 더 확장하여 문장 구조까지 연어로 취급하여 놓았다. 이 부분을 잘 활용하여 듣기, 속독, 쓰기 등에 신기원을 마련하기 바란다.

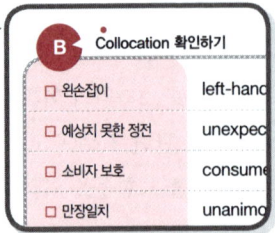

C 실전 예문 연습하기

앞에 표제어로 나온 어휘가 들어간 예문을 토익 경향에 맞추어 괄호 넣기 문제로 만들어 보았다. 답도 혼동하기 쉬운 단어를 같이 놓아 선택하도록 했다. 이렇게 함으로써 비슷한 단어를 함께 공부하도록 했다.

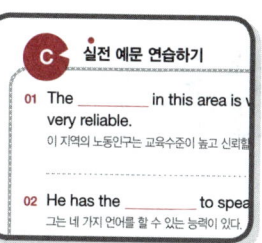

D 어휘 개념 파악하기

어원을 이해해서 단어를 생산적으로 습득할 수 있게 하거나, 단어의 근본 개념을 이해함으로써 그 단어를 자유롭게 활용할 수 있게 하거나, 여러 가지 문법적 기능을 지닌 단어 등을 모아 놓거나 해서 단어를 기능적이고 분석적으로 공부하도록 했다.

토익 보카 박스

이 부분에서는 어휘를 재정, 회계, 교통, 건강, 사무실, 법 등과 같이 분야별로 분류하여 정리를 해놓았다. 같은 분야의 단어를 관련성 있게 암기하여 기억의 상호보완 효과를 볼 수 있을 것이다. MP3 녹음도 충분히 활용하자.

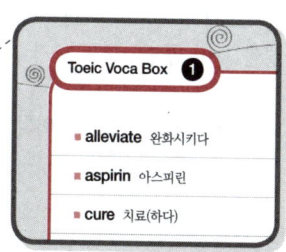

Contents

이 책의
학습 포인트

이 책은 Part1(토익 기출 최상위 영단어), Part2(토익 적중 품사별 영단어), Part3(토익 적중 테마별 영단어), Part4(New 토익 핵심 영단어)로 되어 있다.

파트 밑에는 총 50개의 chapter로 세분되어 있으며, 각 chapter는 [A. 핵심 어휘 따라잡기], [B. collocation 확인하기], [C. 실전 예문 연습하기], [D. 어휘 개념 파악하기], [토익 보카 박스]로 되어 있다.

이 책에서 중점적으로 다룬 내용은 모두 속독속해에 유리한 덩어리 표현을 학습하는 것이다. 뉴토익 경향에서 중요시하는 읽기와 듣기, 쓰기에 모두 필요한 기술이므로 책의 방향 제시대로 학습하여 실전 테스트에서 좋은 성과를 보기 바란다.

PART 1   토익 기출 최상위 영단어

토익 기출 단어 중에 아주 기본적인 단어는 생략하고 어느 정도 수준이 있고, 토익에 빈출하는 단어를 중심으로 선별해 보았다. 기본적인 단어라도 정확한 의미를 새롭게 정립해야 할 경우에는 표제어로 출현시켰다. 표제 단어뿐만 아니라 해당 단어와 관련한 여러 표현도 똑같은 중요성을 두어 공부하도록 하자.

Contents

 PART 2 토익 적중 품사별 영단어

　명사, 형용사·부사, 동사로 구분하여 품사별로 단어를 정리해 놓았다. 이렇게 품사별로 구분하여 학습함으로써 단어 자체뿐만 아니라 문법문제나 괄호 넣기에 적절하게 대응할 수 있는 능력을 기를 수 있다. 모두 18개의 chapter로 구성되어 있고, 명사가 5개, 형용사가 5개, 동사가 8개의 chapter로 구성되어 있다.

PART 3 토익 적중 테마별 영단어

글의 종류별 즉, 서신과 이메일, 광고문, 기사, 공지, 메모, 보고서, 안내, 기타 등으로 분류하여 해당 글에 자주 등장하는 어휘를 모아 표제어로 삼았다. 이렇게 소분류로 집중해 학습함으로써 자신의 취약한 독해와 듣기 평가 부분을 전략적으로 공부할 수 있다.

New 토익 핵심 영단어

중점적으로 공부할 필요가 있거나, 앞의 파트에서 빠졌지만 중요한 어휘들을 정리했으며, 다의어들을 선별하여 여러 가지 의미를 체계적으로 공부할 수 있게 했다. 그리고 어려운 단어지만 문맥을 통해서 의미를 유추해낼 수 있도록 문장을 만들어 제시했고, 듣기, 말하기, 쓰기에서 필요한 단어들을 우리말을 통해 훈련할 수 있게 했다.

"The importance of reading a foreign language aloud, and of rewriting it again and again, can hardly be overestimated."

외국어를 소리 내서 읽고, 또 그것을 몇 번이고 되풀이해서 써 보는 것의 중요성은 아무리 높이 평가해도 지나치지 않다.

Toeic Voca Box

Toeic Voca Box 100% 활용법!

　토익은 사회 여러 곳에서 실제적으로 접하게 되는 다양한 상황에 맞춰 적절하게 영어를 구사할 능력을 가지고 있느냐를 전반적으로 테스트하는 시험이다.

　따라서 토익에서 고득점을 얻기 위해서는 사회 전반에 일상적으로 쓰이는 용어를 기본적으로 습득하여 자유자재로 활용할 수 있어야 한다.

　이러한 어휘력을 바탕으로 말하기, 듣기, 읽기, 쓰기 실력을 쌓으면, 토익 이외에도 어떤 영어 테스트나 실전에서도 자신감을 갖고 임할 수 있다.

　Toeic Voca Box에 정리된 사회 각 분야 용어를 MP3로 매일 반복해 들으면서 완전히 암기하여 실전에 바로 활용하기 바란다.

하루 **10**분 MP3 반복 듣기!

Contents

Part 1

토익 기출 최상위 영단어

토익 기출 단어 중에 아주 기본적인 단어는 생략하고 어느 정도 수준이 있고, 토익에 빈출하는 단어를 중심으로 선별해 보았다. 기본적인 단어라도 정확한 의미를 새롭게 정립해야 할 경우에는 표제어로 출현시켰다. 표제 단어뿐만 아니라 해당 단어와 관련한 여러 표현도 똑같은 중요성을 두어 공부하도록 하자.

A 핵심 어휘 따라잡기

workforce
[wə́ːrkfɔ̀ːrs]
n. 노동인구, 노동력

: work load 작업량
: workings 작동방법
: working class 노동자 계급
: working knowledge 실용지식

fair
[fɛər]
a. 공평한, 정당한
n. 박람회

: unfairly 불공정하게
: fairly and squarely 공정하게, 당당하게
: county fair 군에서 주최하는 박람회

raw
[rɔː]
a. 가공되지 않은, 날것의

: raw material 원자재
: raw recruit 신병
: raw deal 불공평한 거래 (↔ fair deal)

capability
[kèipəbíləti]
n. 능력, 역량, 가능성
   장래성(pl.)

: capable 유능한, 능력 있는
: be capable of ~을 할 수 있는

payable
[péiəbl]
a. 지불해야 할

: paycheck 임금 지불 수표
: payment 지불 (금)
: make a payment on ~에 대해 지불하다

establish
[istǽbliʃ]
v. ① 설립하다 ② 확립하다
   ③ 입증하다

: establishment 설립, 창립, 제정
: establish oneself as ~로 자리를 잡다

Biz Tips

▪ You are entitled to $200 in **duty free items**.
면세품목에서는 200달러까지 면세됩니다.

▪ I'm sure it was just a **different way of thinking**.
단지 사고방식의 차이였다고 확신합니다.

● 핵심 어휘 따라잡기   A

attraction
[ətrǽkʃən]

n. ① 매력, 매력적인 점 ② 명승지

: attract ~의 마음을 끌다, 끌어당기다
: attractive 매력적인, 사람의 마음을 끄는

---

apparently
[əpǽrəntli]

ad. 명백하게, 명확하게

: apparent 명백한, 명확한
: *syn.* clearly, plainly, obviously

---

disaster
[dizǽstər]

n. ① 재난, 재해, 참사
  ② 완전한 실패

: disastrous 비참한, 재난의, 재해의
: disaster relief 재난구호기금
: *syn.* catastrophe, calamity 재난, 재해

---

debate
[dibéit]

v. ① 논쟁하다 ② 숙고하다
n. 토론, 논쟁

: debate on the issue 그 문제에 대해 논하다
: *syn.* ①dispute ②deliberate, discuss

---

estate
[istéit]

n. ① (땅이 넓은) 저택 ② 유산

: real estate 부동산
: personal estate 동산

---

brochure
[brouʃúər]

n. 소책자, 팸플릿

: brochure about trips 여행에 관한 소책자
: *syn.* booklet, leaflet, pamphlet

Point Tips

꜀꜀ duty free items 면세품목
꜀꜀ a different way of thinking 사고방식의 차이

핵심 어휘 따라잡기

exhaustive
[igzɔ́:stive]
a. 완전한, 철저한

: exhaust *v.* ① 다 써버리다 ② 철저히 다루다
      ③ 기진맥진하게 하다   *n.* 배기가스
: exhausted 녹초가 된
: exhausting 지치게 만드는

embarrass
[imbǽrəs]
v. 당혹하게 하다, 난처하게 하다

: embarrassingly 난처하게
: embarrassed 난처한
: *syn.* perplexed, puzzled, at a loss 난처한

conclude
[kənklú:d]
v. 결론을 내리다, 결정하다

: concluding 끝맺는, 최종적인
: conclusion 결론, 결말, 조약 따위의 체결
: conclusive 결정적인, 확실한, 단호한
: conclusively 결정적으로, 단호하게

rigid
[rídʒid]
a. ① 단단한 ② 엄격한

: rigor 엄밀함   rigidity 완고함   rigidly 엄격하게
: *syn.* ①stiff, hard ②rigorous, strict, stern

modify
[mɑ́dəfài]
v. 수정하다, 변경하다

: modification 수정, 변경, 변화
: modify one's opinions 의견을 수정하다
: *syn.* alter, make a change, amend

fundamental
[fʌ̀ndəméntl]
a. 기초가 되는, 핵심적인
n. 기본원칙, 원리

: a fundamental principle 기본적인 원칙
: a fundamental needs 필수 요건

Biz Tips

〰 There will be many **photo opportunities** along the way.
여행하는 동안 사진 찍을 기회는 많을 것이다.

〰 The young university graduate was about to **begin his career**.
그 젊은 대학 졸업생은 이제 막 사회생활을 시작하려는 찰나였다.

solid
[sɑ́lid]

a. ① 단단한, 고체의 ② 견실한
③ 속이 꽉 찬

: solidly 견고하게, 확실하게
: solidify ① 굳히다 ② 확정짓다
: a solid reputation for honesty
　정직하다는 확고한 평판
: solidify one's plans 자신의 계획을 굳히다

---

evident
[évidənt]

a. 명백한, 뚜렷한

: evidence 증거, 증거물
: evidently 분명히, 겉으로 보기에는
: *syn.* apparent, obvious

---

producible
[prədjúːsəbl]

a. 생산할 수 있는

: production 생산, 제작
: productivity 생산성
: product 생산품, 결과
: productive 생산적인
: produce *n.* 농산물, 제품 *v.* 생산하다, 꺼내다
: produce a knife 칼을 꺼내다

---

hire
[háiər]

v. ① 고용하다 ② 임대하다
n. 피고용인

: hire on as ~로서 고용되다
: for hire 임대하여, 고용되어
: murder-for-hire 청부살인
: hired hand 단순 노무자
: hiring 고용, 잡부

---

licensee
[làisənsíː]

n. 허가받은 사람[기업]

: license 자격증
: All barber shops in the city are licensees of
　the City Board of Health.
　이 도시의 모든 이발소는 시 보건국의 허가를 받은
　가게들이다.

Point Tips

ⅢⅢ **photo opportunities** 사진 찍을 기회

ⅢⅢ **begin one's career** 사회생활을 시작하다

Collocation 확인하기

☐ 왼손잡이	left-handed person
☐ 예상치 못한 정전	unexpected power failure
☐ 소비자 보호	consumer protection
☐ 만장일치	unanimous agreement
☐ 위기일발	close call
☐ 대중인지도	public awareness, high-profile
☐ 말뿐인 약속	empty promise
☐ 온라인 송금	wire transfer
☐ 미확인 보도	unconfirmed report
☐ 신장이식	kidney transplant
☐ 시간이 걸리는 일	time-consuming work
☐ 마음의 자세	frame of mind
☐ 빙산의 일각	the tip of the iceberg
☐ 사람의 왕래가 많은	high traffic
☐ 부모의 동의	parental consent
☐ 실업률	jobless rate

NOTE

- **unanimous** 만장일치의 ・ **transplant** 이식하다
- **consent** 동의(하다)[by common consent 만장일치로]
- **parental** 부모의[parental authority 친권]
- **right-handed person** 오른손잡이 ・ **ambidextrous person** 양손잡이

☐ 세금을 징수하다	levy tax, collect tax
☐ 목록을 작성하다	draw up a list, make a list
☐ 균형을 유지하다	strike a balance
☐ 벌금을 부과하다	impose a fine
☐ 세금을 부과하다	impose tax
☐ 벌금을 당하다	incur a fine
☐ 소임을 다하다	pull one's weight
☐ 시선을 끄는 옷	eye-catching clothes
☐ 싸움을 걸다	pick up a fight
☐ 압력을 가하다	exert press
☐ 서면으로	in writing
☐ 외판원	traveling salesman
☐ 모금운동	fund-raising campaign
☐ 일회용 기저귀	throwaway[disposal] diaper
☐ 수요와 공급의 법칙	law of supply and demand
☐ 대기오염	air pollution
☐ 대체에너지	alternative energy

- **levy** 거두어들이다, 징발하다
- **impose** 부과하다, 이용하다, 불편하게 하다
- **exert** 발휘하다, 행사하다 [exert every effort 전력을 다하다
  | exert a favorable influence on ~에게 좋은 영향을 미치다]

실전 예문 연습하기

01 The _____ in this area is well-educated and
very reliable.
이 지역의 노동인구는 교육수준이 높고 신뢰할 만하다.

A workforce
B task force

02 He has the _____ to speak four languages.
그는 네 가지 언어를 할 수 있는 능력이 있다.

A capability
B aptitude

03 The loan is _____ on the first of each month.
그 대출금은 매달 1일에 지불해야 한다.

A payment
B payable

04 Over a period of years, she _____ a reputation
as a fine lawyer.
여러 해에 걸쳐 그녀는 훌륭한 변호사로서 명성을 확립했다.

A established
B installed

05 Niagara Falls is a major _____ for people
visiting the United States.
나이아가라 폭포는 미국을 방문하는 이들에게 주된 명승지이다.

A attribution
B attraction

06 The party was a _____; the food was bad and
the band was lousy.
파티는 완전히 실패작이었다. 음식도 맛이 없었고 밴드도 형편없었다.

A disorder
B disaster

07 Two political parties _____ the merits of the bill
before voting it into law.
두 정당은 표결에 앞서 그 법안의 장점에 대해 논쟁을 벌였다.

A despised
B debated

08 We _____ one topic of discussion and started
another.
우리는 한 주제에 대해 토론을 완전히 끝내고 다른 주제 토의를 시작했다.

A exhausted
B exhaled

Answer

||||| 01 A   02 A   03 B   04 A   05 B   06 B   07 B   08 A

09 Many countries battle constantly to reduce
_____.

A pollution
B fossil fuel

많은 나라에서 오염을 줄이기 위해 끊임없이 노력한다.

---

10 Leave your address, and we'll send you a free
_____.

A brochure
B bromide

주소를 알려 주시면 무료로 광고용 소책자를 보내 드리겠습니다.

---

11 The government has _____ laws about taxes.

A rigid
B regimen

정부는 세금납부에 대한 엄격한 법을 가지고 있다.

---

12 He was loud and angry, and his friends told him to
_____ his behavior.

A moderate
B modify

그가 소리 지르며 화를 내자 친구들은 그에게 태도를 바꾸라고 말했다.

---

13 Temporary agencies_____out workers to other
companies.

A hinder
B hire

임시 고용인 중개사는 노동자들을 다른 회사에 고용시킨다.

---

14 He has a small store where he sells fish and
_____.

A produce
B product

그는 생선과 농산물을 파는 조그만 가게를 가지고 있다.

---

15 The boy was hospitalized after the accident,
but now he is under _____ care at home.

A paramedic
B parental

그 소년은 사고 후 병원에 입원했지만, 현재는 집에서 부모가 돌보고 있다.

---

16 He _____ himself to get good grades.

A exerted
B expelled

그는 좋은 점수를 받기 위해 전력을 다했다.

▶ **uni-**는 '하나, 통합'의 의미가 있다.

- **unique** 독특한, 유일한
- **unison** 화합, 일치
- **unity** 일치, 합의
- **unilateral** 일방적인

- **unisex** 남녀공용의
- **unanimous** 만장일치의
- **union** 노동조합, 동맹
- **unify** 통일[단일화]하다

▶ **in-(im-, il-, ir-), dis-, un-, mal-, ab-, extra-, mis-** : 반대의 접두사

- **inconvenience** 불편함
- **improper** 부적절한
- **abnormal** 비정상의
- **malnutrition** 영양실조
- **misdiagnose** 오진하다

- **undesirable** 부적절한
- **illogical** 비논리적인
- **irrational** 비이성적인
- **extramarital** 혼외의
- **disorganized** 정돈이 안 된

▶ **interest**는 '흥미, 관심' 이외에 '이자, 이익, 이해관계자' 등의 의미가 있다.

- **at 5% interest** 5%의 이자로
- **the national interest** 국익
- **agricultural and environmental interests** 농업과 환경 관련 업체들
- **Mr. Kim has many outside interests.**
  김 씨는 일 이외에 다른 많은 관심분야를 가지고 있다.

▶ 기본 단어 확인 학습

- **to sum up** 요약하면
- **remainder** 나머지, 잔여분
- **vomit** 토하다
- **temptation** 유혹
- **canal** 운하, 수로
- **landscape** 풍경, 경치

- **summary** 요약, 개요
- **remainders (= ruins, relics)** 유적
- **complexity** 복잡성, 착잡함
- **run out of** 다 써 버리다
- **cancellation** 말소, 취소, 해제
- **generous** 풍부한, 관대한

P A R T **1** 토익 기출 최상위 영단어

- **alleviate** 완화시키다
- **antibiotics** 항생제
- **aspirin** 아스피린
- **clinic** 개인 병원
- **cure** 치료(하다)
- **diabetes** 당뇨
- **diagnose** 진단하다
- **dose** (약의) 1회분
- **examine** 진찰하다
- **exhale** 숨을 내쉬다
- **fatigue** 피로
- **fever** 열
- **fit** 건강한
- **fitness center** 헬스장
- **food poisoning** 식중독
- **heart attack** 심장마비
- **hospitalize** 입원시키다
- **immunize** 면역성을 주다
- **infectious** 전염성의
- **inflame** 염증을 일으키다
- **inhale** 숨을 들이쉬다
- **life expectancy** 평균 수명
- **life span** 수명
- **limb** 수족
- **longevity** 수명, 장수
- **lung** 폐
- **medical check-up** 건강진단
- **medical services** 의료서비스
- **medication** 약물치료
- **nourish** 영양분을 주다
- **nutrition** 영양
- **nutritious** 영양가가 높은
- **operate** 수술하다
- **operation** 수술
- **organ** 신체기관
- **overdose** 과량의 투여

핵심 어휘 따라잡기

easy-to-follow
[íːzi(ː)-tə-fálou]
a. 따라 하기 쉬운

: as follows 다음과 같이
: follow suit 선례를 따르다
: hard-to-find 찾기 어려운

fully-equipped
[fúli-ikwípt]
a. 완전히 갖춘

: equip (장비를) 갖추다
: a building equipped as hospital
  병원으로서의 설비를 갖춘 건물

buoyant
[bɔ́iənt]
a. ① 뜰 수 있는 ② 명랑한

: buoy 부표, 구명기구
: be buoyant in water 물에 뜨다
: a buoyant personality 명랑한 성격

unify
[júːnəfài]
v. 통합하다, 단일화 하다

: achieve(=bring about) unification
  통일을 이루다
: unify separate ideas into one
  별개의 개념들을 하나로 통합하다

knowingly
[nóuiŋli]
ad. 고의로, 알고서

: on purpose, purposely, intentionally 고의로
: unknowingly 모르고
: in spite of oneself 자신도 모르게

Biz Tips

▥ The labor union is demanding a 20% **pay raise**.
노조는 20%의 임금 인상을 요구하고 있습니다.

▥ I'll give you a raise, **as of January 1** next year.
내년 1월 1일부로 올려 주겠습니다.

alleviate
[əlíːvièit]

v. 경감하다, 완화하다

: alleviation 경감, 완화 (= mitigation)
: alleviate the pain 고통을 완화시키다

---

vary
[vέəri]

v. ① 바꾸다 ② 다르다
　③ 벗어나다

: varying (= all sorts of) 가지각색의
: various (= a variety of = varied) 다양한
: variation ① 변화 ② 근소한 차이
: vary hour by hour 시시각각으로 변하다

---

proximity
[prɑksíməti]

n. 근접, 인접함

: in proximity to ~에 근접하여
: *syn.* neighboring, adjacent

---

mower
[móuər]

n. 잔디 깎는 기계

: mow (mowed‑mown) *v.* (풀 따위를) 베다

---

provoke
[prəvóuk]

v. ① 화나게 하다
　② 자극하여 ~하게 하다

: provocation *n.* 도발, 화낼 이유
: provocative remarks 도발적인 말

---

gravity
[grǽvəti]

n. ① 중력, 인력
　② 중대성, 심각함

: gravitate *v.* 중력에 끌리다, (자연히) 끌리다
: the gravity of the situation 사태의 심각성
: because of the force of gravity
　중력의 힘 때문에

Point Tips

‖‖ pay raise 임금인상

‖‖ as of + 날짜 ~일 부로

핵심 어휘 따라잡기

provision
[prəvíʒən]

n. ① 조항, 규정 ② 대비
③ 식량*(pl.)*

: provisional *a.* 일시적인, 임시의
: a provisional contract 가계약
: proviso [prəváizou] 단서, 조건

convince
[kənvíns]

v. ~에게 납득시키다
~에게 확신시키다

: convincing 설득력 있는
: conviction ① 확신 ② 유죄판결
: convince A of B A에게 B를 확신시키다
: be convinced of ~을 확신하다

serviceable
[sə́:rvisəbl]

a. 사용할 수 있는

: service ① 정비 ② 서비스 ③ 공직 ④ 예배
: serviceman ① 수리공 ② 군인
: be of service to ~에게 도움이 되다
: after-sales service 애프터서비스

convenience
[kənví:njəns]

n. 편리, 편의

: inconvenience 불편, 부자유
: inconvenient 불편한, 형편이 나쁜
: at your earliest convenience 형편대로 조속히

convert
[kənvə́:rt]

v. 전환시키다, 전향시키다

: convertible 전환할 수 있는
: conversion 전환

gravely
[greívli]

ad. 중대하게, 근엄하게, 진지하게

: grave ① 심각한, 중대한 ② 무덤
: dig one's own grave 스스로 무덤을 파다

Biz Tips

⠿ I never **take work home** with me.
나는 절대 일거리를 집으로 가져가지 않는다.

⠿ We must **take a firm line** on this point and refuse to compromise. 이 점에 관해서는 강경책을 취해 타협을 거부해야 합니다.

convention
[kənvénʃən]
n. ① 집회, 대회 ② 관습 ③ 협정

: conventional ① 관습적인 ② 재래식의
: a political convention 전당대회
: unconventional 전통적이 아닌, 독창적인

convene
[kənvíːn]
v. 모으다, 소집하다

: convene a meeting 회의를 소집하다
: convene a parliament 의회를 소집하다

movingly
[múːviŋli]
ad. 감동적으로

: move *v.* 이동시키다, 감동시키다, 이사하다
         n. 행동, 조처
: moving *a.* ① 움직이는 ② 감동적인

salvage
[sǽlvidʒ]
n. ① 구출, 해난구조
     ② 폐품이용
v. 구조하다

: salvageable 수리해서 쓸 수 있는
: a salvage campaign 폐품 수집 운동
: salvation 구원, 구제
: Salvation Army 구세군

prevalent
[prévələnt]
a. 보급된, 유행하고 있는

: be prevalent 유포되고 있다
: prevail ① 이기다 ② 널리 퍼지다
: prevail on ~를 설득하다

Point Tips

▥ take work home 일거리를 집에 가져가다
▥ take a firm line 강경책을 취하다

☐ 간단히 말해서	to put it simply
☐ 기자회견	press conference
☐ 악순환	vicious circle
☐ 비타협적인 사람	uncompromising person
☐ 무역협상	trade negotiations
☐ 연례행사	annual event
☐ 모호한 태도	ambiguous[vague] attitude
☐ 다양한 조치	various steps
☐ 순전한 우연	mere[pure, sheer] coincidence
☐ 심각한 우려	serious concerns
☐ 명백한 사실	plain fact
☐ 급격한 변화	radical[abrupt] change
☐ 긴급한 문제	urgent problem
☐ 우연한 만남	chance meeting
☐ 까다로운 조치	tough measure
☐ 성급한 결정	rash decision, hasty decision
☐ 산업폐기물	industrial waste

NOTE

• **compromise** 타협하다
• **chance** 우연, 기회, 가능성 *(pl.)*
• **rash** 분별없는, 경솔한
• **radical** 근본적인, 급진적인
• **impact** 충돌, 충격, 영향

☐ 영향 평가 보고서	impact statement
☐ 업무 처리 능력	work efficiency
☐ 상업지역	business district
☐ 인공지능	artificial intelligence
☐ 응급조치	first aid
☐ 여론조사를 하다	conduct a poll
☐ 시장조사	market survey
☐ 순간접착제	instant glue
☐ 안전점검	safety inspection
☐ 비유적인 의미	figurative meaning
☐ 원칙적으로	in principle
☐ 다국적 기업	multinational company
☐ 원자재	raw material
☐ 무역장벽	trade barrier
☐ 언어장벽	language barrier
☐ 어림잡은 수치	ball-park figure
☐ 공감을 하다	share one's view

NOTE

• **figurative** 비유적인, 조형적인
[in the figurative sense 비유적인 의미로 | figuratively 비유적으로]

실전 예문 연습하기

01 This manual provides you with an _____ method for selecting and trading stocks.

이 매뉴얼은 증권을 선택하고 거래하는데 따라 하기 쉬운 방법을 제공해 준다.

A easy-to-follow
B sought-after

---

02 Our office is _____ with two powerful computers.

우리 사무실은 두 대의 고성능 컴퓨터를 갖추고 있다.

A provided
B equipped

---

03 She has a _____ personality.

그녀는 명랑한 성격이다.

A pursuant
B buoyant

---

04 The _____ in the weather was from sunshine to rain.

날씨가 맑은 날에서 비 오는 날로 변했다.

A variation
B variety

---

05 Air fares _____ from one airline to another.

항공 운임은 항공사마다 다르다.

A vary
B differ

---

06 Libraries are a good source for _____ information.

도서관은 찾기 힘든 정보를 얻을 수 있는 유용한 출처이다.

A hard-to-find
B unforgettable

---

07 The bank varies the _____ rats every month.

은행은 매달 이자율을 변경한다.

A bear
B interest

---

08 The preacher's sermon was very _____.

그 전도사의 설교는 매우 감동적이었다.

A moved
B moving

---

09 The woman is _____ the lawn.

여자가 잔디를 깎고 있다.

A mowing
B mourning

Answer

||||| 01 A 　 02 B 　 03 B 　 04 A 　 05 A 　 06 A 　 07 B 　 08 B 　 09 A

10 His remarks about her weight _____ her into
    telling him to shut up.
    그가 그녀의 체중에 관해 언급한 것이 그녀로 하여금 그에게 입 닥치라는
    말을 하게 만들었다.

    A provoked
    B made

11 A _____ in that contract calls for half payment
    at the time of signing it.
    그 계약서에는 계약체결시 절반을 지불할 것을 요구하는 조항이 있다.

    A provision
    B provocation

12 You won't _____ anyone by shouting.
    소리 지른다고 먹혀 들어가는 게 아니다.

    A convince
    B convert

13 The doctor prescribed some medication to _____
    my cold symptoms.
    그 의사는 내 감기 증세를 완화시키기 위해 약간의 약을 처방해 주었다.

    A allocate
    B alleviate

14 The lawn mower is _____ since I filled it with
    gas.
    연료를 채워놓았으므로 잔디 깎는 기계를 사용할 수 있다.

    A serviceable
    B served

15 That bond is _____ into common stock.
    그 채권은 일반 주식으로 전환할 수 있는 것이다.

    A convertible
    B conceivable

16 She found an _____ but excellent solution to
    the problem.
    그녀는 그 문제에 대해 전통에 얽매이지 않고 뛰어난 해결책을 찾아냈다.

    A inconvenient
    B unconventional

17 The man is very ill and in _____ condition.
    그 남자는 몹시 아프고 위중한 상태에 있다.

    A grave
    B grieve

Answer

⫼ 10 A   11 A   12 A   13 B   14 A   15 A   16 B   17 A

어휘 개념 파악하기

▶ **agro-, agri-**는 '흙'이나 '농업'을 의미한다.

- **agriculture** 농업
- **agrochemical** 농약
- **agrarian** 농업의
- **agronomy** 농업 경제학

▶ **anthrop-**는 '사람'을 의미한다.

- **anthropology** 인류학
- **philanthropy** 박애, 자선행위
- **philanthropic** 박애주의의
- **philanthropist** 박애주의자

▶ **acute**는 '예리한, 격렬한'의 뜻 이외에 '급성의'란 의미도 있다

- **acute pain** 심한 통증
- **an acute leaf** 끝이 뾰족한 잎
- **an acute disease** 급성 질환
- **an acute lack** 격심한 부족

▶ **'in + 명사'로 된 부사구**

- **in anger** 화가 나서
- **in comfort** 안락하게
- **in triumph** 의기양양하게
- **in poverty** 가난하게
- **in haste** 서둘러
- **in peace** 평온하게

▶ **기본 단어 확인 학습**

- **modest** 겸손한, 정숙한
- **reaction** 반응, 반향
- **majority** 대부분, 성년
- **realistically** 현실적으로
- **aware** 깨닫고[의식하고] 있는
- **scared** 겁먹은
- **chase** 추적(하다)
- **glacier** 빙하
- **diagram** 도표, 도형, 일람표
- **qualification** 자격, 자격증명서
- **manuscript** 원고
- **awareness** 의식, 자각
- **hoarse** 목이 쉰
- **mass** 질량, 군중, 덩어리

● 건강과 병원 2 ●

■ **painkiller** 진통제

■ **palpitation** 고동, 가슴 떨림

■ **paralysis** 마비

■ **patient** 환자

■ **pediatrician** 소아과 의사

■ **perspire** 땀을 흘리다

■ **pharmacist** 약사

■ **pharmacy** 약국

■ **physician** 내과의사

■ **practitioner** 개업의

■ **prescription** 처방전

■ **remedy** 치료(약)

■ **respire** 숨을 쉬다

■ **stomachache** 복통

■ **surgeon** 외과의사

■ **swell** 부어오르다

■ **symptoms** 증상, 징후

■ **tablet** 알약

■ **take medicine** 약을 복용하다

■ **therapy** 치료, 물리요법

■ **toxication** 중독

■ **treat** 치료하다

■ **treatment** 치료

■ **vaccinate** 예방접종을 하다

■ **vaccination** 예방접종

■ **veterinarian** 수의사

■ **vomit** 토하다

■ **ward** 병동

■ **work out** 운동하다

■ **dentist** 치과의사

¤ **be allergic to** ~에 알레르기가 있다
¤ **be on medication** 약을 복용중이다
¤ **fill the prescription** 처방에 따라 약을 조제해 주다
¤ **get the prescription filled** 처방전에 따라 약을 조제해 받다
¤ **over-the-counter medicine** 처방전 없이 사는 약(=OTC)

A 핵심 어휘 따라잡기

urge
[ə:rdʒ]
v. ~하도록 촉구하다, 설득하다
n. 욕망, 충동

: urgent 긴급한, 다급한, 절박한
: have an urge to do ~하고 싶은 욕망이 있다
: urgency 긴급, 절박

huge
[hju:dʒ]
a. 매우 큰, 거대한

: a huge debt 막대한 빚
: a huge man 거구
: *syn.* enormous, immense, tremendous

ripe
[raip]
a. 익은, 성숙한

: ripen *v.* 익다, 원숙해지다
: be ripe for ~의 기회가 무르익다
: be ripe in ~에 숙달해 있다

endeavor
[endévər]
v. 노력하다, 애쓰다
n. ① 노력, 시도 ② 사업

: despite one's best endeavor
  최선을 다했음에도 불구하고
: many business endeavors 많은 사업들

reveal
[rivi:l]
v. 드러내다, 폭로하다

: revelation ① 폭로 ② 뜻밖의 충격적인 사실
: it is a great revelation to me that ~
  ~라는 것은 나에게 충격적인 일이다

solely
[sóulli]
ad. 혼자서, 단독으로, 오지

: I'm solely responsible. 책임은 나에게만 있다.
: the sole reason 유일한 이유
: have ~ solely to oneself ~을 혼자 다 차지하다

Biz Tips

▥ **Do you have any fringe benefit?**
부차적인 혜택이 있습니까?

▥ **I'm under a lot of pressure at work.**
저는 직장에서 많은 압박을 받고 있습니다.

핵심 어휘 따라잡기 A

expectancy
[ikspéktənsi]

n. 기대감, 전망

: life expectancy (= the expectation of life)
  평균 예상 수명
: an expectant mother 임산부
: be expecting a baby (=be pregnant)
  임신 중이다
: have expectations that S+V ~하기를 희망하다
: an unexpected visitor 예기치 않은 손님

affect
[əfékt]

v. ① 영향을 주다
   ② 감동시키다
   ③ ~인 체하다

: be affected by ~에 영향을 받다
: affection 애정(표현)
: affectation 가장, 꾸밈
: affectionless 애정이 없는
: affect a British accent 영국영어를 쓰는 체 하다
: mother's affection 어머니의 애정 표현

reflect
[riflékt]

v. ① 반사하다
   ② 반영하다
   ③ 회고하다

: reflect on ① ~의 평판에 영향을 주다
         ② 곰곰이 생각하다
: clouds reflected in the water 물속에 비친 구름
: reflection ① 반사 ② 반영 ③ 회고 ④ 사상
: my reflection on the mirror 거울 속 나의 모습

handy
[hǽndi]

a. ① 바로 쓸 수 있는
   ② 손재주 있는

: keep a handy ~을 바로 쓸 수 있게 두다
: be handy 손재주가 있다
: come in handy 유용하다

Point Tips

| fringe benefit 부차적인 혜택
| under pressure 압박을 받고 있는

brief
[bri:f]

v. 요약보고하다   *a.* 짧은, 간단한
n. 법적문서

: in brief (= in summary) 요약하면
: briefcase 서류가방
: briefs 삼각팬티
: debrief 보고를 듣다

invest
[invést]

v. 투자하다, 들이다

: invest A in B A를 B에 투자하다
: investment returns 투자수익
: investor 투자자

takeover
[téikòuvər]

n. ① 경영권인수 ② 정권의 탈취

: A takeover can be friendly or hostile.
  경영권인수는 우호적일 수도 적대적일 수도 있다.

enterprise
[éntərpràiz]

n. ① 모험심, 진취적 기상
   ② 회사, 기업

: a government enterprise 공기업
: a private enterprise 사기업
: small-to-medium-sized enterprises 중소기업
: a man of enterprise 진취성 있는 사람

uncertainty
[ʌnsə́:rtənti]

n. 불확실성, 불안정

: be uncertain of ~을 확신하지 못하다

supervise
[sú:pərvàiz]

v. 관리하다, 지휘하다

: supervisor 관리자, 감독자
: supervisory duty 감독관의 의무
: the supervision of new employees
  신입사원의 지도

Biz Tips

⫼ Why don't you **go** home **for the day**?
퇴근하시는 게 어때요?

⫼ The plan was **on the shelf**.
그 계획은 보류되었다.

investigate
[invéstəgèit]

v. ① 조사하다
  ② 평가하다

: investigation ① 조사 ② 검토, 평가
: investigator 조사관, 수사관

conflict
[kánflikt]

n. ① 차이, 불일치
  ② 논쟁 ③ 전쟁
v. 상충되다, 일치하지 않다

: conflict of interest 이해의 상충
: in conflict with ~와 상충하여

freight
[freit]

n. 화물, 화물 운송

: a load of freight 화물 한 짐
: freightage 화물운송, 화물운송료
: freight forward 운임 선불로

craft
[kræft]

n. ① (특수한 기술을 요하는) 일
  직업, 기술
  ② 선박, 항공기, 우주선
  ③ 술책

: arts and crafts 미술 공예
: aircraft and spacecraft 항공기와 우주선
: craftsmanship 장인의 기술, 솜씨

confuse
[kənfjúːz]

v. 혼동시키다, 혼란시키다

: confused 헷갈리는, 혼란스러운
: confusion 혼란, 무질서
: throw into confusion 당황하게 하다

Point Tips

⏐⏐⏐ go for the day 퇴근하다

⏐⏐⏐ on the shelf 보류 중인

Collocation 확인하기

☐ 단번에	at one go, at a single stroke
☐ 끊임없는 노력	incessant [ceaseless] efforts
☐ 사기업	private enterprise [corporation]
☐ 비현실적인 계획	impractical plan
☐ 대출신청	loan application
☐ 시상식	award ceremony
☐ 벼룩시장	flea market
☐ 우선순위를 정하다	set a priority
☐ 안전수칙	safety tips
☐ 사양산업	sunset [declining] industry
☐ 모회사, 지주회사	holding company
☐ 운영비	operating expense
☐ 산성비	acid rain
☐ 일시불	lump-sum payment
☐ 노동분쟁	labor dispute
☐ 부품부족	parts shortage
☐ 민간부분	private sector

NOTE
- incessant 끊임없는 [an incessant noise 끊임없는 소음]
- application 적용, 신청, 응용
- lump 덩어리, 혹 [a lump of clay 한 덩어리의 흙]

☐ 의료보험	medical insurance
☐ 건강보험	health insurance
☐ 사회보장제도	social security system
☐ 무엇보다도	among other things, in particular
☐ 사고방식	mind-set, way of thinking
☐ 부산물	by-product
☐ 마지못해	unwillingly, reluctantly
☐ 이중목적	dual purpose
☐ 안전모	hard hat
☐ 관광명소	tourist attraction
☐ 비영리 단체	nonprofit [not-for-profit] organization
☐ 열매를 맺다	bear fruit
☐ 수지를 맞추다	make ends meet
☐ 사기를 떨어뜨리다	sag morale
☐ 선례를 따르다	follow suit
☐ 시야를 넓히다	broaden one's horizons
☐ 변화를 겪다	undergo a change
☐ 막다른 골목	dead end

NOTE

• **profit-making organization** 영리단체   • **sag** 휘다, 축 늘어지다

실전 예문 연습하기

01 We have an _____ need for help; we are running out of food.
우리는 도움이 절실히 필요하다. 식량이 떨어져가고 있기 때문이다.

A urban
B urgent

02 Fruit and cheese taste best when they are _____.
과일과 치즈는 제대로 익었을 때 맛이 최고로 좋다.

A reap
B ripe

03 He _____ his secrets to his friend.
그는 친구에게 자기의 비밀을 폭로했다.

A revealed
B relieved

04 The disease _____ the central nervous system.
이 병은 중앙 신경체계에 영향을 준다.

A effects
B affects

05 A child's behavior is a _____ on her parents.
자식의 행동은 곧 부모의 얼굴이다.

A reflection
B replica

06 His _____ is located in the financial district.
그의 회사는 금융가에 위치해 있다.

A enterprise
B entertain

07 She _____ a bookkeeping department of 20 employees.
그녀는 20명의 직원이 있는 경리 부서를 감독한다.

A supervises
B supersedes

08 There is a _____ between what you are saying and what the contract says.
당신이 하는 말과 계약서에 명시된 것 사이에는 차이가 있다.

A conflict
B confusion

09 _____ noise makes me appreciate silence.
끊임없는 소음은 나로 하여금 조용함의 소중함을 깨닫게 해 준다.

A incredible
B incessant

Answer
‖‖‖ 01 B   02 B   03 A   04 B   05 A   06 A   07 A   08 A   09 B

10 He sent the wrong reports because he _____ them with other ones.

그는 다른 것들과 혼동하여 다른 보고서를 보냈다.

A confused
B congregate

---

11 An _____ of various investment possibilities suggested real estate as a good choice now.

다양한 투자 가능성을 검토해 본 결과 부동산에 투자하는 것이 지금으로는 가장 좋은 선택이라는 결론에 이르렀다.

A investigation
B analysis

---

12 We _____ in a hamburger restaurant and became rich when it expanded to Europe.

우리는 햄버거 식당에 투자를 했는데, 그 식당이 유럽까지 확장되어 우리는 부자가 되었다.

A invested
B vested

---

13 He went to the circus _____ for the fun of it.

그는 단지 재미있어서 서커스를 보러 갔다.

A solidly
B solely

---

14 The _____ for those goods was minimal because they went by ship and not by air.

그 화물의 운송료는 항공이 아니라 선박을 이용했기 때문에 최저이다.

A freightage
B frighten

---

15 Her _____ of hard work and love has made her children good, honest people.

그녀의 피나는 노력과 사랑의 쏟음으로 그녀의 아이들은 바르고 정직한 사람들로 자랐다.

A investment
B invigorate

---

16 In order to get the job, she had to _____ five tests and an interview.

일자리를 얻기 위해 그녀는 다섯 번의 시험과 한 번의 면접을 겪어야 했다.

A undergo
B undermine

Answer

ⅠⅠⅠⅠ **10** A **11** A **12** A **13** B **14** A **15** A **16** A

D 어휘 개념 파악하기

▶ 명사 + less는 '~이 없는'이란 뜻이다.

- jobless 일이 없는
- ruleless 규칙이 없는
- motherless 어머니가 없는
- homeless 집이 없는
- flawless 흠이 없는
- childless 아이가 없는
- nameless 무명의
- pathless 길이 없는
- brainless 머리가 나쁜
- thoughtless 생각이 없는

▶ astro-는 'star'를 의미한다.

- astral 별의
- astronaut 우주 비행사
- astronomy 천문학
- astrology 점성술
- astronomer 천문학자
- astrophysics 천체 물리학

▶ auto-는 'oneself'를 의미한다.

- autobiography 자서전
- autonomous 자치의, 자율의
- autograph 자필, 서명
- auto-suggestion 자기암시

▶ 동사 + A + of + B의 구조에서 of는 분리나 박탈을 의미한다.

- cure A of B A에게서 B를 치료하다
- clear A of B A에게서 B를 완전히 제거하다
- cheat A of B A를 속여 B를 사취하다
- deprive A of B A에게서 B를 박탈하다

▶ apply : ① 지원하다 ② 적용하다 ③ (약 등을) 바르다

- apply to ~에 적용되다
- apply a plaster 고약을 바르다
- apply oneself to ~에 전념하다
- apply for ~에 지원하다
- apply a bandage 붕대를 감다

■● 경제의 호황과 불황 1 ●■

- **adverse** 역의, 불리한
- **adversity** 역경, 불운, 재난
- **bankrupt** 파산한
- **bankruptcy** 파산, 도산
- **boom** 벼락 경기, 붐
- **brisk market** 호황 시장
- **collapse** 폭락하다; 붕괴
- **crash** 폭락하다; 폭락
- **decline** 저하[거절]하다
- **deflation** 통화 수축
- **depressed** 불경기의
- **depression** 불경기
- **diminish** 줄이다, 감소하다
- **downturn** 하강, 침체
- **expand** 확장하다
- **expansion** 확장, 증대
- **flourish** 번영하다; 번영
- **fluctuate** 오르내리다
- **lavish** 사치스러운
- **liquidate** 청산하다
- **motivate** 동기부여
- **panic** 공황
- **plummet** 곤두박질치다
- **plunge** 폭락하다
- **prosper** 번창하다
- **prosperity** 번성, 융성, 번영
- **prosperous** 번성하는
- **rebound** 반등하다
- **recession** 경기후퇴
- **setback** 역류, 후퇴
- **slack** 불경기의, 느슨한
- **sluggish** 부진한
- **soar** 급상승하다
- **stagnant** 침체된
- **stagnation** 침체, 불황
- **stimulate** 자극하다
- **stimulation** 자극, 고무
- **surge** 급등하다

PART **1** 토익 기출 최상위 영단어

A 핵심 어휘 따라잡기

fragile
[frǽdʒəl]

a. 깨지기 쉬운, 허약한, 취약한

: because of the fragility of the bones
뼈가 약하기 때문에

---

authority
[əθɔ́ːriti]

n. ① 권한
② 권위자
③ 당국(*pl.*)

: authorize ~에게 권한을 주다
: authorization 권한 부여, 위임, 허가증
: authorized 승인된 (↔unauthorized)
: authorship 원작자임, 출처
: an authority on chemical 화학의 권위자

---

toxic
[táksik]

a. ① 유독한 ② 치명적인

: produce toxins 독소를 발생하다

---

assign
[əsáin]

v. ① 임명하다 ② 양도하다

: assignment ① 과제, 업무 ② 양도
: assignable 양도할 수 있는

---

unlike
[ʌnláik]

prep. ① ~와는 다르게
② ~답지 않은

a. 다른, 닮지 않은
(= different, dissimilar)

: It's unlike him to do such a thing.
그런 일을 하다니 그답지 않다.
: music unlike any other on earth
이 세상 어느 음악과도 다른 음악
: The two sisters are in unlike disposition.
두 자매는 성질이 같지 않다.

Biz Tips

▥ Can you make an **advance payment**?
선불로 지불해 주시겠습니까?

▥ We're **keeping our options open** for now.
현 단계로서는 선택의 여지를 남겨 두겠습니다.

PART 1 토익 기출 최상위 영단어

vivid
[vívid]
a. 선명한, 생생한

: vivid in one's memory 기억에 생생한
: a vivid description 생생한 묘사
: a vivid blue 선명한 파란색

dedicate
[dédikèit]
v. 바치다, 헌납하다, 헌신하다

: dedication ① 헌신, 전념 ② 개관식
: dedicate oneself to ~에 전념하다
: dedicated ① 헌신적인 ② 전용의
: on a dedicated phone line 전용 전화선에

availability
[əvèiləbíləti]
n. 이용도, 유효성

: available 이용 가능한, 여유가 있는
: availableness 유용성, 유효성
: unavailable 이용할 수 없는
: avail 쓸모가 있다, 이익, 유용성, 효용

willingly
[wíliŋli]
ad. 기꺼이, 자진해서

: willingness 의지, 의도
: be willing to 기꺼이 ~하다
: a willing helper 자진해서 돕는 사람

billion
[bíljən]
n. 10억

: one hundred million 1억
: billionaire 억만장자

habitual
[həbítʃuəl]
a. 습관적인, 상습적인

: a habitual liar 상습적인 거짓말쟁이
: habituate 길들이다, 익숙하게 하다
: be habituated 익숙하다
: habituate oneself to
  ~에 익숙해지다, ~하는 습관을 들이다

Point Tips

⁞⁞⁞⁞ advance payment 선불

⁞⁞⁞⁞ keep one's options open 선택의 여지를 남기다

A

advisable
[ædváizəbl]

a. 권할만한, 적당한, 현명한
(↔inadvisable)

: advised 숙고한 후의
: well-advised 분별 있는
: ill-advised 무분별한
: advisory 조언을 주는, 상황보고 *(pl.)*

registrant
[rédʒəstrənt]

n. 등록자

: register 등록하다, 기록부, 등록부
: registration 기입, 등록

violation
[vàiəléiʃən]

n. 위반, 침해, 반칙

: in violation of ~을 위반하여
: violator 위반자, 방해자
: *cf.* violence ① 폭행, 폭력 ② 격렬함, 강력함

unpleasant
[ʌnplézənt]

a. ① 불쾌한, 기분 나쁜 ② 무례한

: an unpleasant vacation 불쾌한 휴가
: an unpleasant smell 불쾌한 냄새

qualify
[kwáləfài]

v. ① ~에게 자격을 주다
자격을 따다
② 조건[제한]을 달다

: a qualifying examination 자격 검정시험
: be qualified for teaching music
  = be qualified to teach music
  = be qualified as a music teacher
    음악교사의 자격이 있다
: qualification 자격, 권한, 조건, 제한, 증명서
: unqualified 자격이 없는, 적임이 아닌
: disqualified 실격된, 자격이 없는

Biz Tips

〰 I'm too busy to find **time to breathe**.
숨 돌릴 틈 없이 바빠요.

〰 A small town near Atlanta is a **test bed** for technology.
애틀랜타 근처의 조그만 도시는 과학기술의 시험대 역할을 하는 지역입니다.

P A R T **1** 토익 기출 최상위 영단어

likelihood
[láiklihùd]

n. 가능성

: in all likelihood 아무래도 (~할 것 같다)
: *syn.* probability, chance, possibility,
　　potential

finalize
[fáinəlàiz]

v. 결말을 짓다, 완성하다

: finality 최종적임, 결정적임
: Have my flight arrangements been finalized
　yet? 아직 내 비행 일정이 안 잡혔나요?

faulty
[fɔ́:lti]

a. 불완전한, 과실이 있는
　결점이 많은

: fault ① 결함, 단점 ② 단층
: find fault with ~을 비난하다
: faulty electric wiring 전기배선의 결함

analysis
[ənǽləsis]

n. ① 분석
　② 분석결과 보고서

: analyst 분석가
: do an analysis of (=analyze) 분석하다
: in the last analysis 결국, 요컨대

calm
[kɑ:m]

a. 고요한, 조용한, 침착한
n. 평화, 고요

: calm down 안정시키다
: the calm before the storm 폭풍전야
: a calm sea 잔잔한 바다

upcoming
[ʌ́pkʌ̀miŋ]

a. 다가오는

: the upcoming concert 다가오는 음악회
: Is your group prepared for the upcoming
　inspection?
　당신 부서는 곧 있을 감사에 대한 준비가 다 끝났나요?

Point Tips

〰 time to breathe 숨 돌릴 시간
〰 test bed 시험대

□ 문맹률	illiterate rate
□ 덤으로	into the bargain
□ 두드러진 증가	marked increase
□ 누출된 정보	leaked information
□ 애완동물	pet animal
□ 신임도	approval rate
□ 실험단계	testing stage
□ 유기농산물	organic product
□ 육체노동	manual labor, physical labor
□ 내 나이 또래의 사람	a person of my age
□ 누구나 다 하는 일	a common practice
□ 인증기관	certification authority
□ 보증금	key money
□ 연속극	soap opera
□ 기득권	vested interest
□ 상품권	gift certificate

NOTE

- **illiterate** 문맹의 [literate 읽고 쓸 수 있는]
- **leak** 누설, 누출; 새다, 누설하다 [leakage 누출, 누전]
- **approval** 승인, 시인, 인가 [on approval 써보고 좋으면 산다는 조건으로]
- **vest** 조끼; 권리를 주다

구인광고	wanted ad
고정관념	fixed idea
시험관 아기	test-tube baby
부실공사	faulty construction
인신공격	personal attack
기습공격	surprise attack
완전고용	full employment
인사고과	performance rating
우월감	superiority complex
열등감	inferiority complex
소외감	feeling of alienation
유급 휴가	paid vacation
교통 혼잡[체증]	traffic congestion[jam], congested traffic
원룸형 아파트	studio-style apartment
일용 필수품	daily necessities
노동 집약적인	labor-intensive
기술 제휴	technical tie-up

NOTE

- **alienate** 소외시키다, 딴 데로 돌리다
  [be alienated from ~로부터 따돌림을 당하다]
- **bumper-to-bumper traffic** 꽉 막힌 교통 [traffic density[volume] 교통량]

실전 예문 연습하기

01 This is an environmentally _____ area.
이곳은 환경적으로 취약한 지역이다.

A fragile
B fragrant

---

02 The company's owner granted each manager _____ to spend up to $10,000 on travel and entertainment.
회사 사주는 각 관리자에게 여비와 접대비로 1만 달러까지 쓸 수 있는 권한을 주었다.

A authorship
B authority

---

03 Dumping chemicals in rivers is _____ to environment.
화학약품을 강에 폐기하는 것은 환경에 유해하다.

A torture
B toxic

---

04 The mayor will attend the _____ of the new park.
시장은 새 공원의 개관식에 참여할 것이다.

A dedication
B deduction

---

05 _____ food is also called natural food.
유기농 식품은 자연 식품이라고도 불린다.

A organic
B original

---

06 That odd situation is _____ any I've seen before.
그 이상한 상황은 내가 전에 본 어떤 상황과도 닮지 않았다.

A dislike
B unlike

---

07 He is _____ to eating breakfast in the morning and does not leave the house without eating it.
그는 아침 식사를 하는 것에 익숙해져서 아침을 먹지 않고는 집을 나서지 않는다.

A habituated
B habitable

---

08 A _____ of a law can bring punishment.
법을 위반하면 처벌을 받을 수 있다.

A regulation
B violation

Answer
01 A   02 B   03 B   04 A   05 A   06 B   07 A   08 B

09 He _____ his approval of the plan by saying that we need to use our own money for it.
그는 필요한 돈은 우리가 쓴다는 조건 하에 그 계획에 찬성했다.

A qualified
B quantified

10 We _____ the details of our contract and signed it.
우리는 계획의 세부 조항을 마무리 짓고 서명했다.

A forged
B finalized

11 We did an _____ of the problem and proposed solutions to it.
우리는 문제를 분석하여 그것에 대한 해결책을 제시했다.

A analysis
B analyze

12 The _____ of the great artist impressed everyone.
그 위대한 예술가의 겸손은 모든 이에게 깊은 인상을 주었다.

A humility
B humanity

13 Many people feel _____ in new places.
많은 사람들이 새로운 장소에서는 소외감을 느낀다.

A ailment
B alienated

14 He once was _____, but later he learned to read.
그는 한때 문맹이었으나 후에 읽기를 배웠다.

A literate
B illiterate

15 The kitchen sink _____ water onto the floor.
부엌 싱크대의 물이 바닥으로 새고 있다.

A leaks
B reeks

16 I _____ the ownership of the property to my son.
나는 부동산의 소유권을 아들에게 양도했다.

A assured
B assigned

▶ **bi-**는 '**two**'의 의미를 갖는다.

· bicentennial 2백 년 째의
· bilingual 2개 국어를 하는
· binoculars 쌍안경
· bifocal 이중 초점의
· bilateral 쌍무적인, 양측의
· binary 이원의

▶ **bio-**는 '**life**' 나 '**living things**'를 의미한다.

· autobiography 자서전
· biochemical 생화학의
· biologist 생물학자
· antibiotic 항생물질
· biodegradable 생물 분해성의
· biosphere 생물권

▶ 동사 + **one's way**의 의미는 '~하면서 나아가다'이다.

· pay one' way 갚으면서 나아가다
· push one's way 밀면서 나아가다
· feel one's way 더듬거리며 나아가다
· urge one's way 재촉하면서 나아가다
· thrust one's way 밀치면서 나아가다

▶ **bar** : ① 막대 ② 장애물 ③ 판매대, 술집 ④ 법정

· a bar to happiness 행복의 장애물
· a case at bar 법정에서 심리 중인 소송
· the bar exam 변호사 시험

▶ 기본 단어 확인 학습

· grateful 고마워하는
· stationery 문구, 편지지
· status 지위, 자격, 상태
· leather-bound 가죽 장정의
· scattered 간간이, 산발적인
· amaze 깜짝 놀라게 하다

Toeic Voca Box ④

- **thrift** 절약, 검소
- **thrifty** 절약하는
- **thrive** 번성하다
- **volatile** 매우 불안정안

  ▢ curb inflation 인플레이션을 억제하다
  ▢ economic indicator 경제지표
  ▢ go bankrupt 파산하다
  ▢ take a turn for the better 호황으로 접어들다

Toeic Voca Box ⑤

- **attachment** 부속품
- **callback** 불량제품의 회수
- **complain** 불평[항의]하다
- **complaint** 불만, 항의
- **component** 부품, 성분
- **consumer affairs** 고객지원 업무
- **defect** 결점, 단점, 흠
- **defective** 결함이 있는
- **description** 설명서, 명세서
- **dysfunction** 기능장애
- **faulty** 결점이 있는
- **flaw** 결점, 흠
- **flawless** 흠이 없는
- **gadget** 도구, 기계장치
- **guarantee** 보증해 주다
- **introductions** 제품이용 설명서

A 핵심 어휘 따라잡기

refurbish
[ri:fə́:rbiʃ]

v. (건물 등을) 새롭게 단장하다
　~을 쇄신하다

: refurbishment 새 단장, 쇄신
: cf. refurnish 설비를 다시하다

---

saturate
[sǽtʃərèit]

v. ① 흠뻑 적시다
　② 포화상태로 하다

: be saturated with ~로 포화되어 있다
: In those days I saturated myself in English
　literature.
　그 시절 나는 영문학 연구에 전념하고 있었다.

---

requisition
[rèkwəzíʃn]

n. (공식적인) 요구서, 신청(서)

: requisite 필요조건
: prerequisite 필수의

---

irretrievable
[ìritríːvəbl]

a. 돌이킬 수 없는, 회복할 수 없는

: retrieve ① 되가져오다 ② 회수하다
: retrieval 복구, 만회

---

contraction
[kəntrǽkʃən]

n. ① 단축어 ② 진통
　③ (근육의) 수축

: have contractions 진통이 있다
: contract ① 계약하다 ② 수축하다 ③병에 걸리다

---

rhetoric
[rétərik]

a. ① 수사학 ② 미사여구

: rhetorical 수사적인, 화려한
: political rhetoric 정치적인 미사여구

Biz Tips

〰 I'm really **fed up with** your grumbling.
당신 불평에 정말 넌더리가 납니다.

〰 It really wasn't your fault, it was **just one of those things**.
그것은 네 잘못이 아니야, 그런 건 흔한 일이었어.

tentative
[téntətiv]

a. ① 잠정적인 ② 망설이는

: a tentative plan 시안
: a tentative theory 가설

---

presumably
[prizú:məbli]

ad. 아마, 추측컨대

: presume ① 짐작하다 ② 이용하다
: presumptive 추정의, 가정의
: *cf.* presumption ① 가정, 추측 ② 뻔뻔함
    presumptuous 염치없는

---

consummate
[kánsəmèit]

v. 성취하다, 완성하다
a. [kənsʌ́mit] 완성된, 완전한

: consummate an agreement 계약을 완성하다
: consummation 완성, 달성

---

construe
[kənstrú:]

v. ~의 뜻으로 해석하다

: construe the meaning of a sentence
  differently 글의 뜻을 달리 해석하다
: *opp.* misconstrue 잘못 이해하다

---

constraint
[kənstréint]

n. 강제, 구속, 압박

: under constraint 압박을 받아
: constrain 제한하다, 억제하다

---

transit
[trǽnsit]

n. 통과, 통행, 운송로

: in transit 운송 중
: public transit 공공 교통수단

---

surveillance
[sə:rvéiləns]

n. 감시, 감독

: under surveillance 감시를 받고 있는
: around-the-clock surveillance 24시간 감시

Point Tips

⫿⫿⫿ fed up with ~에 질린

⫿⫿⫿ just one of those things 흔한 일

accrue [əkrú:] *v.* ① 조금씩 축적되다 ② (이자가) 붙다	: interest accrues to ~에 이자가 붙다 : *syn.* accumulate
feasible [fí:zəbl] *a.* ① 실행될 수 있는 ② 적합한	: a feasible excuse 그럴듯한 구실 : feasibly 실행할 수 있도록, 그럴듯하게 : feasibility 가능성, 실행할 수 있음
prosecute [prásəkjù:t/prɔ́-] *v.* 기소하다, 수행하다	: prosecution 기소, 실행, 수행 : prosecutor 검찰관, 기소자
mortgage [mɔ́:rgidʒ] *n.* 저당, (저당잡고 빌리는) 장기융자 *v.* 저당 잡다	: lend money on mortgage 저당을 잡고 돈을 빌려주다
corrosion [kəróuʒən] *n.* 부식, 침식	: the corrosive effect of air pollution 공해의 부식 작용
spontaneously [spɑntéiniəsli] *ad.* 자발적으로, 자생적으로	: spontaneous 자발적인, 자생의, 자연스러운 : spontaneity 자발성, 자생
ineptitude [inéptətjù:d] *n.* 서투름(= ineptness)	: inept 서투른 : *cf.* aptitude 적성, 소질, 습성

Biz Tips

|||| I've never met him **face to face**. 그를 직접 만난 적은 없어요.

|||| Have you **arrange accommodations**? 숙소는 정하셨습니까?

overly
[óuvərli]

ad. 지나치게, 과도하게

: overly worried about ~에 대해 지나치게 걱정하는
: *cf.* overtly 공공연하게, 명백하게

barring
[bá:riŋ]

pre. ~이 없다면, ~을 제외하고

: barring unforseen events 뜻밖의 사고만 없다면
: barring bad weather 날씨가 나쁘지 않다면

infuriate
[infjúərièit]

v. 격분시키다

: be infuriated at ~에 노발대발하다
: *syn.* be enraged at

proponent
[prəpóunənt]

n. 제안자, 지지자

: opponent 반대자, 적, 대항자
: *cf.* antagonist 적대자

deforest
[di:fɔ́:rist]

v. 산림을 벌채하다

: deforestation 삼림 벌채, 남벌
: deforest a mountain 산림을 벌채하다

subordinate
[səbɔ́:rdənit]

n. 부하직원 *a.* 하위의, 예하의
v. ~을 하위에 두다

: subordinate work to pleasure
  일보다도 즐거움을 중시하다
: A is subordinate to B A는 B보다 부차적이다

accordingly
[əkɔ́:rdiŋli]

ad. ① 따라서 ② 그것에 따라서

: according to ~에 따라, ~에 따르면

Point Tips

⫼ face to face 직접

⫼ arrange accommodations 숙소를 정하다

☐ 모든 점에서	in every respect
☐ 아픈 점	sore spot
☐ 열띤 쟁점	hot[burning] issue
☐ 보호 장비	protective equipment
☐ 연체 이자	default interest
☐ 복리 이자	compound interest
☐ 사전 예고 없이	without previous notice
☐ 근무 시간	working hours
☐ 밤을 새우다	stay up all night
☐ 들뜬 분위기	buoyant mood
☐ 어느 모로 보나	by any standards, on every measure
☐ 수입 명세서	income statement
☐ 쉬운 말로	in plain words
☐ 대출 담당자	mortgage officer
☐ 불법 노동자	illegal worker
☐ 뿌리 깊은 불신	deep-rooted distrust, deep-seated mistrust

NOTE

- default 불이행　　• compound 합성하다, 복리로 계산하다; 합성의, 복식의
- buoyant 뜰 수 있는, 명랑한　　• statement 진술, 명세서
- income 수입, 소득 [outgo 지출 | outcome 결과]

☐ 단체 교섭	collective bargaining
☐ 반대 관점	opposing point of view
☐ 인구 과밀 지역	overpopulated area
☐ 뻔한 결론	forgone conclusion
☐ 마모	wear and tear
☐ 세제	cleaning solution, detergent, cleanser
☐ 각 부처간의 협의	interdepartmental conference
☐ 폭넓은 영향력	widespread influence
☐ 판매를 증진하다	pick up [promote] sales
☐ 컴퓨터 범죄	computer fraud
☐ 집중력	concentration of power
☐ 직접보고	first-hand report
☐ 조기 퇴직	early retirement
☐ 정확한 날짜	definite date
☐ 전액 환불	full refund
☐ 적대감	hostile [antagonistic] feeling

NOTE

• **collective** 집합적, 집단적 • **oppose** ~에 반대하다
• **wear** 착용하다, 닳다 • **tear**[tɛər] 찢다; 해진 데 • **fraud** 사기, 협잡꾼
• **hostile** 적의 있는 [gloomy feeling 우울감 | satisfied feeling 만족감]

C 실전 예문 연습하기

01 A developer wants to _____ the Hotel.
개발업자는 그 호텔을 새 단장하기를 원한다.

A refurbish
B refurnish

02 The rain is so heavy that it _____ the ground.
비가 억수같이 와서 땅이 흠뻑 젖었다.

A saturates
B invalidates

03 Instructors must fill out a _____ to use a VCR in class.
수업에서 VCR을 사용하려면 교사는 신청서를 작성해야 한다.

A acquisition
B requisition

04 His watch fell into the water, but he _____ it with a fishing pole.
시계가 물에 빠졌지만 그는 낚싯대로 그것을 건져 올렸다.

A restored
B retrieved

05 The prime minister's speech was pure political _____.
수상의 연설은 순전히 정치적 미사여구에 불과했다.

A rhetoric
B retreat

06 Loggers _____ a valley by cutting its trees.
벌목꾼들은 나무를 베어 계곡을 벌거숭이로 만들었다.

A deforested
B cleared

07 _____ he has received the letter by now, since I mailed it last week.
지난주에 편지를 보냈으므로 아마 지금쯤 그가 편지를 받았을 것이다.

A probability
B presumably

08 It was _____ of him to borrow money from her father and not repay him.
그가 아버지께 돈을 빌리고 갚지 않은 것은 염치없는 일이었다.

A presumptuous
B tortuous

Answer
||||| 01 A   02 A   03 B   04 B   05 A   06 A   07 B   08 A

64

09 The government _____ the criminal.
정부는 그 범죄자를 기소했다.

A prescribed
B prosecuted

10 A law _____ the government from spending more money than it takes in.
정부가 거두어들이는 것보다 더 많은 돈을 쓰지 않도록 법이 제한한다.

A conspires
B constrains

11 The goods are in _____ from the warehouse to the customer.
상품들은 창고에서 고객들에게로 수송되는 중이다.

A transit
B transcend

12 Your work plan is _____, so we can build the bridge immediately.
당신의 작업 계획은 실행 가능하므로 우리는 당장 교량 건설을 할 수 있다.

A fertile
B feasible

13 He _____ my joke as a serious comment, not as a funny comment.
그는 내 농담을 우스운 얘기가 아닌 심각한 얘기로 받아들였다.

A constrained
B construed

14 My wife and I have taken out a _____ on our first house.
나와 아내는 우리가 처음으로 장만한 집을 잡고 융자를 냈다.

A mortgage
B loan

15 I think anyone who _____ the laws should be treated accordingly.
누구나 법을 어긴 자는 그에 상응하는 처벌을 받아야 한다고 생각한다.

A violates
B regulates

16 He is _____ worried about his health; his doctor said he is very healthy.
의사가 아주 건강하다고 말했는데도 그는 자신의 건강에 대해 지나치게 염려한다.

A overly
B overtly

D 어휘 개념 파악하기

▶ chron-은 '시간'을 의미한다.

- anachronism 시대착오
- chronicle 연대기
- chronic 만성의, 고질의
- synchronize 동시에 발생하다

▶ -cide은 'killing'의 의미를 갖는다.

- herbicide 제초제
- infanticide 유아 살해
- pesticide 농약
- homicide 살인 행위, 살인자
- insecticide 살충제
- suicide 자살

▶ come to + 명사 : ~에 이르다, ~에 달하다

- come to an end 끝나다
- come to nothing 헛되다
- come to blows 주먹다짐하다
- come to a conclusion 결론에 달하다
- come to an agreement 동의하다
- come to the point 요점을 찌르다
- come to a stop 멈추다
- come to mind 생각나다
- come to light 명백해지다

▶ keep의 개념 : keep은 무엇을 자신의 힘, 소유, 관리하에 두는 것이다.

- keep calm 침착하다
- keep going 계속 가다
- keep a diary 일기를 쓰다
- keep the change 잔돈을 가지다
- keep one's temper 화를 내지 않다
- keep the dog from going 개가 오는 것을 막다
- keep one's teeth clean 이를 깨끗이 유지하다
- keep out of trouble 곤란한 일에 끼지 않다
- keep the secret 비밀을 지키다
- keep left 좌측통행하다
- keep house 살림을 하다

Toeic Voca Box ❻

PART **1** 토익 기출 최상위 영단어

➤● 고객 지원 업무 2 ●◄

- **label** 상표, 라벨
- **malfunction** 작동장애
- **mark** 자국, 표, 점
- **refund** 환불(하다)
- **repair** 수리하다; 수리
- **replacement** 반환, 교체
- **returns** 반품
- **set up** 설치하다
- **setup** 설치
- **specifications** 상세 설명서
- **speck** 작은 점, 얼룩
- **stain** 얼룩, 오염
- **under warranty** 보증기간 중인
- **warrant** 보증(하다)

- ▢ **customer service center** 고객 서비스 센터
- ▢ **contact information** 연락처

Toeic Voca Box ❼

➤● 공항 이용 1 ●◄

- **air fare** 항공료
- **airsickness** 비행기 멀미
- **aisle seat** 통로 쪽 좌석
- **aviation** 항공(산업)
- **baggage** 짐
- **baggage cart** 짐 싣는 수레
- **board** 탑승하다
- **boarding gate** 비행기 탑승구
- **boarding pass** 비행기 탑승권
- **book** 예약하다
- **booking** 예약
- **captain** 기장

Part 2

토익 적중 **품사별** 영단어

  명사, 형용사·부사, 동사로 구분하여 품사별로 단어를
정리해 놓았다. 이렇게 품사별로 구분하여 학습함으로써 단어
자체뿐만 아니라 문법문제나 괄호 넣기에 적절하게 대응할 수
있는 능력을 기를 수 있다. 모두 18개의 chapter로 구성되어
있고, 명사가 5개, 형용사가 5개, 동사가 8개의 chapter로
구성되어 있다.

A 핵심 어휘 따라잡기

attempt
[ətémpt]

n. 도전, 시도 *v.* 시도하다

: make an attempt to ~하려고 시도하다
: a new attempt 새로운 시도

---

candidate
[kǽndədèit]

n. ① 입후보자
② ~이 될 듯한 사람

: a candidate for the governorship 주지사 후보
: a candidate for fame 장차 이름을 날릴 사람

---

efficiency
[ifíʃənsi]

n. 효율, 능률

: efficient 능률적인, 유능한
: efficiently 능률적으로, 유효하게

---

effect
[ifékt]

n. ① 결과 ② 영향 ③ 소지품 *(pl.)*
v. 가져오다

: effective ① 효과적인 ② 시행 중인
: effect a change 변화를 가져오다
: cause and effect 원인과 결과
: personal effects 휴대품, 개인 사물
: to the effect that ~라는 취지로
: in effect ① 유효한 ② 사실상
: take effect 효력을 발생하다

---

illusion
[ilúːʒən]

n. ① 환각, 착각 ② 오해

: illusory 공상의, 환상의
: have the illusion of oneself as
  자신이 ~라는 착각에 빠져 있다

Biz Tips

|||| Will it be hard for you to **get in touch with** him?
그에게 연락을 취하는 것이 어렵습니까?

|||| Hurricane's been repeatedly **building and losing strength**.
허리케인 세력이 강해졌다 약해졌다 반복하고 있습니다.

environment
[inváiərənmənt]

n. (사회적, 자연적) 환경

: environmental disruption 환경파괴
: environmentalist 환경보호론자

P
A
R
T
2
토익 적중 품사별 영단어

favor
[féivər]

n. ① 호의 ② 작은 선물
v. ① 선호하다 ② 편애하다
　③ (외모가) 비슷하다

: in [out of] favor with ~마음에 들어[들지 못해]
: in favor of ~을 지지하는
: favorable ① 호의적인 ② 유리한

cooperation
[kouàpəréiʃən]

n. 협력, 협동

: cooperative 협력적인, 협조적인
: cooperate 협력하다, 협동하다

conduct
[kándʌkt]

n. ① 행동, 태도 ② 경영, 처리
v. ① 행동하다 ② ~을 하다
　③ 지휘하다

: the conduct of business 사업 경영
: conduct oneself well 태도가 좋다
: *cf.* conducive 도움이 되는

batch
[bætʃ]

n. 한 벌, 한 묶음, 한 무리의 사람들

: a batch of women 한 무리의 여성들
: batch processing [컴퓨터] 일괄처리

occupation
[àkjupéiʃən]

n. ① 직업 ② 일과 ③ 점령

: Her chief occupation at that time was
　reading. 그 당시 그녀의 주된 일과는 독서였다.

Point Tips

〰 get in touch with ~와 연락을 취하다

〰 building and losing strength 세력이 강해졌다 약해졌다 하는 것

A 핵심 어휘 따라잡기

bearing
[bɛ́əriŋ]
n. ① 영향력 ② 방향 ③ 태도

: have a bearing on ~에 영향을 미치다
: a southerly bearing 남쪽 방향

compartment
[kəmpɑ́ːrtmənt]
n. 칸막이, 객차의 칸막이 방

: a sleeping compartment 침실 칸
: compartmentalize 구분하다

commendation
[kɑ̀məndéiʃən]
n. ① 칭찬 ② 추천 ③ 위임

: commend ① 칭찬하다 ② 추천하다 ③ 위탁하다
: be highly commended 격찬을 받다

collision
[kəlíʒən]
n. 충돌

: be on a collision course 충돌선상에 있다
: in collision with ~와 충돌하여
: collide with ~와 충돌하다

liability
[làiəbíliti]
n. ① 부채, 법적 의무
② 불이익, 흠

: huge liabilities to pay 갚아야 할 큰 빚
: be liable for ~에 책임이 있다
: be liable to ~하기 쉽다

warehouse
[wɛ́ərhàus]
n. 창고

: put ~ in storage 창고에 보관하다
: *syn.* storehouse, depot

Biz Tips

- Please take a **short cut.** 지름길로 가 주세요.
- In this company we **keep an open mind** to new ideas, so please feel free to make suggestions.
당사에서는 새로운 아이디어에 대해 항상 열린 자세로 임하고 있으니 기탄없이 안을 내 주십시오.

conquest
[kánkwest]

n. ① 정복 ② 사랑의 쟁취

: conquer ① 정복하다 ② 극복하다
: make a conquest of ~을 정복하다

---

certificate
[sərtífəkit]

n. 증명서, 증서

: certified public accountant 공인회계사(CPA)
: certificate of deposit 양도성 예금증서(CD)
: certification 자격(증)

---

existence
[igzístəns]

n. ① 존재, 현존 ② 생활양식

: come into existence 생기다
: bring ~ into existence ~을 생기게 하다
: exist 존재하다, 살아가다

---

contact
[kántækt]

n. ① 접촉 ② 연락 ③ 연고자
v. ~와 연락하다

: come in contact with ~와 연락을 취하다
: lose contact with ~와 연락이 안 되다
: be in contact with ~와 접촉하고 있다

---

access
[ǽkses]

n. 접근
v. ~로 들어가다, ~로 접근하다

: have access to ~에 접근할 수 있다
: accessible 접근하기 쉬운, 이용할 수 있는

---

strategy
[strǽtədʒi]

n. 전략, 작전

: plan[work out, map out] a strategy
　전략을 세우다
: a strategic retreat 전략적 후퇴
: strategist 전략가

Point Tips

IIII short cut 지름길

IIII keep an open mind 열린 자세를 유지하다

□ 원활치 못한 의사소통	poor communication (between)
□ 금전적인 문제	pecuniary problem
□ 위기관리로 들어가다	go under crisis management
□ 이력서	resume, curriculum vitae [váit:]
□ 현직 대통령	incumbent president
□ 단호한 반대 입장을 취하다	take a stand against
□ 정보를 제공해 주다	fill someone in on
□ 하역장	loading dock
□ 금전등록기	cash register
□ 샤프 연필	a mechanical pencil
□ 시간이 걸리는	time-consuming
□ 수표를 발행하다	draw a check
□ ~에 관여하다	have a hand in
□ 대금납부방식	payment options
□ 분실물 센터	Lost and Found
□ 재고정리 세일	inventory sale
□ 장기적인 안목에 의한 결정	far-sighted decision

NOTE

- **pecuniary** 금전상의 [a pecuniary offense 벌금형]
- **incumbent** 현직의, 의무의   • **load** 짐, 부담; 싣다
- **inventory** 재고목록, 재고품

☐ 유전자 추적	gene-sequencing
☐ 호흡기질환	respiratory disease
☐ 대리로 투표하다	vote by proxy
☐ 전국적으로	on a national basis
☐ 우대권	a complimentary ticket
☐ 거꾸로	upside down
☐ 저작권법	copyright law
☐ 당신은 ~하기만 하면 된다	All you have to do is
☐ 자료에서 볼 수 있듯이	as you can see from the data
☐ 구심점	rallying point
☐ 태평한 사람	easy-going person
☐ 기도와 금식	prayer and fast
☐ 5일간 단식하다	go on a fast of five days
☐ 화해하다	bury the hatchet
☐ 시간을 벌려고 꾸물대다	play for time
☐ 실질 재고조사	physical inventory
☐ 일손이 부족하다	be short-handed

PART **2** 토익 적중 품사별 영단어

NOTE

- **gene** 유전자
- **sequence** 연속; 배열하다
- **respiratory** 호흡의
- **complimentary** 칭찬의, 우대의
- **fast** 금식, 단식일; 단식하다
- **rally** 불러 모으다, 집중시키다; 집회, 자동차 랠리
- **hatchet** 도끼

01 She made an _____ to telephone, but no one was home.

그녀는 전화하려고 해보았지만, 아무도 집에 없었다.

A attempt
B trial

---

02 She and two other politicians are _____ for mayor.

그녀와 다른 두 명의 정치가들이 시장 선거의 입후보자들이다.

A candid
B candidates

---

03 Lowering taxes had a strong _____ on the taxpayers.

세금 인하는 납세자들에게 큰 영향을 미쳤다.

A affect
B effect

---

04 My 12-year-old daughter is so tall that she gives the _____ of being much older than she really is.

내 12살짜리 딸은 너무 키가 커서 실제보다 나이가 더 들어 보인다.

A allusion
B illusion

---

05 The students _____ themselves well in class today.

오늘 수업시간에 학생들의 태도가 좋았다.

A conducted
B conduced

---

06 That has no _____ upon the subject under discussion.

그건 토론 중인 주제와 아무런 관련이 없어요.

A bearing
B boring

---

07 Our _____ has more auto parts in it than we can sell.

우리 창고에는 판매할 수 있는 것 이상의 자동차 부품이 있다.

A ward
B warehouse

---

08 The business has excellent products, but its debt is a big _____.

그 회사는 훌륭한 제품을 만들지만 빚이 많다는 것이 흠이다.

A liability
B reliability

Answer

IIIII 01 A 02 B 03 B 04 B 05 A 06 A 07 B 08 A

09 She _____ her fear of heights; now she works on the 28th floor of that building.
그녀는 고소공포증을 극복해서 이제 저 빌딩의 28층에서 근무한다.

A conquered
B conformed

10 Our company's _____ is to make good products while keeping prices lower than the competition.
우리 회사의 전략은 경쟁사보다 가격을 낮게 유지하면서 좋은 상품을 생산하는 것이다.

A stratum
B strategy

11 The two politicians are on a _____ course over raising taxes.
그 두 정치인들은 세금 인상을 놓고 충돌할 기로에 처해 있다.

A collision
B collusion

12 I showed my birth _____ when I applied for a passport.
나는 여권을 신청할 때 내 출생증명서를 제시했다.

A cessation
B certificate

13 The company has been in _____ for 20 years.
그 회사는 20년 간 존속해 왔다.

A existence
B excellence

14 She has _____ with top officials in the government.
그녀는 정부의 고위 관리들과 연줄이 닿는다.

A contents
B contacts

15 Management praised the workers for their _____.
경영자측은 노동자들의 높은 생산 효율성을 칭찬했다.

A efface
B efficiency

16 The only _____ there is by boat or plane.
거기에는 비행기나 배로만 접근할 수 있다.

A access
B accessible

Answer

▶ **circum-**은 'around'의 의미가 있다.

· circumference 원주 · circumspect 용의주도한
· circumlocution 완곡한 표현 · circumnavigate 배로 일주하다

▶ **co-**는 '공동, 상호, 공통'의 의미를 갖는다.

· co-author 공동 저자 · co-driver 교대로 운전하는 사람
· coexist 공존하다 · cooperate 협력하다, 협동하다
· coeducation 남녀 공학 · coordinate 동등한, 동격의

▶ 타동사로 잘못 알기 쉬운 자동사

· account for ~을 설명하다 · object to ~을 반대하다
· add to ~을 늘리다 · wait for ~를 기다리다
· apologize for ~을 사과하다 · interfere with ~을 방해하다
· comply with ~을 따르다 · sympathize with ~을 동정하다

▶ **bound** : ① 경계 ② ~제본의 ③ ~할 의무가 있는 ④ ~행의

· be bound for ~행이다
· be bound to ~할 의무가 있다
· boundless greed 끝없는 욕망
· bound in leather 가죽으로 장정된
· There are no bounds to his ambition. 그의 야망은 끝이 없다.

▶ 기본 단어 확인 학습

· tablet 명판, 정제된 약 · publication 발표, 출판
· vacancy 공석, 공허, 방심 · receipt 영수증
· excellence 우수, 탁월성 · unacceptable 받아들일 수 없는

공항 이용 2

■ **chartered plane** 전세비행기	■ **clear** 검색하다
■ **confirmation** 확인, 입증	■ **customs** 세관, 관세
■ **declare** 신고하다	■ **depart** 출발하다
■ **departure** 출발, 발차	■ **destination** 도착[목적]지
■ **detect** 탐지하다	■ **detection** 탐지, 발견
■ **detector** 탐지기	■ **duties** 관세, 세금
■ **duty-free shop** 면세점	■ **embark** 탑승하다
■ **embarkation** 탑승, 탑재, 착수	■ **flight attendant** 승무원
■ **immigrant** 이민, 이주자	■ **immigration** 이주, 입국
■ **in-flight** 비행 중의	■ **jet lag** 시차병
■ **landing** 착륙	■ **local time** 현지 시각
■ **luggage** 짐	■ **mileage** 주행거리
■ **nationality** 국적	■ **quarantine** 검역소, 격리
■ **reconfirm** 재확인하다	■ **renew** 갱신하다
■ **renewal** 갱신	■ **reserve** 예약하다
■ **runway** 활주로	■ **land** 착륙하다
■ **stand-by** 대기자; 대기의	■ **steward** 남자승무원
■ **stewardess** 여승무원	■ **take off** 이륙하다
■ **voucher** 할인권	■ **window seat** 창가 쪽 좌석

PART **2** 토익 적중 품사별 영단어

Chapter 02 명사 2

A 핵심 어휘 따라잡기

discretion
[diskréʃən]

n. ① 분별력, 신중함 ② 재량

: at one's discretion ~의 마음대로
: discreet 분별 있는, 신중한
: *cf.* discrete 분리된, 관련이 없는

---

bid
[bid]

n. ① 입찰 ② 시도
v. ~에게 명하다

: in a bid to do ~할 목적으로, ~하기 위하여
: make a bid for ~에 입찰하다

---

endurance
[indjúərəns]

n. 인내력, 지구력

: endure 참다, 견디다
: *syn.* put up with, stand, bear, tolerate

---

revenue
[révənjù:]

n. 이익, 소득, 수익, 세입

: revenue and expenditure 세입 세출
: defraud the revenue 탈세하다

---

flexibility
[flèksəbíləti]

n. 유연성, 융통성

: flexible 구부리기 쉬운, 유연성이 있는
: flexibly 유연성 있게
: inflexible 불굴의, 완고한

---

distance
[dístəns]

n. ① 거리 ② 거리감
v. 멀리하다 (from)

: distant ① 먼 ② 소원한
: in the distance 멀리
: keep one's distance 거리를 유지하다[두다]

Biz Tips

││││ We have to **feel** him **out** on the matter.
그 문제에 대해 그의 의향을 타진해 볼 필요가 있어요.

││││ If they want to reach an agreement, they'll have to **meet** us **halfway**. 합의에 이르기를 바란다면 그들은 우리와 타협해야 할 겁니다.

similarity
[sìmǝlǽrǝti]

n. 유사성, 닮은 점

: be similar to ~와 비슷하다
: have some similarities 다소 닮은 데가 있다

---

comfort
[kʌ́mfǝrt]

n. 위로, 위안
v. 위로하다, 안락하게 하다

: comfortable 기분 좋은, 위안의, 편안한
: uncomfortable 기분이 언짢은

---

crisis
[kráisis]

n. 위기, 중대국면

: crisis management team 위기관리팀
: bring ~ to a crisis 위기에 몰아 넣다

---

pollutant
[pǝlú:tǝnt]

n. 오염물질

: pollute 오염시키다
: pollution 오염
: *syn.* contaminate

---

reservation
[rèzǝrvéiʃǝn]

n. ① 예약 ② 의심, 염려
　　③ 정부지정 보호구역

: reserve *v.* 예약하다, 보유하다 *n.* 비축, 침착
: make a reservation 예약하다
: have reservations about ~대해 염려하고 있다
: without reservation 기탄없이, 무조건

---

forecast
[fɔ́:rkæ̀st]

n. 예상, 예보
v. 예측하다, 예보하다

: a weather forecast 일기예보
: *cf.* predict, prophesy, foretell 예언하다

Point Tips

〰〰 feel out 타진하다
〰〰 meet halfway 타협하다

budget
[bʌ́dʒit]

n. 예산 *v.* 예산을 세우다

: It's out of my budget. 그건 제 예산 밖인데요.
: balance the budget 수지균형을 맞추다

---

enthusiasm
[enθúːziǽzəm]

n. 열심, 열의(for, about)

: enthusiast 열광하는 사람
: enthusiastic 열광적인, 열성적인
: enthusiastically 열렬히, 열성적으로

---

circuit
[sə́ːrkit]

n. ① 회로, 회선 ② 순회구역

: circuitous 빙 돌아가는
: circulation ① 순환 ② 혈액순환 ③ 발행 부수
: circulate 순환하다, 배포하다, 돌아다니다
: circulating library 이동도서관

---

belongings
[bilɔ́ːŋiŋs]

n. 소지품, 재산

: pack one's belongings 소지품을 싸다
: a sense of belonging 소속 의식, 일체감

---

incident
[ínsədənt]

n. 사건, 부수적 사건

: incidental 부대의, 부차적인
: incidental expenses 부대비용
: an incidental remark 무심코 한 말
: incidence 발생 빈도

---

discrepancy
[diskrépənsi]

n. 불일치, 어긋남

: discrepant 어긋나는, 모순된
: discrepancy in opinions 견해의 차이

Biz Tips

▥ Google is the leading portal internet site **riding the** internet **boom** in Korea.
구글은 한국에서 인터넷 붐을 탄 선도적인 인터넷 포털 사이트입니다.

▥ Let's discuss the problem **until a solution is found**.
해결책을 찾을 때까지 그 문제에 대해서 토의를 합시다.

disgrace
[disgréis]

n. 불명예, 수치스러운 일
v. ~를 망신시키다

: disgrace oneself 창피를 당하다
: in disgrace 망신하여

grievance
[grí:vəns]

n. 불만, 불평하기

: grievance committee 노사간의 불평 처리 위원회
: *syn.* complaint, dissatisfaction, displeasure

disparity
[dispǽrəti]

n. 불균형 (= inequity)

: given the economic disparities
  경제적 불균형을 고려할 때
: *cf.* given (전치사적으로 쓰여) ~을 고려해 보면

division
[divíʒən]

n. ① 분할, 부서 ② 분열
③ 사단 ④ 나눗셈

: divide 나누다, 분할하다, 분열시키다
: dividend 배당금, [수학]피제수(↔divisor)
: Opinion is divided on this question.
  이 문제에 대해선 견해가 분분해요.

complement
[kámpləmənt]

n. 보충물, 보완물

: complementary 보완하는
: *cf.* compliment 칭찬
       complimentary 칭찬의, 무료의

disguise
[disgáiz]

n. 변장, 가장

: in disguise 변장하여
: in the disguise of ~으로 변장하여
: throw off one's disguise 정체를 드러내다
: without disguise 노골적으로

Point Tips

ꓲꓲꓲꓲ riding the boom 붐을 타는 것

ꓲꓲꓲꓲ until a solution is found 해결책을 찾을 때까지

Collocation 확인하기

☐ 정원을 아름답게 꾸미다	beautify the garden
☐ 일상 업무	daily [day-to-day] operations
☐ 기름진 음식	fatty food
☐ 여하튼간에	at all events, in any events
☐ ~을 피하다	stay away from
☐ ~에서 중요한 역할을 하다	play an important role in
☐ 대리전	proxy war
☐ 돌발사태	unexpected hitch
☐ 극비보안	maximum security
☐ 자기 멋대로 하다	have one's own way
☐ 즉시	in no time, immediately, without delay
☐ 나름대로	for what it is worth
☐ ~에 대한 질문에 답변하다	answer one's questions about
☐ 발행일로부터 일주일간	for one week after issue date
☐ 가혹한 조치	harsh [rigorous, draconian] measure
☐ 자동차를 수리하다	have a car serviced
☐ 입에 발린 말	lip service

NOTE

- **beautify** 아름답게 하다 [beautification 미화]   • **harsh** 거친, 가혹한
- **rigorous** 엄격한, 가혹한   • **draconian** 엄중한, 가혹한

☐ 휴식시간	allowed time, break time
☐ 어제 서로 합의했듯이	as we agreed yesterday
☐ ~가 방해가 되다	be in the way
☐ 조속한 회답을 원하다	look forward to your earliest reply
☐ ~에 대해 환히 알고 있다	know what's what about
☐ 떠벌리다	blow one's own trumpet
☐ ~하는데 얼마나 걸립니까?	How long will it take to ~?
☐ 샅샅이 알고 있다	know inside out, know thoroughly
☐ 중공업	heavy industry
☐ 시험관 수정	in vitro fertilization
☐ 추진력	driving force
☐ 특권층	privileged class
☐ ~에게 지원을 해 주다	provide assistance to
☐ ~을 잘 지도해 주다	provide a lot of guidance to
☐ 야간근무	graveyard shift, night shift
☐ 기념 티셔츠	commemorative T-shirt
☐ 완제품	finished goods

NOTE

- **thorough** 철저한
- **in vitro** [víːtrou] 시험관 내에
- **fertilize** 기름지게 하다, 수정하다 [fertilizer 거름, 비료]
- **privilege** 특권, 면책 ; ~에게 특권을 주다
- **graveyard** 묘지

C 실전 예문 연습하기

01 I leave the matter entirely to your _____.
이 일은 전적으로 당신의 재량에 맡기겠습니다.

A discipline
B discretion

02 They made a _____ to sell coffee beans at $5 per pound. 그들은 커피콩을 1파운드당 5달러에 팔겠다는 제안을 했다.

A bead
B bid

03 Olympic athletes have great _____.
올림픽 선수들은 대단한 지구력을 가지고 있다.

A endurance
B indulgence

04 Rubber and plastic are _____ materials.
고무와 플라스틱은 쉽게 구부러지는 물질이다.

A flexible
B fixable

05 The children are wearing funny faces to _____ themselves on Halloween.
아이들이 핼러윈에 변장하기 위해 이상한 가면을 쓰고 있다.

A disgust
B disguise

06 The hurricane caused a _____ without houses or food for people.
허리케인으로 인해 사람들이 잠자리와 먹을 것이 없는 위기 상황을 맞았다.

A credence
B crisis

07 Since our argument, she's kept her _____ from me and never even says hello.
말다툼을 한 뒤 그녀는 나를 멀리하고 안부인사도 하지 않는다.

A distinction
B distance

08 The board of directors of this company declares a quarterly _____. 이 회사의 이사회는 4분기 별로 배당금을 공시한다.

A dividend
B divine

09 You can see the _____ of the employees of that company. 당신은 그 회사 직원들의 열의를 볼 수 있습니다.

A enthusiasm
B insurance

Answer

||||| 01 B 02 B 03 A 04 A 05 B 06 B 07 B 08 A 09 A

10 I have _____ about the new worker; she doesn't seem to be able to do the job.

나는 그 새 직원에 대해 염려하고 있다. 그녀는 그 일을 해낼 능력이 있어 보이지 않기 때문이다.

A reservations
B reservoir

11 The story _____ among the people.

그 이야기는 사람들 사이에 퍼졌다.

A circulated
B circumvented

12 There was an _____ in a downtown bar where two men got into a fist fight.

시내 술집에서 사건이 벌어졌는데 두 사람이 주먹다짐을 하며 싸웠다.

A indictment
B incident

13 I'm afraid there is a _____ in the figures.

이들 숫자가 맞지 않는 것 같은데요.

A discontent
B discrepancy

14 It's a _____ that you took a bribe.

당신이 뇌물을 받다니 수치스러운 일이군요.

A disgust
B disgrace

15 There is a _____ between what he says and what he does.

그의 언행은 일치하지 않는다.

A disparity
B discharge

16 The new lamps are a beautiful _____ to the living room.

새 등은 거실을 아름답게 보완해 준다.

A complement
B compliment

17 He _____ that the economy will improve this year.

그는 경제가 올해 나아질 것이라고 예측합니다.

A forecasts
B forebears

어휘 개념 파악하기

▶ **col-, com-, con-은 'together' 혹은 'with'의 의미가 있다.**

- collaborate 공동으로 일하다
- collide 충돌하다
- compatible 양립하는
- conjunction 결합, 연결
- conspiracy 공모, 음모

- colleague 동료
- combine 결합하다
- concur 동시에 일어나다
- consortium 조합, 협회
- contemporary 동시대의

▶ **-conscious는 명사 뒤에 와서 '~을 의식하는'이란 의미다.**

- age-conscious 나이를 의식하는
- camera-conscious 카메라를 의식하는
- diet-conscious 다이어트를 의식하는
- self-conscious 사람 앞을 꺼리는, 수줍어하는
- safety-conscious 안전을 의식하는

▶ **do : ① 하다 ② 충분하다 ③ visit ④ give**

- do one a favor ~에게 부탁을 들어주다
- do the dishes 설거지 하다

- will do ~은 충분하다
- do the museum 박물관을 방문하다

▶ **capital : ① 주요한 ② 수도 ③ 대문자 ④ 자본금**

- the capital virtue 미덕
- the capital of Ontario 온타리오 주의 수도
- with a capital of $20,000 2만 달러의 자본금으로

- capital letter 대문자

▶ **a ball-park figure : 대강의 어림수**

- **berth** 층 침대
- **bypass** 우회로
- **cabin** 조종실, 객실
- **capsize** 전복하다
- **change gear** 변속하다
- **chauffeur** (자가용) 운전사
- **collide** 충돌하다
- **collision** 충돌; 불일치
- **commute** 통근하다
- **commuter** 통근자
- **compartment** 칸막이 방
- **conductor** 차장
- **convey** 나르다
- **conveyance** 운반, 수송
- **crash** 충돌, 추락
- **crew** 승무원
- **crosswalk** 횡단보도
- **deck** 갑판
- **dent** 움푹 팬 곳
- **detour** 우회로
- **discharge** (짐을) 내리다
- **fare** 교통요금
- **ferry** 나루터, 연락선
- **fuel** 연료
- **ignition** 점화장치
- **intersection** 교차로
- **jaywalk** 무단횡단하다
- **launch** 진수시키다
- **mechanic** 정비공, 수리공
- **overpass** 육교
- **passenger** 승객
- **pedestrian** 보행자
- **pier** 부두, 선창
- **public transportation** 대중교통
- **ramp** 입체경사로
- **refuel** 연료를 공급하다
- **route** 노선, 항로
- **scratch** 긁힌 자국

PART 2 토익 적중 품사별 영단어

A 핵심 어휘 따라잡기

emission [imíʃən] *n.* 배출물	: emit 방사하다, 방출하다 (=give out) : electron emission 전자 방출
repetition [rèpətíʃən] *n.* 반복, 되풀이	: repetitious 자꾸 되풀이 되는, 번거로운 : repeatedly 반복하여, 몇 번이고 : repetitiously 번거롭게
bond [band] *n.* ① 결속, 유대 ② 결합 ③ 채권	: a strong bond between ~사이의 강한 유대 : a chemical bond 화학적 원자 결합 : bondage ① 구속 ② 신체적 속박
destination [dèstənéiʃən] *n.* 목적지, 상품의 도착지	: destined 운명적으로 정해진 : a vacation destination 휴양지
extinction [ikstíŋkʃən] *n.* 멸종, 소멸	: extinct 멸종한, 폐지된, 활동을 그친 : an extinct species 멸종한 종
breakthrough [bréikθrù:] *n.* ① 돌파구 ② 획기적인 발견	: breakage 파손, 손상, 파손물 : nervous breakdown 신경쇠약 : breakup ① 깨짐, 붕괴 ② 절교, 분리 : a frontal breakthrough 중앙 돌파

Biz Tips

〰 The party didn't **get into full swing** until after midnight.
파티는 자정이 지나서야 절정에 이르렀다.

〰 **At this point**, I'm afraid it's too late to cancel the deal.
지금 단계에서 거래를 중지하기에는 너무 늦은 것 같아요.

content
[kántent]
n. ① 내용물 *(pl.)* ② 취지 ③ 목차
a. [kəntént] 만족하는

: be content with ~에 만족하다
: *cf.* contend ① 주장하다 ② 투쟁하다

---

field
[fi:ld]
n. ① 들판 ② 분야 ③ 현장
v. 잘 받아 넘기다

: legal field 법조계
: field questions 질문을 잘 받아 넘기다
: *cf.* field, sphere, line, realm 분야, 영역
: business circle 실업계
: fashionable society 사교계
: the shipping interest 해운업계

---

delegate
[déligit]
n. 대표자, 대리인
v. [déligèit] 위임하다, 파견하다

: delegation ① 대표단, 대표파견 ② 위임
: delegates from Korea 한국 대표단
: delegate authority to ~에게 권한을 위임하다

---

temper
[témpər]
n. 기질, 성질, 화
v. 부드럽게 하다, 완화하다

: out of temper 화를 내어
: keep/hold/control one's temper
  화를 억누르다

---

inclination
[ìnklənéiʃən]
n. 기울기, 경향, 성향

: incline ① 기울이다 ② 숙이다, 굽히다
: be [feel] inclined to do
  ① ~하고 싶어지다 ② ~경향이 있다

Point Tips

▥ get into full swing 절정에 이르다 (*in full swing 한창인)

▥ at this point 지금 단계에서

PART **2** 토익 적중 품사별 영단어

durability
[djùərəbíləti]
n. 내구성, 내구력

: durable 오래 견디는, 튼튼한
: duration 지속기간
: durable and efficient products
  내구성과 효율성을 갖춘 제품

entrepreneur
[ɑ̀:ntrəprənə́:r]
n. 기업가, 실업가

: entrepreneurial spirit 기업가 정신
: entrepreneurial 기업가적인

function
[fʌ́ŋkʃən]
n. ① 목적, 기능 ② 의식, 행사
v. ① 작동하다 ② 역할을 다하다

: malfunction v. 오작동하다 n. 기능 불량
: functional ① 유용한 ② 작동하는
: functionary 공무원

toleration
[tɑ̀ləréiʃən]
n. 관용, 묵인

: tolerate ① 허용하다, 참다 ② 받아들이다
: tolerance ① 인내력, 내성 ② 아량 ③ 허용오차
: tolerant 관대한, 아량 있는

cultivation
[kʌ̀ltəvéiʃən]
n. ① 경작
  ② (예술적 소양의) 배양
  ③ 교양

: be under cultivation 경작되고 있다
: bring ~ under cultivation ~을 개간하다
: cultivate ① 경작하다 ② 배양하다
: cultivate one's knowledge 지식을 배양하다

Biz Tips

〰 Don't **jump to conclusions** - just because they're late
doesn't mean they have an accident.
속단하지 말아요. 그들이 늦었다고 해서 사고를 당한 것을 의미하지는 않아요.

〰 When will you **get through with** the finishing touches?
최종 마무리는 언제 끝날 수 있습니까?

consequence [kánsikwèns] *n.* 결과, 중대성, 영향력	: consequential 결과로서 일어나는, 중요한 : pay the consequences of 　~에 대한 대가를 치르다 : consequently (= as a consequence) 그 결과로서
caution [kɔ́ːʃən] *n.* 경고, 주의 *v.* ~에게 주의를 시키다	: cautious 주의 깊은, 신중한 : with caution 조심하여
deprivation [dèprəvéiʃən] *n.* 결핍, 박탈	: deprive A of B A에게 B를 박탈하다 : feel deprived 박탈감을 느끼다
defect [difékt] *n.* 결점, 결함, 부족	: defective 불완전한, 결함이 있는 : point to defects 남의 결점을 쳐들다
fertilizer [fə́ːrtəlàizər] *n.* 거름, 비료	: fertilize 기름지게 하다, 비료를 주다 : organic fertilizer 유기 비료
rundown [rʌ́ndàun] *n.* 개요, 요약	: run-down 황폐한, 기진맥진한 : look a bit run-down 몸이 좀 좋지 않게 보이다
emphasis [émfəsis] *n.* 강조, 강세	: emphasize 강조하다 : emphatic 어조가 강한, 명확한, 단호한 : emphatically 단호하게

Point Tips

〰 jump to conclusions 속단하다

〰 get through with ~을 끝내다

☐ 가격을 놓고 흥정하다	haggle over the price
☐ 재래식 무기	conventional weapon
☐ 대회의장	convention center
☐ 재발을 막다	prevent a recurrence
☐ 편의점	convenience store
☐ 일용품	convenience goods
☐ ～에 대해 변명의 여지가 없다	have no excuse for
☐ A에서 B로 옮겨가다	move from A to B
☐ 기탄없이, 솔직히	without reservation
☐ 시사회	private showing, preview
☐ 무단사용	unauthorized use
☐ 회의록	minutes of the meeting
☐ 뒤집어 말하면	to put it the other way around
☐ 산업규격	industrial standards
☐ 미리 경고를 해둡니다	let this serve as fair warning
☐ 중대한 차질이 생기다	be seriously inconvenienced

NOTE

- **haggle** 옥신각신하다 • **conventional** 전통적인, 재래식의
- **recur** 재발하다, 되돌아가다 [**recurrence** 재발]
- **convenient** 편리한, 형편이 좋은 • **reservation** 예약, 보류, 은폐
- **authorize** ～에게 권한을 주다

☐ 산업재해	industrial accidents
☐ 그럴듯한 변명	plausible excuse
☐ ~에 대해 인가하지 않다	refuse authorization of
☐ 난국을 타개하다	defuse a crisis, break an impasse
☐ 보너스 지급	bonus payment
☐ 언젠가 호의에 보답하다	return the favor someday
☐ 극복할 수 없는 어려움	insurmountable[insuperable] difficulty
☐ 만기가 되다	mature, be due, fall due
☐ 불치병	incurable disease, untreatable disease
☐ 회계 1년에 4번	4Xs Yr. (four times a year)
☐ ~할 위험을 초래하다	incur the risk of
☐ 직업병	occupational disease
☐ 충동적인 행동	impulsive act, impetuous act
☐ 자칭 철학자	a would-be philosopher
☐ 다시 생각해보니	on second thought
☐ ~에 투자하고자 하는 사람	those willing to invest in

NOTE

- plausible 그럴듯한
- impasse 막다른 골목 [a political impasse 정치적 난국]
- superable 이길 수 있는
- impetuous 격렬한, 성급한, 충동적인
- defuse 신관을 제거하다
- cure 치료(하다)
- a would-be writer 작가 지망생

PART **2** 토익 적중 품사별 영단어

01 Automobiles and trucks produce _____ that pollute the air.
자동차와 트럭은 공기를 오염시키는 배출물을 내뿜는다.

- A emissions
- B eminence

02 We don't want a _____ of last year's disaster.
우리는 작년의 재해가 되풀이 되는 것을 원하지 않는다.

- A repentance
- B repetition

03 Companies sell _____ to raise money.
회사는 자금을 마련하기 위해 채권을 발행한다.

- A bonds
- B bounds

04 How soon can we expect to have your shipment reach our _____?
얼마나 빨리 선적한 물건이 우리에게 도착할 수 있을까요?

- A destination
- B destitute

05 There is much that is new in the _____ of health care.
의료 분야에는 새로운 것이 많이 있다.

- A fold
- B field

06 Scientists have made an important _____ in the treatment of heart disease.
과학자들은 심장병 치료에 중요한 획기적인 발견을 했다.

- A breakdown
- B breakthrough

07 Her _____ of so much authority to her assistant upset her business partners.
그녀가 보좌인에게 너무 많은 권한을 위임하자 다른 동업자들은 화가 났다.

- A delegation
- B deletion

08 He taught himself to _____ anger humor.
그는 화를 유머로 누그러뜨리는 것을 스스로 배웠다.

- A attempt
- B temper

Answer

‖‖‖ 01 A 02 B 03 A 04 A 05 B 06 B 07 A 08 B

09 We hope that the business recession will be of short _____.

불경기가 오래 지속되지 않기를 바란다.

A duration
B during

10 I have an _____ to see a movie tonight, but my wife doesn't want to.

나는 오늘 저녁 영화를 보고 싶지만 아내는 원치 않는다.

A increment
B inclination

11 There must have been a computer _____.

컴퓨터 장애가 있었음에 틀림없다.

A malfunction
B malpractice

12 Precision tools must be machined to close _____.

정밀 공작기계는 허용 오차가 근소하게 만들어져야 한다.

A tolerance
B perseverance

13 From ancient times, people have _____ crops, like wheat, for food.

고대부터 사람들은 식량으로 밀과 같은 곡물을 경작했다.

A cultured
B cultivated

14 The people of that country live in a state of _____ without freedom or enough food.

그 나라 국민들은 자유도 충분한 식량도 없는 박탈상태 속에서 살고 있다.

A deprivation
B depression

15 I didn't notice the _____ of the item when I bought it.

그 상품을 살 때는 결함을 발견하지 못했습니다.

A defects
B deficits

16 I went to a computer lesson, and then I gave my boss a _____ of what I learned.

나는 컴퓨터 수업에 다녀와서 배운 것의 개요를 상사에게 말해 주었다.

A rundown
B runaround

Answer

|||| 09 A 10 B 11 A 12 A 13 B 14 A 15 A 16 A

D 어휘 개념 파악하기

▶ contra-는 '반대하여'라는 의미를 갖는다.

- contradict 반박하다
- contrary 반대의
- contraception 피임
- contravene 반대하다, 위반하다

▶ counter-는 '적대, 보복, 역, 대응'의 의미가 있다.

- counterattack 반격
- counter-claim 반대 요구
- counter-offer 대안
- counteract ~와 반대로 행동하다
- counter-measure 대책
- counterblow 역습

▶ -tude로 끝나는 단어를 묶어서 공부하기

- attitude 태도, 마음가짐
- longitude 경도
- magnitude 크기, 양, 중대성
- ineptitude 부조리, 부적당
- aptitude 경향, 적성
- latitude 위도
- exactitude 정확, 엄밀
- fortitude 불굴의 정신, 인내

▶ 자동사 + 형용사는 '~하게 되다'라는 의미다.

- run dry 마르다
- run short 부족하다
- fall ill 병이 나다
- come loose 풀어지다
- hold good 유효하다
- run wild 거칠어지다
- go mad 미치다
- come true 실현되다
- come natural 자연스럽다
- remain silent 침묵을 지키다

▶ 기본 단어 확인 학습

- recklessly 무모하게
- recommend 추천하다
- incorrect 부정확한, 틀린
- recognition 인지, 승인, 허가
- uncontrolled 통제되지 않은
- vacuum 진공, 공백; 진공의

교통과 운송 2

- **shortcut** 지름길
- **shuttle** 왕복하다
- **sidewalk** 인도, 보도
- **speed limit** 속도제한
- **standstill** 정체, 교착상태
- **steer** 조종하다
- **stow** (배에) 싣다
- **toll** 통행료
- **traffic congestion** 교통체증
- **traffic jam** 교통체증
- **transfer** 옮기다; 이송
- **transit** 통과, 운송
- **transport** 운송하다
- **transportation** 운송, 수송
- **underground** 지하철
- **underpass** 지하도
- **unload** 하역하다
- **vehicle** 탈 것
- **vessel** 선박
- **wreck** 파손, 난파
- **accelerate** 가속하다
- **assemble** 조립하다
- **blind spot** 사각지대
- **compact car** 소형차
- **convertible** 컨버터블 차
- **deceleration** 감속
- **flat tire** 바람 빠진 타이어
- **hatchback** 문을 위로 여는 차
- **license plate** 자동차 번호판
- **limousine** 리무진
- **motor home** 캠핑카
- **rear-view mirror** 후면경
- **steering wheel** 운전대
- **tow truck** 견인차
- **wrecker** 구조차, 레커차
- **squeaky** 삐걱대는
- **grease** 윤활유
- **dealership** 판매 대리점

PART **2** 토익 적중 품사별 영단어

A 핵심 어휘 따라잡기

expedition
[èkspədíʃən]
n. ① 탐험, 원정
② 신속, 기민

: with expedition 신속히
: expedite 신속히 처리하다, 서두르다
: expedient ① 응급조치의 ② 편의주의의
: an expedient decision 정략적인 결정

memorandum
[mèmərǽndəm]
n. ① 사내 회보 ② 메모
③ 각서, 송장

: an exchange of memorandum 각서의 교환
: Why has this memorandom been sent?
  이 사내 회람은 왜 보내졌는가?

negotiation
[nigòuʃiéiʃən]
n. 협상

: negotiate 협상하다, 합의에 이르다
: negotiable 협상할 수 있는, 현금화 할 수 있는

itinerary
[aitínərèri]
n. 여행일정

: vacation itinerary 휴가 여행일정
: plan an itinerary 여정을 짜다

drop-off
[drápɔ̀:f]
n. 하락, 급경사
a. 임시 기탁소의

: the remarkable drop-off in customers
  손님이 급격하게 떨어짐
: drop-off center 물품인도센터, 재활용센터

heritage
[héritidʒ]
n. ① 유산 ② 상속

: have heritage of ~을 상속받다
: culture heritage 문화 유산
: bestow a heritage 유산을 주다

Biz Tips

〉 I **feel honored** that I was given a time to meet you and talk
on the possible export of the merchandise.
귀하와 만나서 그 제품의 수출 가능성에 대해 얘기할 수 있는 기회를 가지게 되어
영광으로 생각합니다.

P A R T **2** 토익 적중 품사별 영단어

poise
[pɔiz]

n. ① 침착, 평정
　　② 평형
v. ① ~할 준비를 갖추다
　　② 균형을 잡다

: with a great deal of poise 대단히 침착하게
: lose one's poise 평형을 잃다
: cf. pose n. 자세, 포즈
　　　　　v. ① ~의 자세를 취하다　② 제기하다
　　　　　　　③ ~인 체하다

frustration
[frʌstréiʃən]

n. ① 좌절감, 욕구불만
　　② 방해, 장애

: frustrate 좌절시키다
: feel frustrated 좌절감을 느끼다
: suffer frustration 좌절감을 맛보다
: to one's frustration 실망스럽게도

scarcity
[skɛ́ərsiti]

n. 부족, 결핍

: an energy scarcity 에너지 부족
: the scarcity of labor 노동력 부족
: syn. shortage, deficiency

material
[mətíəriəl]

n. ① 옷감　② 재료
　　③ 도구　④ 자료
a. ① 물질의　② 중요한

: fine wool material 고급 모직 옷감
: art materials 미술 용구
: be material to ~에 중요하다
: The material world 물질세계

locality
[loukǽləti]

n. 위치, 장소, 소재, 현장

: localization 지방 분권, 지방화
: localize 한 지방에 그치게 하다, 국한하다
: locate ① 장소를 찾아내다　② ~에 위치시키다
: location 위치, 장소
: locale 장소, 현장

Point Tips

‖‖ **feel honored** 영광으로 느끼다

A 핵심 어휘 따라잡기

imagery
[ímidʒəri]
n. 형상, 이미지

: imaginable 상상할 수 있는
: imaginary 상상의
: imaginative 상상력이 풍부한
: image-building 이미지 형성

reward
[riwɔ́ːrd]
n. ① 보상 ② 현상금, 사례금
v. 사례로 주다

: rewarding 보답하는, 보람되는
: give a reward for ~에 대하여 포상을 주다

property
[prápərti]
n. ① 재산 ② 부동산
③ 속성, 특질

: real property 부동산
: personal property 동산
: intellectual property 지적 재산

logistics
[loudʒístiks]
n. 물류 (관리), 병참

: administration, personnel, and logistics
관리, 인사, 그리고 물류관리

friction
[fríkʃən]
n. ① 마찰 ② 갈등, 분쟁

: the friction between ~사이의 갈등
: friction with another country 타국과의 불화

initiative
[iníʃiətiv]
n. 주도권, 솔선

: show initiative 솔선해 보이다
: have the initiative 주도권을 가지다
: take the initiative 솔선하다

Biz Tips

▥ They have **a clearance sale** going on to celebrate their tenth year in business.
창업 10주년을 기념하여 재고 정리 세일을 하고 있습니다.

▥ Mr. Kim, we cannot accept this **entertainment expense**.
미스터 김, 이 접대비는 인정할 수 없습니다.

drawback
[drɔ́:bæk]

n. 결점, 장애

: drawback cargo 관세 환급 화물
: *syn.* disadvantage, flaw, defect, weak point

reminder
[rimáindər]

n. 상기시켜 주는 것
　(조언, 주의, 메모 등)

: remind A of B A에게 B를 생각나게 하다
: remembrance 기념품 (= souvenir, memento)

settlement
[sétlmənt]

n. ① 정착지 ② 생활의 안정
　③ 해결, 청산

: come to a settlement 화해하다
: settlement process 결산과정
: settle a dispute 분쟁을 해결하다

grace
[greis]

n. ① 우아, 품위
　② 자비, 관대
　③ 사면, 유예

: with grace 우아하게
: with good grace 흔쾌히
: with the grace of three years 3년 유예로
: grace period (= moratorium) 지급 유예 기간

capacity
[kəpǽsəti]

n. ① 수용력 ② 능력
　③ 최대 생산량

: a 100-seat capacity 100명의 수용력
: at capacity 최대한도로

publicity
[pʌblísəti]

n. ① 매스컴의 관심 ② 홍보

: receive a lot of publicity 매스컴의 주목을 받다
: give publicity to ~을 공표하다

Point Tips

‖‖ a clearance sale 재고 정리 세일
‖‖ entertainment expense 접대비

Collocation 확인하기

☐ 인구밀도	population density
☐ 순회도서관	circulating library
☐ 계약을 무효화하다	annul an agreement
☐ 상당한 지도력이 요구되다	require considerable leadership
☐ ~에 주의를 요하다	require care in
☐ 생각에 잠겨 있다	be lost in thought
☐ 풍요로운 사회	affluent society
☐ 부가 가치세	value-added tax
☐ 반대론을 펴다	argue against
☐ 비자를 발급하다	issue a visa
☐ 이익의 갑작스러운 증가	a sudden surge in profits
☐ 재해 손실	casualty loss
☐ 연례 축하 행사	annual banquet
☐ 만기상환	redemption at maturity
☐ 면밀한 조사	close examination
☐ 자사 제품	house brand

NOTE

- **dense** 밀집한, 조밀한   • **circulate** 순환하다, 순회하다, 유포시키다
- **annul** 취소하다, 무효로 하다
- **affluent** 풍부한 [*syn.* opulent surge 큰 파도, 격동]
- **redemption** 되찾음, 상환 [redeem *v.* 되찾다, 벌충하다]

☐ 특집기사	feature story
☐ 문화적 침체	cultural backwater
☐ 상호간 만족스러운 해결	mutually satisfactory solution
☐ 시험관 배양	test-tube culture
☐ 고속승진하다	fast-track
☐ 머리가 깨질 듯한 두통	splitting headache
☐ 서면허락	written permission
☐ 세금공제 후 소득	post-tax [net] income
☐ 세금공제 전 소득	pretax [gross] income
☐ 달성 가능한 목표	an attainable goal
☐ 선착순으로	on a first-come first-served basis
☐ 제어판	control panel
☐ 구심력	centripetal force
☐ ~와 뚜렷한 대조를 이루는	in striking contrast to
☐ 잡지를 구독하다	subscribe to a magazine
☐ 예정대로, 납기에 맞추도록	on schedule

NOTE

- **backwater** ① 되밀려오는 물 ② 침체한 • **mutual** 서로의
- **split** 쪼개다, 분열시키다 • **permit** 허락하다 [permission 허락]
- **attain** 이르다, 달성하다 • **centripetal** 구심성의 [centrifugal force 원심력]
- **striking** 두드러진 [syn. outstanding, remarkable, prominent]

01 The politician made an _____ decision to vote for the tax cut.

A expedient
B expedite

그 정치가는 정략적으로 세금 감면에 찬성하기로 결정했다.

---

02 The _____ between the two countries resulted in a new trade agreement.

A negligence
B negotiations

그 두 나라는 협상을 통해 새로운 무역협정을 체결했다.

---

03 Look on our vacation _____ to find out when we are flying to London.

A eternity
B itinerary

휴가여행 일정을 봐서 우리가 언제 런던 행 비행기를 타게 되는지 알아봐라.

---

04 Police _____ the riot to a small area of the city.

A localized
B rotated

경찰은 폭동을 그 도시의 작은 지역에 제한시켰다.

---

05 The army is _____ for an attack.

A poised
B possessed

군대는 공격할 준비가 되어 있다.

---

06 It was _____ to work for such a demanding boss.

A encouraging
B frustrating

그렇게 요구가 많은 상사 밑에서 일하는 것은 실망스럽다.

---

07 This country has a _____ of freedom and independence.

A heritage
B heredity

이 나라는 자유와 독립의 유산을 갖고 있다.

---

08 He showed _____ by learning Spanish before moving to Colombia.

A initial
B initiative

그는 콜롬비아로 이주하기 전에 스페인어를 배움으로써 솔선해 보였다.

Answer

|||| 01 A 02 B 03 B 04 A 05 A 06 B 07 A 08 B

09 We are looking forward to a productive and _____
meeting with you in May.
5월에 당신과 생산적이고 보람된 회의를 기대하고 있습니다.

A rewarding
B awarding

10 In her painting, she has used every color _____.
그림에서 그녀는 상상할 수 있는 모든 색을 다 사용했다.

A immune
B imaginable

11 It will take a lot of _____ to solve the problem.
그 문제를 풀기 위해서는 창의력이 많이 필요할 것이다.

A imagination
B imagery

12 Chemicals have certain _____, like cleaners that
dissolve grease.
화공약품은 유지를 분해하는 세제처럼 특정한 속성이 있다.

A properties
B proportions

13 The _____ between the two secretaries created
tension in the office.
두 비서 간의 갈등은 사무실에 긴장을 조성했다.

A frozen
B friction

14 There is no more room in the bottle; it is filled to
_____.
그 병에는 더 들어갈 여지가 없다. 끝까지 다 찼다.

A capacity
B capability

15 A famous boxer received a lot of _____ when
he was sent to jail.
한 유명한 권투선수가 교도소에 보내지자 매스컴의 많은 주목을 받았다.

A publication
B publicity

16 The only real _____ to the plan is that it will cost
a fortune to implement.
그 계획의 진짜 장애는 이행에 큰 비용이 들 거라는 것이다.

A cutback
B drawback

Answer

||||| 09 A   10 B   11 A   12 A   13 B   14 A   15 B   16 B

▶ **de-**는 '반대, 저하, 감소'를 나타낸다.

- **deregulate** 규제를 해제하다
- **destabilize** 불안정하게 하다
- **debug** 결함을 수정하다
- **decentralize** 분산시키다
- **decontaminate** 오염을 제거하다
- **defrost** 서리를 제거하다

▶ **dia-**는 **'through'**, **'across'**를 의미한다.

- **diagonal** 대각선(의)
- **diameter** 직경, 지름
- **dialogue** 대화, 회화
- **diaphragm** 횡경막

▶ **dis-**는 반대를 나타내는 접두사로 쓰인다.

- **disagree** 일치하지 않다
- **disconnect** 접속을 끊다
- **disinfect** 살균하다
- **displace** 대신하다
- **disbelieve** 믿지 않다
- **disembark** 상륙하다
- **disobey** 복종하지 않다
- **dissatisfy** 불쾌하게 하다

▶ **critical** : ① 비평의 ② 위급한 ③ 결정적인

- a critical condition 위독한 상태
- Her help was critical during the emergency.
  위급할 때 그녀의 도움은 결정적이었다.
- with a critical eye 비판적으로

▶ 기본 단어 확인 학습

- **independence** 독립, 자립
- **individuality** 개성
- **steadily** 착실하게, 꾸준히
- **mechanism** 기계장치, 구조
- **radius** 반지름
- **undoubtedly** 틀림없이, 확실히
- **creativity** 창조성, 독창력
- **spectacular** 굉장한, 멋진

구인과 구직

- **a job vacancy** 빈자리, 공석
- **adept** 숙련된; 숙련자
- **applicant** 지원자, 신청자
- **application form** 지원서, 신청서
- **apply for** ~에 지원하다
- **aptitude** 적성, 소질
- **bachelor's degree** 학사학위
- **bilingual** 2개 국어를 하는
- **candidate** 후보, 지원자
- **certificate** 증명서, 면허장
- **competent** 유능한, 적임인
- **cover letter** 자기소개서
- **dependable** 믿음직한
- **diploma** 졸업장
- **doctor's degree** 박사학위
- **employ** 고용하다
- **employment** 고용
- **experienced** 경험이 있는
- **expert** 전문가
- **fluent in** ~에 유창한
- **hire** 고용하다
- **hiring** 고용
- **interviewee** 면접 응시자
- **interviewer** 면접관
- **master's degree** 석사학위
- **prerequisite** 사전에 필요한
- **professional** 전문가
- **proficient** 능숙한
- **qualification** 자격, 필수조건
- **recruit** 모집하다;신참
- **recruitment** 신규모집, 채용
- **reference letter** 추천서
- **referral** 추천, 소개된 사람
- **requisite** 필수의
- **resume** 이력서
- **specialist** 전문가

PART **2** 토익 적중 품사별 영단어

A 핵심 어휘 따라잡기

suit
[su:t]

n. ① 소송 ② 한 벌 ③ 청혼
④ (카드) 패 한 벌
v. ① ~에 맞다 ② 어울리다

: a civil [criminal] suit 민사 [형사] 소송
: follow suit 남이 하는 대로 하다
: suitable 적당한, 어울리는
: suitability 적합
: You can suit yourself. 당신 마음대로 하세요.
: *cf.* suite [swi:t] 한 벌, 스위트 룸

---

humility
[hju:míləti]

n. ① 겸손 ② 비하

: humilities 겸손한 행위
: humiliate ① 무안하게 하다 ② 굴욕감을 주다

---

magnification
[mæ̀gnəfikéiʃən]

n. ① [광학] 배율 ② 확대, 과장

: a magnificent spectacle 장관
: magnify 확대하다
: magnitude 크기, 중대성

---

accommodation
[əkámədèiʃən]

n. ① 숙박시설 *(pl.)* ② 편의

: make a special accommodation for
~에 대해 특별히 편의를 봐 주다
: accommodation address 임시 우편물 수령주소
: accommodate ① 수용하다 ② 편의를 도모하다
: accommodating 도움을 주는, 협조적인

---

by-product
[báiprɑ̀dəkt]

n. 부산물, 부수적 결과

: a by-product of research 연구의 부산물
: *syn.* spin-off 부산물, 계열사, 자회사

Biz Tips

▥ We hired several part-time workers because we didn't want to **fall behind schedule**.
예정보다 늦어지고 싶지 않기 때문에 파트타임 일꾼을 몇 명 고용했습니다.

▥ The loan shall not **bear interest** until six months after you borrow it. 그 융자금은 빌린 후 6개월까지는 이자가 붙지 않습니다.

PART 2 토익 적중 품사별 영단어

deadlock
[dédlàk]

n. 교착 상태

v. 교착 상태에 빠지다

: reach a deadlock in contract talks
계약 협상이 교착 상태에 빠지다

: be deadlocked over ~로 교착상태에 빠지다

component
[kəmpóunənt]

n. 구성요소, 성분

a. 구성하고 있는

: stereo components 스테레오 컴포넌트
: component parts 구성 요소
: *cf.* ingredient, element, constituent

superior
[səpíəriər]

n. 상관, 윗사람

a. 우월한, 상관의, 거만한

: superiority 우월, 탁월
: inferiority 열등, 열세
: be superior to ~보다 낫다
: act superior 거만하게 행동하다

deficiency
[difíʃənsi]

n. ① 결핍
② 결함, 불완전

: deficient 부족한, 결함이 있는
: a vitamin deficiency disease 비타민 결핍증
: *syn.* shortage, scarcity
: *opp.* sufficiency 충분

domain
[douméin]

n. ① (개인) 소유지, 영토
② 분야, 범위, 영역

: out of one's domain 전문 밖이다
: She treated the business as her private
domain.
그녀는 사업을 자신의 사적 영역으로 취급했다.
: *syn.* field, territory, sphere, realm, line

Point Tips

⁞⁞⁞ fall behind schedule 예정보다 늦다

⁞⁞⁞ bear[accrue] interest 이자가 붙다

proportion
[prəpɔ́ːrʃən]

n. ① 균형 ② 비율

: a sense of proportion 균형감각
: proportionate 비례하는
: blow ~ out of proportion ~을 확대 해석하다
: in proportion to ~과 비례하여

risk
[risk]

n. ① 위험 ② 믿지 못할 사람

: at one's own risk 자기가 책임지고
: run a risk 위험을 무릅쓰다
: risky 위험한, 모험적인

sequence
[síːkwəns]

n. ① 연속된 행동 ② 순서

: a sequence of events 일련의 사건
: in sequence 순서대로
: sequential 순차적인
: sequel 후편, 후속상황

behalf
[bihǽf]

n. 측, 이익

: on behalf of(=on one's behalf) ~을 대신하여
: in behalf of(=in one's behalf) ~을 위하여

representative
[rèprəzéntətiv]

n. ① 대표자 ② (미국) 하원의원
a. ① 묘사하는
     ② 대표적인, 전형적인

: representation ① 표현 ② 주장*(pl.)* ③ 대리
: represent ① 나타내다 ② 의미하다 ③ 대표하다

Biz Tips

〰 May I leave a little earlier **than usual** today?
오늘 일찍 퇴근해도 되겠습니까?

〰 I'll e-mail this order later **for confirmation**.
확인을 위해 이 주문을 다시 이메일로 보내겠습니다.

referral
[rifə́ːrəl]

n. ① (다른 사람에게) 소개하기
② 소개받은 사람

: give someone a referral to
누구에게 ~를 소개하다
: I was referred to the secretary for
information. 비서에게 문의해 보라는 것이었다.

---

bundle
[bʌ́ndl]

n. 묶음, 꾸러미

: be in a bundle 다발로 묶여 있다
: sell things in a bundle 다발로 팔다

---

influx
[ínflʌ̀ks]

n. 쇄도, 밀어닥침

: an influx of customers 고객의 쇄도
: a rush of orders 주문의 쇄도
: *cf.* be inundated with ~으로 넘치다

---

scene
[siːn]

n. ① 장면 ② 추태 ③ 현장

: on the scene 현장에, 그 자리에
: make a scene 추태를 부리다
: a scenic route 경치가 좋은 길
: scenery ① 자연풍광 ② 무대장치

---

store
[stɔːr]

n. ① 가게 ② 저장, 축적

: in store 저축하여, 준비하여
: be in store for ~에게 (어떤 운명이) 다가오다
: set store by 신뢰하다 (=rely on, depend on)

---

stack
[stæk]

n. 더미
v. 쌓다

: a stack of newspapers 신문지 더미
: stack the deck 자신에게 유리하게 속임수를 쓰다
: stack up 필적하다

**Point
Tips**

‖‖‖ than usual 평소보다
‖‖‖ for confirmation 확인을 위해서

☐ ~의 발전에 기여하다	contribute to the advancement of
☐ ~로 전근되다	be transferred to, get a transfer to
☐ 중앙통제	centralized control
☐ 계약조건	contract terms
☐ 제조경비	factory overhead
☐ 충치를 빼다	have a decayed tooth pulled out
☐ ~라고 하는 것은 지나치다	go too far to say that ~
☐ 고객의 성원	customer support
☐ 고객 지원부	customer service department
☐ 순이익	bottom line
☐ 생계비 수당	cost-of-living allowance
☐ 애를 써 주다	go to the trouble
☐ 손해 볼 것 없다	have nothing to lose
☐ ~와 상관이 없다	have nothing to do with
☐ 세부적인 것은 나중으로 미루다	save the details
☐ 만족한 결과를 거두다	produce satisfactory results

NOTE

• **contribute** 기부하다, 기여하다 [A **contributes** to B A가 B의 원인이 되다]
• **decay** 썩다; 부패   • **bottom line** 순이익, 최종결과, 최종결론
• **allow** 허락하다, 지급하다 [**allowance** 수당, 급여, 참작]

☐ 갈팡질팡하게 만들다	throw ~ into confusion
☐ 현재 상태	status quo [stéitəs kwóu]
☐ ~은 두고 볼 일이다	remains to be seen
☐ 어느 정도	up to a point
☐ ~에 역점을 두다	give weight to
☐ 제휴협약	partnership agreement
☐ ~을 가볍게 생각하다	think lightly of
☐ 식물인간	a person in a vegetative state
☐ 부가기능	add-on functions
☐ ~을 관할하다	exercise jurisdiction over
☐ 가능한 해결책	feasible solution
☐ ~에 달려 있는	contingent on
☐ 최신 장비	cutting-edge equipment
☐ 대기자 명단	waiting list
☐ 남에게 책임을 떠넘기다	pass the buck to others
☐ 뉴스보도자료	news release

NOTE

- **vegetative** 생장하는, 식물적인 [a vegetative life 무위도식]
- **add** 더하다 [add up to 총계 ~이 되다 | add-on software 추가 소프트웨어]
- **exercise** 훈련하다, 행사하다, 실행하다 • **jurisdiction** 재판권, 관할권
- **feasible** 실행할 수 있는 • **contingent** 우발적인, ~을 조건으로 하는

실전 예문 연습하기

01 Tires, the engine, the body, and the seats are
_____ of a car.
타이어, 엔진, 차체, 그리고 좌석은 차의 구성요소다.

A components
B compartments

02 My _____ in the company have requested that
I cut costs. 회사에서 상관들이 내게 비용을 줄이라고 요구했다.

A inferiors
B superiors

03 His red face is a _____ of his being angry all
the time. 그의 얼굴이 빨간 것은 항상 화나 있는 것의 부수적인 결과다.

A by-product
B bypass

04 His _____ against the phone company is not
likely to succeed.
그 전화 회사를 상대로 한 그의 소송은 승소할 것 같지 않다.

A suit
B suite

05 Please set a _____ time to meet.
만나기에 편리한 시간을 정하세요.

A suable
B suitable

06 The _____ of the great artist impressed
everyone. 그 위대한 예술가의 겸손은 모든 이에게 깊은 인상을 주었다.

A humility
B humanity

07 With the _____ on the photocopier, you can
make a document up to 125 percent larger than
its original size.
복사기에서 확대를 하면 문서를 원본보다 125퍼센트까지 더 크게 할 수 있다.

A magnification
B magnitude

08 We had to make special _____ for food
because our friend is a vegetarian.
우리는 친구가 채식주의자라서 특별히 음식에 대해 편의를 봐 주어야 했다.

A compensations
B accommodations

09 The owners and the union have _____ over
the pay increase.
사주측과 노동조합측은 임금인상을 놓고 교착상태에 빠졌다.

A deadlocked
B declined

Answer
||||| 01 A 02 B 03 A 04 A 05 B 06 A 07 A 08 B 09 A

10 The child grew poorly because of a vitamin _____ in her diet. 식사에 비타민이 부족하여 아이는 잘 자라지 않았다.

A deficiency
B deficit

11 Deciding on accounting procedure is in the comptroller's _____.
회계절차를 결정하는 것은 감사관의 분야다.

A domination
B domain

12 What's the percentage of overseas markets in _____ to domestic markets for your products?
댁의 제품의 국내시장에 대한 해외시장의 비율은 어느 정도인지요?

A proposition
B proportion

13 When you buy land, you take the _____ that it will lose value. 땅을 살 때는 가치 하락의 위험을 감수해야 한다.

A risk
B risky

14 You have to follow a _____ of commands to use a computer. 컴퓨터를 사용하려면 일련의 명령을 따라야 한다.

A sequence
B separation

15 The couple gave to charity in _____ of disabled children. 그 부부는 장애아들을 위하여 자선 단체에 기부했다.

A behold
B behalf

16 I need a lawyer to be my _____ in court.
나는 법정에서 나를 대리할 변호사가 필요하다.

A reposition
B representation

17 I put a _____ of clothes in the washing machine.
나는 세탁기에 옷 한 꾸러미를 넣었다.

A bundle
B bondage

18 An _____ of immigrants has made Miami's population grow rapidly.
이주자들이 쇄도하여 마이애미의 인구는 급증하였다.

A input
B influx

Answer

| 10 A | 11 B | 12 B | 13 A | 14 A | 15 B | 16 B | 17 A | 18 B |

▶ **-dom**은 '영역'이나 '어떤 상태'를 나타낸다.

- **boredom** 권태
- **officialdom** 관리 사회
- **wisdom** 현명함
- **freedom** 자유
- **stardom** 스타덤
- **kingdom** 왕국

▶ **down- or -down**은 'in a lower place'나 'becoming worse'를 나타낸다.

- **downstairs** 아래층에
- **downswing** 하강(경향)
- **downfall** 낙하, 몰락
- **downright** 명백한, 노골적인
- **crackdown** 일제 단속
- **downstream** 하류로
- **downwards** 내려가는, 쇠퇴의
- **downturn** 내림세, 침체
- **breakdown** 고장, 파손
- **facedown** 얼굴을 숙이고

▶ 혼동하기 쉬운 단어

- **affect** 영향을 미치다
  effect 결과, 영향
- **alteration** 변경
  alternation 교대, 교체
- **bleach** 표백하다
  breach 갈라진 틈, 위반
- **affectation** 체함, 허식
  affection 애정
- **bald** 대머리의
  bold 대담한
- **bleed** 출혈하다
  breed 양육하다

▶ **dispose** : ① 배치하다 ② ~할 마음이 내키게 하다 ③ 처분하다

- **be disposed to do** ~할 마음이 내키다
- **disposed in line** 일렬로 배치되다
- **at one's disposal** 누구 마음대로 할 수 있는
- **a cheerful disposition** 명랑한 기질
- **dispose of all one's property** 재산을 모두 처분하다

─● 국가의 행정과 정치 1 ●─

- **administer** 관리하다
- **administration** 행정
- **ambassador** 대사
- **assembly** 의회, 집회
- **authorities** 당국
- **authorize** 인가하다
- **bureau** (관청의) 국, 부
- **bureaucracy** 관료주의
- **city council** 시의회
- **civil servant** 공무원
- **collect** 징수하다
- **collector** 수금원, 수집자
- **constituency** 유권자
- **consul** 영사
- **consulate** 영사관
- **deduct** 공제하다
- **deduction** 공제(액)
- **dignitary** 고위관리
- **diplomacy** 외교
- **diplomat** 외교관
- **election** 선거
- **elector** 선거인, 유권자
- **embassy** 대사관
- **federal** 연방의
- **govern** 통치하다
- **government** 정부
- **impose** 부과하다
- **infrastructure** 산업기반
- **levy** 진수하다
- **local** 지방의, 지역의
- **mayor** 시장
- **municipal** 시의, 시립의
- **nationalize** 국영화하다
- **nominate** 후보로 지명하다
- **nominee** 후보 지명자
- **official** 공무원
- **politician** 정치가
- **poll** 여론조사(하다)

PART **2** 토익 적중 품사별 영단어

A 핵심 어휘 따라잡기

approximately
[əpráksəmitli]

ad. 대강, 대략

: approximate *v.* ~에 가까워지다 *a.* 대략의
: approximation 근사, 어림값

---

valid
[vǽlid]

a. ① 타당한, 설득력 있는
② 유효한

: a valid reason for ~에 대한 타당한 이유
: valid for five years 5년간 유효한
: validity 타당성, 유효성, 정당함
: validate ① 확인하다 ② 인증하다

---

robust
[roubʌ́st]

a. 강건한, 원기 왕성한

: a robust physique 강건한 체력
: *syn.* energetic, vigorous

---

hectic
[héktik]

a. 몹시 바쁜, 분주한

: in one's hectic schedule 바쁜 일정 중에
: I try to get away from the hectic city life.
  나는 번잡한 도시 생활로부터 벗어나려고 애쓴다.

---

appropriate

a. [əpróupriət] 적절한
v. [əróuprièit]
① 할당하다 ② 몰수하다

: make an appropriate choice 적절한 선택을 하다
: appropriate funds 자금을 할당하다

---

current
[kə́:rənt]

a. ① 현재의 ② 최신의 ③ 완불한
n. 흐름, 경향

: current new 시사 뉴스 ; the current price 시가
: the current of time 시류, 세상 풍조
: The bill is current. 그 청구서는 완불되었다.
: currency 화폐, 유통
: currently 현재

Biz Tips

‖‖‖ The rise in prices are rapidly **getting beyond** the **control** of government.
물가상승이 정부의 힘으로는 걷잡을 수 없게 되고 있다.

● 핵심 어휘 따라잡기

hazardous
[hǽzərdəs]
a. 위험한, 모험적인

: hazardous waste 위험한 폐기물
: hazard a guess 사실에 기초하지 않은 견해를 말하다
: *syn.* risky, dangerous, perilous, unsafe

---

attentive
[əténtiv]
a. ① 주의를 기울이는
　② 마음을 쓰는

: attention 주의, 돌봄, 손질
: an attentive audience 경청하는 청중

---

firm
[fə:rm]
a. 굳은, 견고한, 튼튼한
n. 회사

: at a foreign firm 외국인 회사에서
: on a firm foundation 견고한 기반 위에
: stand firm 굳건히 서다

---

ample
[ǽmpl]
a. (남을 정도로) 충분한

: an ample supply of food 충분한 음식
: ample means 유복한 자산

---

collected
[kəléktid]
a. 한군데 모인, 침착한

: calm, cool, and collected 아주 침착한
: collect *v.* 수집하다, 수금하다 *a.* 수취인 부담의
: collective *n.* 공동체 *a.* 집단적인, 공동의
: collective bargaining 단체교섭

---

conservative
[kənsə́:rvətiv]
a. ① 보수적인 ② 신중한
　③ 줄잡은
n. 보수주의자

: conserve ① 절약하다 ② 보존하다
: conservation 유지, 보존, 보호
: conservative policy 보수 정책
: a conservative estimate 줄잡은 어림

Point Tips

‖‖‖ get beyond [out of] control 제어할 수 없게 되다

entire
[intáiər]

a. 전체의, 전부의

: entirely 아주, 완전히
: entirety 전부, 전체

comparable
[kámpərəbl]

a. ① 비슷한, 비교할 수 있는
② 유사한

: compare 비교하다, 비유하다
: make a comparison 비교하다
: incomparable 비교가 되지 않는
: comparative 상대적인

outstanding
[àutstǽndiŋ]

a. ① 눈에 띄는, 현저한
② 미해결의, 미지급된

: an outstanding balance 미지급된 잔액
: an outstanding figure 탁월한 인물
: leave outstanding 미지불 상태로 두다

actual
[ǽktʃuəl]

a. 현실의, 사실의, 정확한

: actualize 현실화 하다
: in actuality(=actually) 실제로

partial
[páːrʃəl]

a. ① 일부분의 ② 불공평한
③ 유달리 좋아하는

: a partial opinion 편파적인 의견
: a partial payment 일부 지불
: impartial 공평한, 편견이 없는

domestic
[douméstik]

a. ① 가정의, 국내의 ② 길들여진
n. 하인

: domesticate 길들이다, 교화하다
: domestic products 국산품

Biz Tips

〟 We resort to legal action **with the greatest reluctance**.
저희는 부득이하게 법적인 조치를 취할 수밖에 없습니다.

〟 I'm interested in finding out more about new features of
the model. 그 모델의 새로운 특성에 대해 좀 더 자세히 알고 싶습니다.

innermost
[ínərmòust]

a. ① 가장 깊은 곳의
② 가장 비밀스러운

: one's innermost feelings 마음 깊숙한 감정
: in the innermost recesses of the heart
　마음 한 구석에

---

disciplinary
[dísəplənèri]

a. ① 징계의, 처벌의 ② 훈련의
③ 학과의

: a disciplinary committee 징계 위원회
: be submitted to a disciplinary measure
　징계 처분을 받다
: discipline *n.* ① 훈육, 기강 ② 절제 ③ 학과
　　　　　　 v. ① 단련하다 ② 벌주다 (= punish)

---

legal
[lígəl]

a. ① 합법적인 ② 법률상의

: legal age 법정 연령
: illegal 불법적인
: legislation 입법, 법률

---

optimum
[áptiməm]

a. 최적 조건의, 최고의

: optimum conditions 최적 조건
: the optimum standard wages 최적 기준임금

---

confidential
[kànfidénʃəl]

a. 은밀한, 기밀의

: keep records confidential 기록을 기밀로 하다
: confidentiality 비밀성, 기밀성

---

reliant
[riláiənt]

a. 의지하는 (on)

: rely on ~을 의지하다, 믿다
: reliance 믿음, 의지
: reliable 신뢰성 있는
: unreliable 신뢰할 수 없는

Point Tips

▥ with the greatest reluctance 부득이하게 (＊reluctance 마지못해 함)

▥ be interested in finding out more about
　~에 대해 좀 더 알아내는 것에 관심이 있다

PART **2** 토익 적중 품사별 영단어

□ 판박이	spitting image
□ 평생 보증	lifetime guarantee
□ 다자간의 협상	multilateral[multipartite] negotiation
□ 철저한 조사	an intensive[thorough] investigation
□ 다방면의 활동	multifarious activities
□ 꼼꼼한 사람	meticulous person
□ 이국적인 용모	exotic appearance
□ 정직 절차를 밟다	go through the proper channels
□ ~에 대해 재검토를 하다	go through a review of
□ 자기소개서	cover letter
□ 이런 상황이 개선되지 않으면	If this situation is not corrected
□ 쓸모없는 사람	a good-for-nothing person
□ 평상복으로	in one's casual clothes
□ 시세, 시가	at-the-market price
□ 계절적 실업	seasonal unemployment
□ ~에게 알려주다	let someone know

NOTE

- **spit** 내뱉다; 침을 뱉음, 꼭 닮은 것
- **multifarious** 다종 다양한
- **exotic** 외래의, 이국적인; 외래품, 외래식물
- **multilateral** 다각적인, 다자간의
- **meticulous** 지나치게 세심한

☐ 현장연수	on-the-job training
☐ 불철주야로 일하다	work round-the-clock
☐ 일시적인 기분으로	on the spur of the moment
☐ ~을 담보로	on the security of
☐ 지방 출장 중	on the road
☐ ~에 필요한 모든 자격	all the qualifications required for
☐ 원 상태대로	on the original settings
☐ ~을 맞이하여	on the occasion of
☐ 정곡을 찌르다	hit the nail on the head
☐ 무엇을 하고 있는 중이다	be in the middle of something
☐ 그림에서 보는 것처럼	as the illustration shows
☐ ~하는 것을 기대하고	on the chance of -ing
☐ 내 능력껏	to the best of my ability
☐ 직감	sixth sense
☐ 과실치사	death by misadventure
☐ 약간의 수정 작업을 하다	do some patch-up job
☐ 초국가적인 고속 통신망	a transnational high-speed communication network

NOTE
- **spur** 박차, 자극 [put[set, apply] spurs to ~에 박차를 가하다]
- **security** 안전, 보증, 담보, 증권　　• **misadventure** 불운

125

01 The builder gave an _____ cost for the roof repairs.
그 건축업자는 대략적인 지붕 수리비 견적을 주었다.

A approximate
B appropriate

02 She has a passport that's _____ for five years.
그녀는 5년 간 유효한 여권을 소지하고 있다.

A valid
B value

03 I had a very _____ week; I worked late every night. 나는 매우 바쁜 한 주를 보냈다. 매일 밤늦게까지 일했다.

A heavy
B hectic

04 That school is excellent. So she made the _____ choice in going there. 저 학교는 명문이다, 따라서 그녀가 그곳에 진학하기로 한 것은 적절한 선택이었다.

A approachable
B appropriate

05 His _____ speech is difficult to understand.
그의 빠른 연설을 알아듣기 어렵다.

A rampant
B rapid

06 She reads the newspaper to stay _____ with what is happening in the world.
그녀는 세상에서 무슨 일이 일어나고 있는지를 알기 위해 신문을 읽는다.

A current
B currency

07 She is very _____ to chocolate ice cream.
그녀는 초콜릿 아이스크림을 유달리 좋아한다.

A partial
B partly

08 She is _____ in her spending.
그녀는 돈을 쓰는 데 신중하다.

A conservatory
B conservative

09 The president excels at _____ matters.
그 대통령은 내치에 탁월하다.

A domestic
B dominant

Answer

|||| 01 A 02 A 03 B 04 B 05 B 06 A 07 A 08 B 09 A

10 The farm _____ stores their grain in a big warehouse that they bought together.
농장 공동체는 함께 구입한 큰 창고에 곡물을 저장한다.

A collective
B collection

11 As his parents age, he becomes more _____ to their needs.
그는 부모님이 연세가 들자 그들이 필요로 하는 것에 더욱 마음 쓰게 되었다.

A attendant
B attentive

12 They are also _____ to each other in price.
그것들은 또한 서로서로 가격도 비슷하다.

A comparative
B comparable

13 Would you explain why the invoice is still _____?
이 송장의 대금이 아직 미지불인 이유를 설명해 주시겠어요?

A outstanding
B outsourcing

14 Since he doesn't have a job, he is _____ on his parents to support him.
그는 직업이 없기 때문에 부모님께 의지하여 생활합니다.

A reliable
B reliant

15 The _____ that we can expect is a 7 % return on money invested.
우리가 기대할 수 있는 최고의 결과는 투자한 돈의 7% 수익이다.

A optimum
B optimistic

16 It is breach of _____ for a priest to reveal what someone has confessed.
신부가 고해 성사한 것을 밝히는 것은 기밀성 유지에 위반된다.

A confidentiality
B confession

17 He reveals his _____ feelings only to his best friend.
그는 자기의 가장 비밀스러운 감정을 제일 친한 친구에게만 털어 놓는다.

A innocent
B innermost

어휘 개념 파악하기

▶ **dys-**는 '악화, 불량, 곤란'을 의미한다.

- **dyspepsia** 소화불량(증)
- **dyslexia** 난독증, 독서장애
- **dysfunction** 기능 장애
- **dysentery** 이질, 설사병

▶ **eco-**은 '환경, 생태'를 나타낸다.

- **ecology** 생태학
- **eco-disaster** 환경적 재난
- **ecosystem** 생태계
- **eco-friendly** 환경친화적인

▶ **-ectomy**는 '절제 수술'을 의미한다.

- **appendectomy** 맹장 수술
- **hysterectomy** 자궁 절제
- **vasectomy** 정관 수술
- **tonsillectomy** 편도선 절제

▶ **hold** : ① 잡다, 쥐다 ② 수용하다 ③ 개최하다 ④ 주장하다, 여기다
⑤ 효력이 있다 ⑥ 지속되다

- **hold** more than 10 people 10명 이상을 수용하다
- Where will the meeting be **held**? 어디에서 그 회의가 개최됩니까?
- He **held** me by the arm. 그가 내 팔을 잡았다.
- **hold** that S+V ~라고 주장하다
- **hold** a firm belief 굳은 신념을 갖다
- **hold** a person responsible 아무가 책임이 있다고 여기다
- **hold** in all cases 모든 경우에 다 유효하다

▶ 기본 단어 확인 학습

- **feedback** 반응, 의견
- **keen** 총명한, 날카로운
- **intentional** 계획적인, 고의의
- **memorial** 기념비, 기념식
- **fluently** 유창하게, 거침없이
- **mentor** 스승, 좋은 지도자

Toeic Voca Box 13

국가의 행정과 정치 2

- **the polls** 투표소
- **provincial** 지방의
- **regional** 지방의
- **revenue** 세입, 수입
- **run for** ~에 출마하다
- **summit** 정상회담
- **tax exemption** 세금 면제
- **taxation** 과세, 징세
- **tax-deductible** 세금 공제가 가능한
- **taxpayer** 납세자

Toeic Voca Box 14

기업 합병

- **acquire** 인수하다
- **acquisition** 인수
- **associate** 제휴시키다
- **association** 제휴, 단체
- **consolidate** 통합하다
- **consolidation** 합병, 강화
- **cooperate** 협력하다
- **cooperation** 협력, 협동
- **diversification** 다양화
- **diversify** 다양화하다
- **edge** 우위, 모서리
- **enhance** (가치) 높이다
- **innovate** 혁신하다
- **innovation** 혁신, 쇄신
- **merge** 합병하다
- **merger** 합병
- **reform** 개혁(하다)
- **reorganize** 재조직하다
- **restructure** 조직을 개편하다
- **sector** 분야, 영역

A 핵심 어휘 따라잡기

uptight
[ʌ́ptàit]
a. ① 경직된, 초조한
② 자의식이 강한

: be uptight about ~에 대해 긴장하다
: Don't be so uptight. 너무 초조해하지 마세요.

rapid
[rǽpid]
a. 빠른, 신속한

: rapid transit 고속 수송
: rapidity 신속함
: rapidly 빠르게, 신속히

abnormal
[æbnɔ́:rməl]
a. 비정상의, 보통과 다른

: abnormality 이상, 변태, 기형
: *opp.* normal 정상적인, 정규의

critical
[krítikəl]
a. ① 비평의, 비판적인
② 위급한 ③ 결정적인

: critic 평론가, 혹평하는 사람
: critique 평론(하다)
: criticize 비평하다
: criticism 비평

civil
[sívəl]
a. ① 일반 시민의 ② 민사의
③ 공손한

: civil rights and duties 시민의 권리와 의무
: civil disobedience 평화적 시민 불복종
: civilian 민간인(의)
: civil service 공무

due
[dju:]
a. ① 지불 기일이 된 ② 예정인
③ 적당한

: in due time/course 적당한 때에
: be due to do ~할 예정이다
: due to (=because of, as a result of) ~때문에
: in due form 정식으로
: fall due 지급 기일이 되다

Biz Tips

▐▐▐▐ We're **facing an unexpected problem with** our exports to the United States.
우리는 미국 수출에 있어 예상치 못한 문제에 부딪히고 있습니다.

● 핵심 어휘 따라잡기

creditable
[kréditəbl]

a. 명예로운, 칭찬할 만한

: credit *n.* ① 명예 [찬사, 칭찬]의 원인이 되는 것
      ② 신용 ③ 학점 ④ 자료 제공자
: give credit to ~에 감탄 [인정] 하다
: take credit for ~에 대해 인정 [칭찬] 받다
: credulous 쉽사리 믿는
: credible 믿을 수 있는
: incredible 믿을 수 없는
: *cf.* on credit 외상으로 / in cash 현금으로
   by check 수표로 / by[in] installments 할부로

adverse
[ædvə́:rs]

a. ① 적대적인
 ② 어려운, 불리한

: suffer adverse criticism 악평을 받다
: adversary 반대자, 적수
: adversity 불운, 역경

identical
[aidéntikəl]

a. 아주 동일한, 일란성의

: identify 알아보다, 교감하다(with)
: identification ① 신분증 ② 인식, 알아봄
: identity crises 정체성의 위기

steep
[sti:p]

a. ① 가파른 ② 급격한
 ③ 상당히 비싼

: a steep increase 급격한 증가
: clamber up the steep slope
  가파른 경사를 기어오르다

outspoken
[àutspóukən]

a. 숨김없이 말하는, 솔직한

: outspoken criticism 솔직한 비판
: *syn.* candid, frank, straightforward

Point Tips

▥ face an unexpected problem with
~에 있어 예상치 못한 문제에 직면하다
(＊face ~에 직면하다)

131

A 핵심 어휘 따라잡기

elderly
[éldərli]
a. 나이가 지긋한

: the elderly (=the old, the aged) 노인들
: respect for the elderly 연장자에 대한 존경

demanding
[dimǽndiŋ]
a. ① 지나치게 요구하는
② 많은 노력이 드는

: a demanding boss 지나친 요구를 하는 사장
: a very demanding job 매우 힘든 일
: demandingly 까다롭게, 지나치게

electric
[iléktrik]
a. ① 전기의, 전력에 의한
② 흥분시키는

: electric stove [lights] 전기난로 [전등]
: electrical engineering 전기 공학
: *cf.* electronic 전자의 / electricity 전기; 대단한 흥분
electronics 전자공학 / electrify 전기를 공급하다
electrocute 감전사 시키다
electron microscope 전자현미경
electroplate 전기 도금하다

continual
[kəntínjuəl]
a. 잇따른, 빈번한, 계속적인

: continuance, continuation 계속, 연속
: continuity 연속성, 일관성
: *cf.* continuous 끊어지지 않고 계속됨을 의미함
continual 끊어 졌다가도 계속됨을 의미함

ardently
[ɑ́ːrdəntli]
ad. 열렬하게, 격렬하게

: ardent admirers 열렬한 추종자들
: be full of ardor 열정으로 가득 차 있다
: *cf.* arduous 힘든, 고된

Biz Tips

May I see your written **company policy**.
회사 방침을 좀 봐도 되겠습니까?

You bought some **time**. 시간을 좀 버셨군요.

concisely
[kənsáisli]
ad. 간결하게

: make a concise statement 간결하게 진술하다
: *syn.* brief and to the point, terse, succinct

likable
[láikəbl]
a. 마음에 드는, 호감이 가는

: liken A to B A를 B에 비유하다
: likeness 닮음, 초상
: likewise 마찬가지로
: in all likelihood 아무래도
: have a liking for ~을 좋아하다

vital
[váitl]
a. ① 필수적인 ② 활기 있는

: vital to life 생명에 필수적인
: a vital personality 활달한 성격
: vital statistics 인구통계자료
: vitality 활력
: vitalize 활기를 주다

high-ticket
[haitíkit]
a. 고가의, 고급의

: high-ticket products 고급제품
: high-volume customers 대량 구매 고객
: *cf.* high-priced 고가의 / high-spirited 원기 왕성한
    high-tension wires 고압전선
    a high-pressure salesman 강압적인 외판원
    high-rise 고층건물
    high-tech solutions 첨단 기술적 해결책

handicapped
[hǽndikæpt]
a. 장애가 있는

: the handicapped 장애자
: a mentally handicapped person 정신장애인
: The Year of the Disabled 장애인의 해

Point Tips

▥ company policy 회사 방침

▥ buy time 시간을 벌다

PART **2** 토익 적중 품사별 영단어

Collocation 확인하기

☐ 국영기업	state-run enterprise
☐ ~에 대해 신경과민이다	have the jitters about
☐ 비생산적 노동	unproductive labor
☐ 긴축정책	austerity policy, stringent policy
☐ 수거매입센터	buyback center
☐ 입장을 누그러뜨리다	soften up one's stance
☐ 모욕적인 발언	contemptuous remark
☐ 원가를 절감하는	cost-effective
☐ 손해보험	property insurance
☐ 지적 소유권을 보호하다	protect intellectual property
☐ 가격을 요구하다	quote, ask price, offer price
☐ 공정표	route sheet
☐ 탈진상태	state of exhaustion
☐ ~은 예전과는 다르다	isn't what it used to be
☐ 현지시찰, 현장검증	on-site inspection

NOTE

- the jitters 신경과민, 불안감　　• route 도로, 노선
- austerity 엄격, 준엄, 내핍생활 [an austerity budget 긴축 예산]
- contemptuous 모욕적인, 경멸하는
- life insurance 생명보험 [health insurance 건강보험 |
  accident insurance 상해보험 | casualty insurance 재해보험 |
  endowment insurance 양로보험 | whole life insurance 종신보험]

☐ 선의의 거짓말	white lie
☐ 미납 액수	past-due account, overdue account
☐ 규정을 편의적으로 해석하다	stretch rules
☐ 대충 정리하다	sketch out
☐ 천혜의 서식처	chosen habitat
☐ 군사정권	military regime
☐ 우편배달	postal delivery
☐ ~은 다음 표와 같다	be tabulated as follows
☐ 임의추출조사	spot test
☐ 부채율	debt ratio
☐ 광고 초안	first proof
☐ 추려내다	sort out
☐ 노벨평화상 수상자	the recipient of Nobel Peace Prize
☐ 의문을 던지다	cast doubt, raise a doubt
☐ 계속 떠도는 소문	persistent rumor
☐ 끈질긴 노력	persistent efforts

NOTE

• **habitat** 서식지 • **regime** 정권, 사회 제도 [*cf.* **regimen** 섭생, 식이요법]
• **tabulate** 표를 만들다, 요약하다 [tabulation 표, 표의 작성]
• **spot** 반점, 오점, 장소; 즉석의, 현지의 • **sort** 종류, 성질; 분류하다
• **recipient** 수용하는; 수령인 [a welfare **recipient** 생활보호 대상자]
• **persistent** 고집하는, 끊임없는

01 The work environment is pretty _____.
작업환경이 꽤 경직되어 있습니다.

A upright
B uptight

02 The high temperatures are _____ for this time of year. 높은 기온은 연중 이맘때치고는 비정상적이다.

A abortive
B abnormal

03 His condition is reported as being _____.
그의 상태는 위급한 것으로 전해지고 있습니다.

A critical
B critic

04 The boy gave me a _____ answer.
그 소년은 나에게 공손한 대답을 하였다.

A civilian
B civil

05 That student told the teacher a _____ story that she missed classes because she was sick.
그 학생은 선생님에게 아파서 수업에 빠졌다는 믿을 만한 이야기를 했다.

A credible
B creditable

06 The _____ are taken care of by their children in most parts of the world.
세계의 대부분 지역에서 노인들은 자녀의 보살핌을 받는다.

A elder
B elderly

07 There was _____ in the air at the big rock concert.
그 대형 록 콘서트는 대단히 열광적이었다.

A electricity
B electron

08 Our homes and offices need a _____ supply of electricity. 가정과 사무실엔 끊임없는 전력 공급이 필요하다.

A continual
B continuous

09 The refugees made an _____ journey through the mountains. 피난민들은 산맥을 넘는 고된 여정을 겪었다.

A arduous
B ardent

Answer

||||| 01 B   02 B   03 A   04 B   05 A   06 B   07 A   08 B   09 A

10 She has a _____ for French perfume.
그녀는 프랑스 향수를 좋아한다.

A likeness
B liking

11 She has great _____ and is always doing something.
그녀는 무척 활기에 넘쳐서 언제나 무엇을 한다.

A vitals
B vitality

12 He lost a leg in an accident and now has a _____.
그는 사고로 다리 하나를 잃어서 지금 장애를 가지고 있다.

A handicap
B handicraft

13 He lost all of his money and now lives in _____ circumstances as a poor man.
그는 모든 돈을 잃고 지금은 어려운 환경 속에서 가난하게 살고 있다.

A adversarial
B adverse

14 She is an _____ critic of the school system in this city. 그녀는 이 도시의 학교 체계에 대한 솔직한 비평가이다.

A outstanding
B outspoken

15 The wages _____ to him will be paid today.
그 사람에게 치러야 할 임금은 오늘 지불될 것이다.

A due
B done

16 The children _____ the bird from its picture in the book. 아이들은 책에 있는 그림을 보고 그 새를 알아보았다.

A idolized
B identified

17 He is a _____ boy, always friendly.
그는 귀여운 소년으로, 항상 다정하다.

A likable
B likewise

18 These ticket prices are pretty _____.
이들 입장권은 상당히 비싸다.

A steeple
B steep

Answer

10 B 11 B 12 A 13 B 14 B 15 A 16 B 17 A 18 B

▶ **-ee**는 '~하게 되는 사람'을 의미한다.

- **employee** 고용인
- **appointee** 피지명인
- **examinee** 수험자
- **licensee** 인가를 받은 사람
- **addressee** 수신인
- **evacuee** 피난민
- **interviewee** 인터뷰 받는 사람
- **nominee** 지명된 사람

▶ **em-, en-**은 명사나 형용사 앞에 붙여 동사를 만든다. **em-**은 p, b, m 앞에 온다.

- **embark** 탑승하다
- **enable** 가능하게 하다
- **enclose** 둘러싸다, 동봉하다
- **enlarge** 확대하다
- **enslave** 예속시키다
- **embed** 끼워 넣다
- **encase** 상자에 넣다
- **enforce** 시행하다, 집행하다
- **enrich** 유복하게 하다
- **engulf** 삼켜버리다, 몰두케 하다

▶ **-en**은 명사나 형용사 뒤에 붙여 동사를 만든다.

- **brighten** 밝게 하다
- **deepen** 깊게 하다
- **heighten** 높이다
- **loosen** 느슨하게 하다
- **sharpen** 날카롭게 하다
- **stiffen** 뻣뻣하게 하다
- **tighten** 팽팽하게 하다
- **broaden** 넓히다
- **harden** 딱딱하게 하다
- **lengthen** 길게 하다
- **moisten** 축축하게 하다
- **shorten** 짧게 하다
- **thicken** 두껍게 하다
- **weaken** 약하게 하다

▶ 기본 단어 확인 학습

- **interpretation** 통역, 해석
- **interval** 간격, 틈
- **thesis** 논지; 학위논문
- **defeat** 패배, 좌절(시키다)
- **interpreter** 통역(자), 해석자
- **prescription** 처방전, 처방
- **firework** 불꽃(놀이)
- **sufficient** 충분한, 족한

● 도식과 수식 ●

- **addition** 덧셈
- **arc** 호
- **circumference** 원주
- **cone** 원추
- **cube** 입방체
- **curved line** 곡선
- **cylinder** 원기둥
- **decimal point** 소수점
- **diagonal** 대각선
- **diameter** 직경
- **division** 나눗셈
- **ellipse** 타원
- **fraction** 분수
- **hexagon** 육각형
- **lozenge** 마름모꼴
- **opposite angle** 대각
- **oval** 달걀 모양
- **parallel line** 평행선
- **parallelogram** 평행사변형
- **pentagon** 오각형
- **perpendicular** 수직의
- **point** 점
- **pyramid** 피라미드형
- **radius** 반경
- **rectangle** 장방형
- **right angle** 직각
- **sector** 부채형
- **semicircle** 반원형
- **sphere** 구
- **spiral** 나선
- **straight line** 직선
- **subtraction** 뺄셈
- **trapezoid** 사다리형
- **triangle** 삼각형
- **whorl** 소용돌이

PART **2** 토익 적중 품사별 영단어

A 핵심 어휘 따라잡기

relative
[rélətiv]

a. 상대적인
n. 친척, 혈육

: be related to ① ~와 친척이다 ② ~와 관련이 있다
: in relation to ~에 관하여
: relativity 상대성

devoted
[divóutid]

a. 헌신적인

: devote oneself to ~에 헌신하다, 몰두하다
: devote ① 바치다 ② 특별한 목적에 사용하다

labor-intensive
[léibərinténsiv]

a. 노동 집약적인

: labor-saving appliances 노동절약형 설비
: capital-intensive 자본 집약적인
: cost-effective 비용 효율적인

privileged
[prívəlidʒd]

a. ① 특권을 지닌
    ② 비밀스러운

: privilege 특권; ~에게 특권을 주다
: *opp.* underprivileged 혜택을 받지 못하는

experienced
[ikspíəriənst]

a. 경험이 많은

: an experienced secretary 노련한 비서
: *opp.* inexperienced 경험이 없는, 미숙한
: inexperience 미숙, 물정 모름

unbeatable
[ʌnbíːtəbl]

a. 이길 수 없는

: unbeatable prices 경쟁이 안 되는 가격
: unbeatable in ~에서 최고인

Biz Tips

ⅢⅢ I'm grateful to you **for the time you took to** outline
a solution to our current problem.
우리가 직면한 문제에 대한 해결책을 잡아주느라 시간을 할애해 주셔서 감사합니다.

핵심 어휘 따라잡기 **A**

honorable
[ánərəbl]
a. 존경할 만한, 훌륭한

: on one's honors 명예를 걸고
: with honors 훌륭히; 예의바르게
: honorary ① 명예의 ② 무보수의

a most
[ə moust]
phr. 아주, 매우

: I had a most enjoyable evening.
  아주 즐거운 저녁을 보냈습니다.
: a most beautiful woman 대단한 미인

vague
[veig]
a. 막연한, 모호한

: have some vague ideas
  막연한 생각을 가지고 있다
: *syn.* ambiguous, obscure, unclear, equivocal

infinite
[ínfənit]
a. 무한정의, 무한한

: an infinite number of stars 무수한 별들
: finite resources 제한된 재원
: *cf.* finite[fáinait] 한정된, 제한된

definite
[défənit]
a. 명확한, 눈에 띄는, 확실한

: a definite improvement in one's health
  눈에 띄는 건강 증진
: definition ① 정의, 뜻 ② 선명도
: *opp.* indefinite 명확하지 않은, 일정치 않은, 한계가 없는
: for an indefinite time 무기한으로
: indefinitely 애매하게, 무기한으로, 막연히

Point Tips

‖‖ for the time someone took to ~하느라 할애해 준 시간에 대해

PART **2** 토익 적중 품사별 영단어

sleek
[sliːk]
a. ① 근사한 ② 윤기 나는

: a sleek black headphone 매끄러운 검정 헤드폰
: the car's sleek, aerodynamic profile
  그 차의 미끈하고 공기 역학적인 외형

minimal
[mínəml]
a. 최소의, 최소한도의

: a minimal amount of time 최소의 시간
: minimize 최소로 하다, 최저로 어림잡다
: minimum wage 최저 임금

consecutive
[kənsékjutiv]
a. 연속적인

: three consecutive holidays
  (=three holidays in a row) 3일 연휴
: *syn.* successive, in a row

unrecoverable
[ənrikávərəbl]
a. 회복할 수 없는

: recover ① 회복하다 ② 되찾다 ③ 손실을 매우다
: recovery ① 회복 ② 되찾기, 회수

cramped
[kræmpt]
a. 비좁고 갑갑한

: in a cramped little apartment 비좁은 아파트에
: *cf.* have cramps 심한 복통(위경련)을 앓다

biased
[báiəst]
a. 편견이 있는

: bias ① 경향 ② 편견 ③ 사선
: a biased view 편견
: be biased against ~에게 편견을 가지고 있다

Biz Tips

⫼ Is there anything that's **inconveniencing** you?
무슨 불편한 점은 없으세요?

⫼ **Just because** they attract many customers **doesn't mean that** they move into the black soon.
단지 그들이 많은 고객을 유치했다고 해서 곧 흑자로 돌아서는 것을 의미하지는 않는다.

by and large
[bai ænd lɑːrdʒ]

phr. 대체로

: consider by and large 전반적으로 고찰하다
: By and large, the plan was successful.
  총체적으로 그 계획은 성공적이었다.
: *syn.* on the whole, in the main, generally

---

rightful
[ráitfəl]

a. 합법적인, 정당한

: have a rightful claim 정당한 권리가 있다
: rightfully 올바르게, 합법적으로
: rightly 올바르게, 정당하게

---

secure
[sikjúər]

a. ① 안전한 ② 열 수 없는
    ③ 확신하는

: security 안전, 보안
: in security for ~에 대한 담보로
: securities 유가증권
: unsecured ① 불안전한 ② 무담보의
: unsecured loan 무담보 대출

---

complete
[kəmplíːt]

a. ① 완결된 ② 완비한
v. 완성하다, 마치다

: completely 완벽하게, 철저하게
: completion 완결

---

extreme
[ikstríːm]

a. ① 가장 먼 ② 극단적인, 과격한
n. 극단

: go to extremes 극단으로 흐르다
: extremely 극히, 매우
: extremity 맨 끝, 오지
: extreme poverty 극빈
: take extreme action 과격한 수단을 취하다
: the girl on the extreme right 오른쪽 끝의 여자

Point Tips

‖‖ inconvenience 불편하게 하다

‖‖ just because S + V doesn't mean that ~한다고 ~을 의미하지는 않는다

Collocation 확인하기

☐ 얘기를 빙빙 돌리다	beat around the bush
☐ 유인상술	bait and switch
☐ 무엇보다 우선적으로	first and foremost
☐ 투표를 하다	cast a vote
☐ 폐가 되지 않는다면	if it's not too much trouble for you
☐ 유보되다	be suspended
☐ 강압적 조치	forceful measure, coercive measure
☐ 반드시 확인하다	be sure to check
☐ 소비재 분야	consumer products division
☐ 소비자 물가 지수	consumer price index
☐ 소비자 반응	consumer action
☐ 자문회의	consulting session
☐ ~할 정도로	to such an extent that
☐ 스트레스를 받다	be subjected to the stress
☐ 우여곡절	twists and turns
☐ 값비싼 대가를 치르다	pay a costly price

NOTE

- **bait** 미끼, 유혹
- **cast** ① 던지다 ② 주조하다 [**cast** a glance at ~을 흘끗 보다]
- **relieve the stress; ease the stress** 스트레스를 풀다
- **be subject to** ~를 받기 쉽다, ~을 받지 않으면 안 되다

☐ 고가 정책	prestige pricing
☐ 미지불 청구서	outstanding bills
☐ 미결재액	outstanding balance
☐ ~의 성능을 높이다	boost the performance of
☐ 속달로 발송하다	send by express mail
☐ 계급차별	class distinction
☐ 집단토론	class discussion
☐ 복장규정	dress code
☐ 과시적 소비	conspicuous consumption
☐ 남녀노소 관계없이	irrespective of age or sex
☐ 온갖 종류의	all sorts of
☐ 숭배	personality cult
☐ 계절적인 다양성	seasonal variation
☐ 마감일	closing date
☐ 폐막식	closing ceremony
☐ ~인 점에서 ~와 비슷하다	be similar to ~ in that
☐ 준 사법 기관	quasi-judicial institution

NOTE

- prestige 명성(있는)   • conspicuous 눈에 띄는, 현저한
- cult 예배, 숭배, 사이비 종교 [an idolatrous cult 우상숭배]
- quasi- : '유사, 준(準)' 등을 의미하는 접두사   • judicial 사법의

01 My mother and younger brother are my only living
_____. 내 어머니와 남동생이 살아 있는 유일한 내 혈육이다.

A relatives
B relations

02 He _____ a great deal of time to his garden.
그는 상당량의 시간을 그의 정원에 바친다.

A devours
B devotes

03 Only the _____ few could afford to send their children to private school.
소수의 특권층만이 자녀를 사립학교에 보낼 수 있다.

A privileged
B privatized

04 He is an _____ man who keeps his promises.
그는 자기가 한 약속을 지키는 존경할 만한 사람이다.

A honorary
B honorable

05 He has some _____ ideas about what to do, but nothing specific.
그는 무엇을 해야 할지에 대해 막연한 생각은 있지만 구체적인 것은 아무것도 없다.

A vague
B vain

06 The firm has _____ resources that must be divided among a limited number of projects.
그 회사는 제한된 자원을 한정된 수의 사업에 분배해야 한다.

A finite
B infinite

07 I'll call back as soon as I have a _____ time fixed.
시간이 확정되는 대로 다시 전화할게요.

A deficit
B definite

08 She has a _____ against wasting money.
그녀는 돈을 낭비하는 것을 싫어하는 경향이 있다.

A biased
B bias

09 The study is _____ with scripts.
서재가 원고들로 비좁습니다.

A crafty
B cramped

Answer

||||| 01 A   02 B   03 A   04 B   05 A   06 A   07 B   08 B   09 B

146

10 The _____ of the missing painting took several years. 사라진 그 그림을 되찾는데 수년이 걸렸다.

A recruit
B recovery

11 He spends a _____ amount of time watching TV because he needs to study.
그는 공부를 해야 하기 때문에 텔레비전을 보는 데에는 최소의 시간만 할애한다.

A minimal
B miniature

12 There have been some small design model changes, but _____ this year's is the same as last year's.
디자인의 변경이 약간 있긴 하지만 금년 모델은 대체로 작년 것과 같습니다.

A by and large
B by no means

13 As his father's only relative, he has a _____ claim to his dead father's property.
아버지의 유일한 혈육으로서 그는 돌아가신 아버지의 재산을 가질 합법적인 권리가 있다.

A rightful
B righteous

14 The _____ of the work is scheduled for next week.
그 작업의 완결은 다음주로 예정되어 있다.

A complexion
B completion

15 The government took _____ measure to put down the rebellion.
정부는 반란을 진압하기 위해 과격한 조치를 취했다.

A extreme
B exuberant

16 He feels _____ in the locked apartment.
그는 문을 잠근 아파트에서는 안전하다고 느낀다.

A security
B secure

17 He is an _____ opponent.
그는 이길 수 없는 적이다.

A unbearable
B unbeatable

▶ **equi-**는 'equal'을 의미한다.

- equivalent 동등한, 등가의
- equivocate 모호한 말을 쓰다
- equidistant 등거리의
- equivocal 뜻이 애매모호한
- equilibrium 평형상태, 균형
- equity 공정, 정당

▶ **ever-**는 '항상, 늘'이란 뜻을 지닌다.

- everlasting 영구한
- ever-faithful 항상 충실한
- ever-open 늘 열려있는
- ever-changing 늘 변화하는
- ever-increasing 늘 증가하는
- ever-helpful 늘 도움이 되는

▶ 혼동하기 쉬운 단어

- cancel 취소하다
  cancer 암
- clash (의견 등이) 충돌(하다)
  crash 요란한 소리
- comparable 비교할 만한
  comparative 비교적(인)
- carve 조각하다
  curve 곡선
- clown 광대
  crown 왕관
- confirm 확인하다
  conform 순응하다, 따르게 하다

▶ **appreciate** : ① 감사하다 ② 감상하다 ③ 진가를 알아보다
④ 가격이 오르다 ⑤ ~라는 것을 알고 있다

- appreciate having time to concentrate on
  ~에 집중할 시간이 있는 것에 감사하다
- appreciate English poetry 영시를 감상하다
- appreciate the value of science 과학의 진가를 알다
- The land appreciated greatly. 그 땅은 가격이 크게 올랐다.
- It is appreciated that S+V ~은 이해할 수 있다

마케팅

- **adjust** 조정하다
- **adjustment** 조정
- **analysis** 분석
- **analyst** 분석가
- **analytic** 분석적인
- **analyze** 분석하다
- **competition** 경쟁
- **competitor** 경쟁자
- **domestic market** 국내시장
- **feasibility** 실행 가능성
- **feasible** 실행 가능한
- **finished goods** 완제품
- **focus group** 표본 집단
- **inquiry** 조사, 검사
- **launch** 출시하다; 출범
- **maneuver** 방향조종, 책략
- **market research** 시장조사
- **market share** 시장점유율
- **marketable** 시장성이 높은
- **monopoly** 독점, 전매권
- **niche market** 틈새시장
- **potential** 잠재적인
- **probable** 가망 있는, 유망한
- **prospect** 가망, 전망
- **prospective** 장래의, 예기되는
- **prototype** 원형, 견본
- **respondent** 응답자
- **rivalry** 경쟁
- **scheme** 계획, 기획
- **strategy** 전략
- **survey** 조사, 검사
- **tactics** 전술

▫ **embark on**	(새로운 사업 등에) 진출하다
▫ **have a monopoly on**	~을 독점하다
▫ **make one's debut**	첫 무대를 밟다
▫ **set up a business**	사업을 시작하다

PART **2** 토익 적중 품사별 영단어

A 핵심 어휘 따라잡기

considerable
[kənsídərəbl]
a. 많은, 상당한

: considerable amount of land 상당히 넓은 땅
: considerate 사려 깊은, 배려하는
: take ~ into/under consideration ~을 고려하다
: considering his age 그의 나이를 고려하면

---

moderate
[mάdərət]
a. ① 중간의 ② 절제하는, 적당한
v. [mάdəreit] ① 누그러지다 ② 사회를 보다

: a moderate income 보통의 수입
: moderation 적당, 중용, 절제
: a moderate winter 온화한 겨울
: moderate prices 가격을 낮추다

---

voluntary
[váləntèri / vɔ́ləntəri]
a. 자발적인, 자원의, 임의의

: voluntarily 자발적으로, 스스로
: volunteer 지원자; 자진하여 하다
: involuntary 본의 아닌, 무의식의

---

bold
[bould]
a. ① 대담한 ② 뻔뻔한 ③ 분명한

: a bold plan 대담한 계획
: boldface 굵은 인쇄체

---

exact
[igzǽkt]
a. 정확한, 정밀한

: to be exact 엄밀히 말하면
: exact instruments 정밀 기계
: exact to the life 실물 그대로의
: exact to the letter 아주 정확한
: exact discipline 엄격한 규율
: exactly 정확하게

Biz Tips

‖‖‖ Attending the electronics show **gave us insight into** what is likely to sell well in the next few years.
전자 쇼에 참석함으로써 우리는 향후 몇 년간 무엇이 잘 팔릴 것 같은지를 간파할 수 있었다.

핵심 어휘 따라잡기

slight
[slait]

a. ① 약간의, 근소한 ② 왜소한

v. 경시하다

: a slight acquaintance with ~와 약간 아는 사이
: make slight of ~을 얕보다
: not ~ in the slightest 조금도 ~ 않다
: slightly 약간, 조금
: feel slighted 무시당한 느낌이 들다

---

expressible
[iksprésəbl]

a. 표현할 수 있는

: expression ① 표정 ② 표시 ③ 어구, 표현
: be expressive of ~을 표현하다
: beyond expression 말로 표현할 수 없는

---

eventual
[ivéntʃuəl]

a. 종국의, 최후의

: eventually 결국, 최후에는
: in the eventuality 만일의 경우

---

disappointed
[dìsəpɔ́intid]

a. 낙담한, 실망한

: disappointing 실망시키는
: disappointment 실망
: disappoint 실망시키다

---

deliberate
[dilíbərət]

a. ① 고의적인 ② 신중한

v. [-rèit] 심의하다

: in a deliberate manner 신중한 태도로
: deliberation 협의, 심의
: deliberative 심의하는
: deliberate on a problem 문제를 심의하다

Point Tips

ⅢⅢ give someone insight into 누구에게 ~에 대해 간파를 하게 해 주다

PART **2**
토익 적중 품사별 영단어

factual
[fǽktʃuəl]
a. 사실인, 사실에 기반을 한

: get the facts 진상을 알아내다
: the facts of life 삶의 현실

---

ashamed
[əʃéimd]
a. 수줍어하여

: be ashamed to do/of doing ~을 부끄러워하다
: be ashamed of oneself for
  ~때문에 부끄러워하다

---

prerequisite
[pri:rékwəzit]
a. 없어서는 안 될
n. 필수과목, 필수 조건

: the first prerequisite 첫째조건
: requisite 필수의; 필수품
: the skills requisite for a job 직무에 필요한 기능

---

accustomed
[əkʌ́stəmd]
a. 익숙한, 관습의

: his accustomed place 그가 늘 가는 장소
: be accustomed to ~에 익숙하다

---

constructive
[kənstrʌ́ktiv]
a. ① 건설적인 ② 유익한, 적극적인

: under construction 건축 중
: *opp.* destructive 파괴적인; 해로운

---

renowned
[rináund]
a. 유명한, 명성이 있는

: be renowned for ~로 유명하다
: *syn.* celebrated, distinguished, well-known

---

eager
[í:gər]
a. 열망하는, ~하고 싶어 하는

: eager beaver 일벌레
: be eager to do 간절히 ~하고 싶어 하다

Biz Tips

〰 I had a busy day. I **feel like a wet noodle**.
오늘은 바빴어요. 완전히 녹초가 된 것 같아요.

〰 We will **avoid this in the future** at all costs.
앞으로는 꼭 이러한 일이 없도록 하겠습니다.

destitute [déstətjùːt] a. 궁핍한	: destitute of atmosphere 대기가 부족한 : destitute of common sense 양식이 없는 : be left destitute 곤궁에 빠져 있다
chronic [kránik] a. ① 만성의 ② 상습적인	: chronic pain in the back 만성적 요통 : chronic troublemaker 상습적인 말썽쟁이 : opp. temporary 일시적인
disgusted [disgΛstid] a. 넌더리가 난, 정 떨어진	: disgusting 혐오스러운, 역겨운 : be disgusted with ~에 넌더리가 나다
compatible [kəmpǽtəbl] a. 양립할 수 있는, 호환되는	: compatibility 호환성 : see if the software is compatible with 소프트웨어가 ~과 호환이 되는지 알아보다
contemporary [kəntémpərèri] a. 현대의, 당대의 n. 동년배, 동시대인	: contemporary literature 현대문학 : contemporary writers 동시대의 작가들 : our contemporaries 우리와 같은 시대의 사람들, 현대인들
adequate [ǽdikwət] a. ① 충분한 ② 그저 그런	: an adequate salary 충분한 월급 : Her work is only adequate. 그녀의 작품은 그저 그렇다.
harmonious [hɑːrmóuniəs] a. 조화로운, 화목한	: in / out of harmony 조화되어 / 되지 않은 : harmonize 조화시키다

Point Tips

feel like a wet noodle 녹초가 된 것 같다

avoid ~ in the future 앞으로 ~를 피하다

PART 2 토익 적중 품사별 영단어

Collocation 확인하기

☐ 자회사	subsidiary company
☐ 상당한 규모의 축소	considerable downsizing
☐ 러시아워를 피하다	beat the rush hour traffic
☐ 풍부한 보상제도	lavish compensation package
☐ 가정 쓰레기	household waste
☐ 널리 알려진 명칭	household name
☐ 피해망상	persecution mania
☐ 규제를 서서히 폐지하다	phase out a regulation
☐ 건망증	forgetfulness, oblivion
☐ ~하는 것은 좀 시기상조다	it is rather premature to
☐ 누구는 ~로 이해하고 있다	it is one's understanding that
☐ ~에 흔히 있는 일이지만	as is often the case with
☐ ~라고 흔히 말하다	It is often pointed out that
☐ 계속되는 생중계 보도	continuous live coverage
☐ 특매품	loss leader

NOTE

- **subsidiary** 보조의, 부차적인 [a subsidiary business 부업]
- **downsize** ~을 축소하다; 소형의   • **lavish** 아낌없는, 남아도는, 풍부한
- **household** 세대, 가사의; 귀에 익은 [household goods 가정용품]
- **persecute** 박해하다, 성가시게 괴롭히다
- **persecution** 박해 [persecution complex 피해의식]
- **phase out** 단계적으로 제거하다, 삭감하다 [phase in 단계적으로 투입하다]

□ ~했음을 알리다	This is just to let you know
□ 서류를 정돈하다	put the papers in order
□ ~을 알게 되어 당황스럽다	it is embarrassing to discover that
□ ~하는 것이 바람직하다	it is desirable to do
□ 가능성이 희박하다.	The chances are slim.
□ 결코 ~이 아닌	by no means
□ 호텔 숙박	hotel accommodations
□ 필사적인 노력	last-ditch efforts
□ 중요한 상품	staple commodities
□ 제 자신에게 화가 납니다.	I'm angry with myself.
□ 이월시키다	carry over
□ 철저한 시장 분석을 하다	carry out a thorough market analysis
□ 두세 시간마다	every few hours
□ 압도적 다수	overwhelming majority
□ 통신두절	disruption of communication
□ 모집광고	recruitment advertising

NOTE

- **slim** 호리호리한, 빈약한 • **ditch** 도랑, 수로 • **staple** 주요한; 주요산물
- **disrupt** 찢어발기다, 붕괴시키다, 혼란케 하다 [**disruption** 분열, 혼란, 방해]
- **recruit** 신병 (을 모집하다)

01 He is always _____ of others; he is kind and sympathetic.
그는 항상 다른 이들을 배려한다. 그는 상냥하고 동정심이 많다.

A considerate
B considerable

02 The hurricane's high winds _____ as it reached the shore. 허리케인의 강풍이 해안에 도달하면서 누그러졌다.

A moderated
B mobilized

03 She gives money to the church on a _____ basis, not because she has to.
그녀는 의무 때문이 아니라 자발적으로 교회에 헌금한다.

A volition
B voluntary

04 Business leaders like to think of _____ plans.
사업가들은 대담한 계획을 생각하길 좋아한다.

A bold
B bald

05 The scenery is beautiful beyond _____.
경치가 말로 표현할 수 없을 정도로 아름답군요.

A express
B expression

06 The tennis match was long, but he was the _____ winner. 그 테니스 시합은 길어졌으나 결국 그가 승리했다.

A eventual
B eventful

07 That was no accident; it was _____!
그것은 사고가 아니라 고의적인 것이었다!

A deletion
B deliberate

08 Try to keep your account of events as _____ as possible. 사건의 보고를 가능한 사실적으로 하려고 하라.

A factual
B fictitious

09 Good self-esteem is a _____ for a happy life.
좋은 자긍심은 행복한 생활의 필수조건이다.

A prescription
B prerequisite

Answer
||||| 01 A   02 A   03 B   04 A   05 B   06 A   07 B   08 A   09 B

10 She always has a _____ attitude; whenever I have a problem, she helps me find a solution.

그녀는 언제나 적극적인 태도를 지니고 있다. 내게 문제가 있을 때마다 그녀가 해결책을 찾도록 도와준다.

A constructive
B consultant

---

11 With no inheritance, he left his family _____.

그는 가족에게 유산이 아니라 궁핍을 남겼다.

A destitute
B destined

---

12 She suffers from a _____ headache.

그녀는 만성두통에 시달립니다.

A chronicle
B chronic

---

13 Those computer programs are _____ with each other; they can run at the same time.

그 컴퓨터 프로그램들은 서로 호환이 된다. 그것들은 동시에 사용할 수 있다.

A compatible
B competent

---

14 He makes an _____ salary, enough to pay his bills.

그는 여러 비용을 지불하기에 충분한 월급을 받는다.

A adequate
B addictive

---

15 The departments within the company have a _____ relationship.

그 회사의 부서들은 좋은 사이를 유지하고 있다.

A harmless
B harmonious

---

16 She is _____ with dirty politics.

그녀는 더러운 정치판에 염증을 느낀다.

A disgusted
B disguiseds

---

17 We are _____ to go on our vacation.

우리는 몹시 휴가를 떠나고 싶다.

A eager
B yearn

Answer

IIIII   10 A   11 A   12 B   13 A   14 A   15 B   16 A   17 A

▶ **ex-**는 '전(前)'을 나타낸다.

- ex-convict 전과자
- ex-president 전대통령
- ex-husband 전남편
- ex-tenant 전 세입자

▶ **extra-**는 **'very'**의 의미와 **'outside'**의 의미가 있다.

- extra-large 엄청 큰
- extracurricular 과외의
- extraordinary 뛰어난
- extravagant 값비싼, 지나친
- extra-strong 엄청 강한
- extrasensory 초감각의
- extraterrestrial 지구 밖의, 외계의
- extroverted 외향적인

▶ **fore-**는 '먼저, 앞, 미리' 등의 뜻을 내포한다.

- forearm 팔뚝, 하박
- forecast 예보(하다)
- foresee 예견하다
- foretell 예언하다
- forehead 이마, 앞쪽
- forefathers 조상, 선조
- foresight 선견, 예지
- forewarn 미리 예고하다

▶ **figure** : ① 모양, 몸매 ② 숫자 ③ 인물 ④ 도형, 그림 ⑤ 계산하다 ⑥ 이해하다

- a fine figure of woman 몸매가 날씬한 여자
- a religious figure 종교적인 인물
- be good at figures 숫자에 능하다
- the figure on this page 이 페이지에 있는 도표(그림)
- figure out ① 문제를 해결하다 ② 이해히다(understand)
- figurative 비유적인
- I figured in an extra 5% in the budget for possible additional costs.
  나는 만일의 추가비용을 생각해서 예산에 별도로 5%를 더했다.
  (* figure in ~을 계산에 넣다)

무역

■ **barter** 물물교환 (하다)	■ **bilateral** 양자간의
■ **billing** 청구서 작성	■ **bundle** 소화물, 소포
■ **cargo** 적하, 화물	■ **charge** 요금, 수수료
■ **consign** 위탁 [탁송]하다	■ **consignment** 위탁 (물)
■ **customs** 세관	■ **duties** 관세
■ **embargo** 통상금지	■ **enclose** 동봉하다
■ **enclosure** 동봉된 것	■ **export** 수출 (하다)
■ **exporter** 수입업자	■ **freight** 운송화물
■ **import** 수입 (하다)	■ **importer** 수입업자
■ **invoice** 송장	■ **multilateral** 다자간의
■ **order** 주문 (서)	■ **overcharge** 과잉청구
■ **postage** 우편요금	■ **receipt** 영수증, 수신
■ **recipient** 수령인, 수취인	■ **retaliate** 보복하다
■ **retaliation** 보복	■ **shipment** 선적, 화물
■ **shipping** 선적, 운송	■ **tariff barrier** 관세장벽
■ **tariff** 관세	■ **trade** 무역; 교역하다
■ **trader** 무역업자	■ **undercharge** 낮은 청구

- ¤ **fill an order for** ~을 주문받다
- ¤ **on the receipt of** ~을 받자마자
- ¤ **place an order for** ~을 주문하다

PART **2** 토익 적중 품사별 영단어

A 핵심 어휘 따라잡기

regular
[régjulər]

a. ① 보통의 ② 호감을 주는
③ 평범한 ④ 규칙적인
n. ① 단골고객 ② 충실한 당원

: one's regular bedtime 보통 취침시간
: a regular guy 호남아
: a regular build and an average weight
보통인 체구와 평균적인 몸무게
: regularity 규칙적 반복
: regularly 정기적으로
: regulate 규제하다
: regulation 규정

---

legitimate
[lidʒítəmit]

a. ① 합법적인
② 합리적인, 당연한

: a legitimate business 적법한 사업
: a legitimate concern about
~에 관한 당연한 염려
: legitimacy 합법성, 적법성

---

sizable
[sáizəbl]

a. 꽤 큰

: a sizable crowd 꽤 많은 군중
: a sizable amount of money 상당량의 돈

---

subsidiary
[səbsídièri]

a. 보조의, 종속적인
n. 자회사, 부속물 *(pl.)*

: a subsidiary business 부업
: subsidiary issues 부차적인 문제들

---

customary
[kʌ́stəmèri]

a. 습관적인, 재래의

: It is customary to do ~하는 것이 관례다
: customarily 습관적으로, 관례상

Biz Tips

▥ The next meeting will give all of you a chance to **share
your concerns about** the personnel problems.
다음 회의는 인사문제에 관한 여러분들의 관심사를 교환하는 기회가 될 것입니다.

distinct
[distíŋkt]
a. ① 분명한 ② 별개의

: distinctive 특색 있는
: distinction 차이, 탁월함
: distinguish A from B A와 B를 구별하다
: distinguished 현저한, 눈에 띄는
: distinguish oneself 유명해지다, 이름을 내다

comprehensive
[kàmprihénsiv]
a. 포괄적인, 종합적인

: a comprehensive knowledge 광범위한 지식
: comprehension 이해(력)
: comprehensible 이해할 수 있는

absolute
[ǽbsəlùːt]
a. 절대적인, 확고한
n. 불변의 것

: absolute truth 절대진리
: absolute evidence 확실한 증거
: *syn.* unconditional, imperative
: *opp.* relative 상대적인

positive
[pázətiv]
a. ① 낙관적인 ② 확신하는
③ 긍정적인 ④ 유익한

: a positive crime 명백한 범죄
: be positive of ~을 확신하다
: positive thinking 긍정적 사고
: positively 단연, 물론

marginal
[máːrdʒinəl]
a. ① 가장자리의 ② 하찮은

: margin ① 여백 ② 이윤 ③ 여유, 여지
: marginal ability 한계 능력

Point Tips

‖‖‖ share one's concerns about ~에 대한 관심사를 서로 교환하다

PART **2**
토익 적중 품사별 영단어

horizontal
[hɔ́ːrəzántl]
a. 수평의, 가로의

: horizon ① 수평선, 지평선 ② 성공을 위한 기회
: new horizons 새로운 영역, 지평
: *opp.* vertical 수직의

accurate
[ǽkjurit]
a. 정확한, 신중한

: accuracy 정확성
: inaccurate 부정확한

otherwise
[ʌ́ðərwàiz]
a. ad. ① 다른[달리]
     ② 다른 면에서
     ③ 그렇지 않으면

: It's otherwise with him. 그는 상황이 다르다.
: The rent is high, but otherwise the house is satisfactory. 집세가 높지만 그것 이외는 만족스럽다.
: Otherwise, our team could have won the game. 그렇지 않았다면, 우리 팀이 이겼을 텐데.

outrageous
[autréidʒəs]
a. ① 무례한 ② 터무니없는

: charge outrageous prices
  터무니없는 가격을 요구하다
: outrage ① 무도 (한 짓) ② 격노, 분노
: feel a great outrage 심한 분노를 느끼다

jovial
[dʒóuviəl]
a. 즐거운, 유쾌한

: joyful 기쁜, 웃음이 넘치는
: jubilant 기쁨에 넘치는

noticeable
[nóutisəbl]
a. 현저한, 두드러진

: His weight loss is noticeable.
  그의 몸무게가 현저하게 줄었다.
: *syn.* easily observed, obvious, conspicuous

Biz Tips

〰 We **request the pleasure of your company at** our 15th Foundation party. 우리의 창립 15주년 파티에 참석해 주길 요망합니다.

〰 The plan was **on the shelf**. 그 계획은 보류되었어요.

extinct [ikstíŋkt] *a.* 멸종한	: become extinct, be exterminated 멸종하다 : extinct species 절멸종
outmoded [àutmóudid] *a.* 구식의, 유행에 뒤진	: an outmoded computer 구형 컴퓨터 : outmoded teaching methods 시대에 뒤진 교수법
out-of-the-way [áutəvðəwéi] *a.* ① 외딴, 벽지의 ② 알려지지 않은	: in an out-of-the-way town 외딴 읍에서 : *cf.* out-of-pocket 현금 지불의 out-of-date 구식의, 쓸모없는 out-of-doors 옥외에서 out-of-bounds 한계를 벗어나
outgoing [áutgòuiŋ] *a.* ① 외향적인 ② 떠나는, 사임하는	: outgoing and lively person 외향적이고 활달한 사람 : the outgoing tide 썰물
hit-and-miss [hítənmís] *a.* 주먹구구식의	: in a hit-and-miss fashion 주먹구구식으로
mutual [mjú:tʃuəl] *a.* ① 공동의, 서로의 ② 상호의	: have a mutual interest 공동의 이해관계를 갖다 : mutual understanding 상호 이해
maritime [mǽrətàim] *a.* 바다의, 해양의	: maritime laws 해상법 : maritime insurance 해상 보험

PART **2** 토익 적중 품사별 영단어

Point Tips

▥ request the pleasure of one's company at
 ~에게 ~에 참석해 주기를 요청하다
▥ on the shelf 보류중인 (*shelf 선반)

Collocation 확인하기

☐ 체계적이지 못한 근무 환경	unstructured work environment
☐ 툭 터놓고 하는 얘기	heart-to-heart talk
☐ 단기부채	short-term debt
☐ 근시안적인 결정	short-sighted decision
☐ 아파트 단지	apartment complex
☐ 집을 저당 잡다	mortgage one's house
☐ 처음부터 다시 시작하다	start over from scratch
☐ 노골적인 행동	overt act
☐ 사업을 시작하다	start a business
☐ 개인적으로 급한 일로	due to personal emergency
☐ 애프터서비스	after-sales[follow-up] service
☐ 편협한 마음의 사람	narrow-minded[parochial] person
☐ 가장 빠르게 성장하는	fastest-growing
☐ 유효성을 높이다	improve the effectiveness of
☐ 종업원의 능력을 향상시키다	improve employee efficiency
☐ 일괄적인 임금 인상	across-the-board pay increase
☐ 적절한 연장	appropriate extension

NOTE

- **overt** 명백한, 지갑 등이 열린 [**covert** 은밀한; 은신처]
- **parochial** 읍면의; 편협한   • **extension** 연장, 확장

□ 불리한 입장에 있다	have the wrong end of the stick
□ 수익성을 증대시키다	increase profitability
□ 자신을 나무라다	reproach oneself
□ 대체 교통 방식	alternative traffic pattern
□ 대체 에너지	alternative energy
□ 비공식 회합	informal gathering
□ ~의 중요성을 간과하다	overlook the importance of
□ 운동시설	workout facilities
□ 운전 자본	working capital
□ 시장 점유율	market share
□ 대안 리스트를 작성하다	work up a list of alternatives
□ 타협점을 찾으려 노력하다	work towards a compromise
□ 임무를 수행하다	work on an assignment
□ 유발시키다	spark off
□ 자선기금	charity fund
□ 자선 바자회	charity bazaar
□ 장단점	merits and drawbacks

NOTE

- facilities for recreation 오락시설
- compromise 타협, 양보
- assignment 할당, 할당된 몫, 임무

C 실전 예문 연습하기

01 He has a _____ claim to part of the profits.
그는 이익의 일부에 대해 합법적인 권리가 있다.

A legible
B legitimate

02 It is _____ to thank the people who invite you to their party.
파티에 당신을 초대한 사람에게 감사하는 것은 관례적인 일이다.

A customary
B customs

03 Medical care has made a _____ improvement in his health.
의학적 치료를 받으면서 그의 건강은 눈에 띄게 좋아졌다.

A distinct
B distinguish

04 Our company has a _____ health plan that covers for doctors, hospital, medicine, and dental care.
우리 회사는 진료비, 입원비, 약값, 치과 진료비를 부담하는 종합적인 건강 보험을 제공한다.

A comprehensive
B comprehensible

05 Unfortunately, in our company, the happiness of the workers is _____ to profits.
불행히도 우리 회사는 근로자의 행복이 수익보다 뒷전이다.

A subordinate
B subsidiary

06 Try to be more _____ in dealing with the problem. 그 문제를 다루는 데 있어 더욱 적극적이도록 노력해라.

A positive
B portable

07 She is so smart that her future holds unlimited _____. 그녀는 매우 총명해서 그녀의 미래에는 성공할 수 있는 무한한 기회가 놓여 있다.

A horizons
B horoscope

08 Her _____ behavior at the party offended everyone. 그녀의 무례한 행동 때문에 모두 화가 났다.

A outburst
B outrageous

Answer
IIIII   01 B   02 A   03 A   04 A   05 B   06 A   07 A   08 B

09 He is a _____ person who makes others feel happy, too. 그는 다른 사람들도 행복하게 하는 유쾌한 사람이다.

A jovial
B joyless

10 The buses never run on time here; their schedules are _____.
여기 버스들은 제시간에 오는 법이 없다. 운행 시간표는 주먹구구식이다.

A hit-and-miss
B hit-and-run

PART 2 토익 적중 품사별 영단어

11 The passenger pigeon is an _____ species.
여행 비둘기는 멸종한 종이다.

A extinct
B extinguish

12 We got rid of our _____ computers and bought fast new ones.
우리는 구형 컴퓨터를 없애 버리고 속도가 빠른 신형을 샀다.

A outnumbered
B outmoded

13 She is the _____ head of a large firm.
그녀는 큰 회사의 사임하는 사장이다.

A outgoing
B outing

14 We have a _____ interest in a bakery that is managed by a mutual friend.
우리는 같이 아는 친구가 운영하는 빵집에 공동의 이해관계를 갖고 있다.

A mutual
B mutant

15 You must be at work from 9:00 A.M. to 5 P.M.; that is an _____.
당신은 오전 9시부터 오후 5시까지 근무를 해야 합니다. 이것은 절대불변의 사항입니다.

A abstract
B absolute

16 He is professional, and the _____ of what he says is not to be questioned.
그는 전문가이므로 그의 말의 정확성은 의심할 여지가 없다.

A accredit
B accuracy

Answer
IIII 09 A 10 A 11 A 12 B 13 A 14 A 15 B 16 B

▶ **geo-**는 '지구'나 '토지'를 의미한다.

- geology 지질학
- geopolitical 지정학의
- geography 지리 (학)
- geothermal 지열의

▶ **hemo-**는 '피 (blood)'의 뜻을 가진 결합사이다.

- hemorrhage 출혈
- hemophilia 혈우병
- hemorrhoid 치질
- hemophiliac 혈우병 환자

▶ **혼동하기 쉬운 단어**

- comprehensible 명료한
  comprehensive 포괄적인
- contend 다투다
  content 만족하는; 내용
- dawn 새벽, 여명
  down 밑에, 밑의
- contagious 전염성의
  contiguous 접촉하는
- continual (끊겼다) 계속되는
  continuous (중단 없이) 계속되는
- decent 점잖은, 괜찮은
  descent 하강

▶ **win** : ① 이기다 ② (사랑, 호의 등을) 얻다 ③ 설득하다

- Slow and steady wins the race. 꾸준한 것이 이긴다.
- win a reputation for oneself 명예를 얻다
- win someone over to one's side 누구를 ~의 편으로 삼다

▶ **-headed**는 '사람의 태도나 행동 방식'을 나타낸다.

- big-headed 우쭐하는
- hot-headed 성미가 급한
- clear-headed 두뇌가 명석한
- hard-headed 냉정한, 완고한

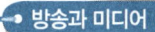 방송과 미디어

■ **archives** 기록보관소	■ **biweekly** 격주의
■ **broadcast** 방송 (하다)	■ **circulation** 발행 부수
■ **comment** 논평 (하다)	■ **commentator** 해설자
■ **contributor** 기고자	■ **correspondent** 특파원
■ **coverage** 취재 범위	■ **criticize** 비평하다
■ **edit** 편집하다	■ **edition** (간행물의) 판
■ **editor** 편집장, 주필	■ **editorial** 사설
■ **feedback** 논평, 의견	■ **issue** 발행 (하다); 쟁점
■ **journal** 정기 간행물	■ **monthly** 월간의
■ **out of print** 절판된	■ **periodic** 주기적인
■ **periodical** 정기 간행물	■ **press conference** 기자회견
■ **publication** 출판(물)	■ **publish** 출판하다
■ **quarterly** 계간의	■ **rating** 등급, 평가
■ **reader** 독자	■ **release** 발간 (하다)
■ **satellite TV** 위성 TV	■ **subscribe to** ~을 구독하다
■ **subscriber** 구독자	■ **subscription** 구독
■ **a freelance writer** 자유 기고가	■ **broadcaster** 방송인, 방송국

PART **2** 토익 적중 품사별 영단어

A 핵심 어휘 따라잡기

injure
[índʒər]
v. ① 상처를 입히다
　② (감정을) 상하게 하다

: injure one's pride 자존심을 상하게 하다
: the injured 부상자
: injury 손상, 상처
: the injured party 피해자

---

confirm
[kənfə́:rm]
v. ① 확증하다 ② 확인하다
　③ 재가하다

: confirmation 확정, 확인, 인가, 비준
: reconfirm 재확인하다
: for confirmation 확인 차

---

undergo
[ʌndərgóu]
v. ① 겪다, 견디다
　② 경험하다, 받다

: undergo - underwent - undergone
: undergo surgery 수술을 받다
: undergo the most radical changes
　가장 급격한 변화를 겪다
: undergo trials 시련을 견디다

---

influence
[ínfluəns]
v. ~에게 영향을 미치다
n. 영향, 영향력, 세력

: influential a. 영향을 미치는 n. 유력자, 실력자
: drive under the influence
　술이나 마약을 복용한 채 운전을 하다
: have an influence on ~에 영향을 미치다

---

concentrate
[kánsəntrèit]
v. ① 집중하다, 골몰하다
　② 농축하다
n. 농축된 형태

: concentration ① 집중 ② 집결
: concentrate one's energies on
　~에 모든 노력을 집중하다
: concentrate upon a problem
　어떤 문제에 전념하다

Biz Tips

▥ The rise in the value of the dollar will **enable** us **to export** more goods.
달러 가치의 상승 덕분에 우리는 더 많은 물건을 수출할 수 있게 될 것입니다.

entertain
[èntərtéin]

v. ① 즐겁게 해 주다
② 마음에 품다
③ 고려하다

: entertain a doubt 의문을 품다
: entertain one's suggestion
~의 제안을 고려해보다
: entertaining 유쾌한, 재미있는
: entertainment expenses 접대비

compel
[kəmpél]

v. 강요하다, 억지로 ~시키다

: be compelled to do ~할 것을 강요받다
: *syn.* be forced to do, be obliged to do

lower
[lóuər]

v. 낮추다, 인하하다

: We lowered the price. 가격을 인하했습니다.
: *cf.* better 개량하다

detach
[ditǽtʃ]

v. ① 떼다, 분리하다
② 멀리하다, 거리를 두다

: keep a detached attitude 초연한 태도를 취하다
: detachable 분리할 수 있는, 파견할 수 있는
: *opp.* attachable 붙일 수 있는
: detachment ① 초연함 ② 분리, 이탈

coordinate
[kouɔ́:rdənèit]

v. ① 조정하다 ② 조화시키다
n. [-nit] 좌표 *(pl.)*

: coordination ① 조정 ② 운동신경, 기초 운동능력
: coordinator 조정자, 제작 진행자

decline
[dikláin]

v. ① 거절하다 ② 하락하다 ③ 약해지다
n. ① 하락 ② 쇠약 ③ 내리막 ④ 거절

: decline to record lows 하안가를 기록하다
: the steep decline of the road 가파른 내리막길

Point Tips

‖‖ **A enable someone to do** A덕분에 누구를 ~할 수 있게 하다

PART **2** 토익 적중 품사별 영단어

ensure
[inʃúər]

v. 확실하게 하다, 보증하다

: It will ensure your success.
그것으로 너의 성공은 확실하다.
: I cannot ensure that he will keep his word.
그가 약속을 지킬 것이라고 보증할 수 없다.
: *syn.* assure, insure, warrant

confront
[kənfrʌ́nt]

v. ① 대항하다, 맞서다
② 들이대다

: be confronted with danger 위험에 직면하다
: confrontation 대면, 대결

conform
[kənfɔ́ːrm]

v. ① (요구에) 따르다
② (습속에) 맞추다

: in conformity with ~와 일치하여
: conform to the laws 법률에 따르다

highlight
[háilàit]

v. 돋보이게 하다, 강조하다

: highlighter 형광펜
: highlight his good point 그의 장점을 강조하다

survey
[səːrvéi]

v. ① 둘러보다 ② 점검하다
③ 측량하다 ④ 조사하다
n. ① 조망 ② 조사 ③ 측량 ④ 설문

: surveyor 측량사, 감정인
: survey a situation 상황을 살펴보다
: survey TV viewers TV시청자를 조사하다

merge
[məːrdʒ]

v. ① 합병하다 ② 섞여 하나가 되다

: merger 회사의 합병
: merge the two companies 그 두 회사를 합병하다

Biz Tips

▥ **Although I am sympathetic to your situation**, I believe your complaint should be with the company, not the dealership.
귀하의 사정은 공감하지만 클레임은 대리점 말고 회사에 해야 할 것으로 봅니다.

release [rilíːs] *v.* ① 풀어주다 ② 개봉하다 *n.* ① 석방 ② 개봉	: the newest release 최신의 개봉 영화 : *cf.* re-lease 계약을 갱신하여 임대하다
render [réndər] *v.* ① 제공하다 ② ~하게 만들다 ③ 번역하다	: render thanks to ~에게 감사하다 : render one's effort futile 노력을 헛되게 하다 : rendering 묘사, 표현
disclose [disklóuz] *v.* 나타내다, 폭로하다	: disclosure 발각, 폭로, 발표 : He disclosed the secret to his friend. 그는 친구에게 비밀을 밝혔다.
appraise [əpréiz] *v.* 감정하다, 평가하다	: appraisement, appraisal 평가액, 감정 : make an appraisal of ~을 감정하다
emerge [imə́ːrdʒ] *v.* 나오다, 나타나다	: an emerging industry 신흥 산업 : I have an emergency at home. 집에 급한 일이 있습니다. : in case of emergency 비상시에
stabilize [stéibəlàiz] *v.* ① 안정시키다, 견고하게 하다 ② 안정되다	: stability 안정, 안정성 : stabilize prices 물가를 안정시키다
end [end] *v.* 끝내다, 마치다	: end in 결국 ~으로 끝나다 : end up 결국 ~이 되다

PART **2** 토익 적중 품사별 영단어

Point Tips

‖‖‖ Although I am sympathetic to your situation
당신의 사정은 공감하지만 (＊sympathetic 공감하는, 동정적인)

Collocation 확인하기

☐ 막대한 유산	a magnificent inheritance
☐ 자선 기부금	charitable donations
☐ 능력본위제도	merit system
☐ 행락철	tourist season
☐ 추억을 간직하다	cherish a memory
☐ 끔찍한 잔학 행위	horrible atrocities
☐ 시험 주문	a trial order
☐ 섬유유리 단열재	fiberglass insulation
☐ 이자율	interest rate
☐ 억제효과	repressive measure
☐ 죄송한 마음을 표하다	express one's regret
☐ ∼에 대한 우려를 표명하다	express one's concern about
☐ 속달	express delivery
☐ ∼에 대해 발표를 하다	give a presentation on
☐ 요구한 대로	as requested
☐ 월간판매보고서	monthly sales report

NOTE

- **magnificent** 장대한, 장엄한, 엄청난
- **insulation** 격리, 고립, 절연 [insulate 격리하다, 고립시키다]
- **cherish** 소중히 하다, 품다　　• **atrocity** 흉악, 잔인
- **repress** 억누르다, 진압하다 [repressive 억누르는, 진압하는]

□ 현재의 경제상황	current economic situation
□ 유동자산	current assets
□ 불모지	barren land
□ 먼 친척이다	be remotely related
□ 세심한 주의	extreme care
□ 보석으로 풀려나다	be released on bail
□ 총수요	aggregate demand
□ 의견의 차이를 인정하다	agree to disagree
□ 교도관	corrections officer
□ 간접세	hidden[indirect] tax
□ 구인/구직	situation vacant/wanted
□ 사태를 해결하다	correct the situation
□ 공감을 하다	share one's view
□ ~에 대한 수요 증가가 있다	there is a growing demand for
□ 기일이 ~일 지난	overdue ~ days
□ 3개월 연체된	three month overdue
□ 수면제의 과다복용	overdoses of sleeping pills

NOTE

- barren 불모의, 임신을 못하는[be barren of ~이 결여된]
- aggregate 집합하다, 총계 ~이 되다; 총계의 • overdose 과잉투여

175

01 The news agency _____ voters about the proposed taxes.
그 통신사는 제안된 세금에 관해 유권자들을 설문 조사했다.

A surveyed
B survived

02 He _____ the situation and took swift action.
그는 상황을 파악하고 재빠르게 행동하였다.

A appointed
B appraised

03 We need to _____ the old barn because it is leaning to one side.
낡은 헛간이 한쪽으로 기울었으니 고정시켜야겠다.

A stable
B stabilize

04 She _____ all errors from the typescript.
그녀는 타이프 원고에서 잘못된 곳을 모두 삭제했다.

A eliminated
B eluded

05 He _____ his knee when he ran in a long race.
장거리 달리기를 할 때 그는 무릎을 다쳤다.

A injured
B injected

06 I made my airline reservations last month, and I called the airline to _____ them today.
나는 지난달에 항공편을 예약했고, 오늘 항공사에 전화를 걸어서 확인했다.

A confirm
B conform

07 He will _____ an operation to remove his appendix. 그는 맹장 제거 수술을 받을 것이다.

A underline
B undergo

08 The president's wife has a strong _____ on his thinking. 그 대통령의 부인은 대통령의 생각에 강한 영향을 미친다.

A influx
B influence

09 His illness _____ him to stay in bed.
그는 병 때문에 누워 있어야 했다.

A compelled
B competed

10 There is a _____ of five Japanese restaurants on 14th Street.
14번 가에는 일식집 다섯 개가 집결되어 있다.

A conception
B concentration

11 The company president is _____ from the day-to-day operations of the business.
사장은 회사의 일상적인 운영에는 관여하지 않는다.

A detached
B destined

12 We _____ the colors of wall paint and furniture in our living room.
우리는 거실의 벽과 가구 색을 조화시켰다.

A coordinated
B cooperated

13 He _____ our invitation to dinner.
그는 우리의 저녁 초대를 정중히 거절했다.

A declared
B declined

14 The owner _____ the employee with the stolen supplies found in his desk.
사장은 고용인에게 그의 책상 안에서 발견된 도난당한 물품들에 대해 설명하라고 들이댔다.

A confided
B confronted

15 Our company _____ to government regulations on worker safety.
우리 회사는 근로자 안전에 대한 정부의 규제에 따른다.

A conforms
B confused

16 The hunter _____ from the forest and walked toward us. 그 사냥꾼이 숲에서 나타나 우리를 향해서 걸어왔다.

A emigrated
B emerged

17 He _____ new information on the project.
그는 프로젝트에 대한 새로운 정보를 폭로했다.

A disclosed
B disconnected

어휘 개념 파악하기

▶ hom-은 'same'의 의미를 갖는다.

- homogeneous 동종의
- homogenize 균질하게 하다
- homonym 동음이의어, 동명이인
- homosexual 동성애자

▶ -hood는 사람 뒤에 쓰여, 그 사람의 '신분, 상태, 기간'을 나타낸다.

- adulthood 성인임
- fatherhood 아버지임, 부권
- parenthood 어버이의 신분
- childhood 어린 시절
- nationhood 국민의 신분
- neighborhood 이웃, 근처의

▶ 혼동하기 쉬운 단어

- devour 게걸스럽게 먹다
  devout 독실한
- dyeing 염색
  dying 죽어가는
- enviable 부러워할 만한
  envious 질투하는
- drag 끌다
  drug 약
- elect 선거하다
  erect 세우다
- expand 확대하다
  expend 소비하다

▶ down과 관련한 구동사

- vote down 부결시키다
- tear down 뜯어내다
- keep down 억제하다
- pin down 꼭 집어내다
- hand down 물려주다
- let down 낙심시키다
- boil down 요약하다
- cut down 잘라내다, 줄이다
- nail down 못박아놓다, 확정짓다
- step down 물러나다
- bring down 끌어내리다
- play down 사소하게 보이게 하다
- knock down 쳐서 넘어뜨리다
- turn down 거절하다
- mark down 인하하다
- narrow down 좁히다, 줄이다

보험

- **cover** 보상해 주다
- **coverage** 보상범위
- **damage insurance** 상해보험
- **fire insurance** 화재보험
- **health insurance** 건강보험
- **insurance** 보험
- **insurance company** 보험회사
- **insurance policy** 보험증서
- **insure** 보험에 들다
- **insurer** 보험회사 (업자)
- **life insurance** 생명보험
- **pay back** 환급하다
- **policy holder** 보험계약자
- **premium** 보험료
- **purchase insurance** 보험에 들다
- **reimburse** 배상하다
- **reimbursement** 배상, 변상
- **surrender** 보험해약 (하다)

PART **2** 토익 적중 품사별 영단어

Toeic Voca Box 20

 부동산 1

- **assess** 산정하다
- **assessment** 자산평가
- **auction** 경매 (에 부치다)
- **bid** 입찰 (하다)
- **cozy** 아늑한
- **dwell** 살다, 거주하다
- **estate** 부동산
- **estimate** 어림잡다
- **evacuate** 비우다
- **furnished** 가구가 있는
- **garage** 차고
- **in the vicinity of** ~부근에

A 핵심 어휘 따라잡기

achieve
[ətʃíːv]
v. 이루다, 성취하다

: achieve one's goals 목표를 달성하다
: achievement 성취, 업적, 학력
: a test to measure achievement
학력을 측정하는 테스트

eliminate
[ilímənèit]
v. ① 제외하다 ② 제거하다

: She eliminated all errors from the typescript.
그녀는 타이프 원고에서 잘못된 곳을 모두 삭제했다.
: *syn.* get rid of, remove, clear, weed out

reduce
[ridjúːs]
v. 줄이다, 축소하다,
(어떤 상태로) 떨어뜨리다

: reduction 감소, 절감
: reductive 감소하는, 복원하는
: reduce A to B A를 B의 상태로 떨어뜨리다

hide
[haid]
v. ① 감추다, 숨기다 ② 체벌하다
n. 짐승의 가죽

: hide out 숨어 지내다
: hideaway 은신처

cater
[kéitər]
v. ① 음식을 준비하다
② 요구에 응하다

: cater for a feast 연회용 요리를 장만하다
: a catered lunch 주문 점심
: cater to their needs 그들의 필요에 응하다

coin
[kɔin]
v. ① 화폐를 주조하다
② 새로 만들어 내다

: coin a phrase 새 표현을 만들어 내다
: on the other side of the coin 다른 일면에는

Biz Tips

‖‖ **All employees who have anything to do with** shipping
will be present.
출하와 관계되어 있는 모든 사원들은 전원 회의에 출석해 주십시오.

process
[práses]

v. ① 처리하다
　② 가공[데이터] 처리하다
n. ① 과정 ② 절차 ③ 공정

: process beef into hamburger
　소고기를 햄버거로 가공 처리하다
: process the order 주문을 처리하다
: process data 데이터를 처리하다

---

advocate
[ǽdvəkèit]

v. 옹호하다, 주장하다
n. [-kət] 옹호자, 변호사

: an advocate of human rights 인권 옹호자
: advocate lower taxes
　세금을 낮춰야 한다고 주장하다

---

adjust
[ədʒʌ́st]

v. ① 적응하다 ② 조절하다
　③ 수리하다

: adjustment ① 적응 ② 조절, 조정
: adjust oneself to ~에 적응하다
　syn. adapt[accomodate] oneself to

---

straighten
[stréitn]

v. ① 곧게 하다 ② 정돈하다

: straighten up
　① 얌전하게 굴다 ② 정돈하다 ③ 분명히 해 두다
: with a straight face 무표정한 얼굴로

---

regulate
[régjulèit]

v. ① 규제하다 ② 조절하다

: regulation ① 규칙 ② 통제, 규제
: deregulation 규제철폐

Point Tips

▥ All employees who have anything to do with
　~와 관련 있는 모든 사원들

PART **2** 토익 적중 품사별 영단어

181

deliver
[dilívər]

v. ① 배달하다
② 전하다
③ 분만을 돕다
④ 잘 해내다

: deliverable 교부할 수 있는, 구조할 수 있는
: delivery ① 배달 ② 전달 ③ 분만
: deliver a speech 연설하다
: get a delivery 배달을 받다
: deliver on one's promise 약속을 이행하다
: payment on delivery 인도와 동시에 지불

contend
[kənténd]

v. ① 주장하다
② 싸우다, 투쟁하다

: contend that S+V ~라고 주장하다
: contention ① 말다툼 ② 경쟁 ③ 논쟁점

compete
[kəmpíːt]

v. 겨루다, 경쟁하다
(with/against)

: competitive 경쟁의, 경쟁할 수 있는
: competitiveness 경쟁력 / competitor 경쟁자
: be in competition with a person for
~을 얻으려고 누구와 경쟁하다

extend
[iksténd]

v. ① 뻗다, 확장하다
② 연기하다
③ 베풀다

: extension 확장, 연장, 증축
: an extensive influence 광범위한 영향력
: extend one's visit 방문을 뒤로 미루다
: extend one's influence 세력을 확장하다
: extended family 대가족

capture
[kǽptʃər]

v. 붙잡다, 포획하다
n. 포획, 생포

: the capture of the criminal 범인의 생포
: *syn.* arrest, seize, apprehend

Biz Tips

⫶⫶ They're **putting pressure on** us to reach a decision soon.
어서 결정하라고 그들은 우리에게 압력을 가하고 있습니다.

⫶⫶ He always seems to **take the easy way out**.
그는 항상 편법만을 찾는 것 같군요.

get together
[get təgéðər]

phv. 만나다

: We can get together tomorrow sometime.
내일 아무 때나 만납시다.

: get-together 모임

---

cite
[sait]

v. ① 소환장을 발부하다
② 표창하다
③ 인용하다

: be cited for ~로 표창을 받다

: citation ① 소환(장) ② 표창장

: cite a precedent 판례를 인용하다

---

curtail
[kə:rtéil]

v. ① 잘라 줄이다, 삭감하다
② 박탈하다

: have one's pay curtailed 감봉되다

: curtail A of B A에게 B를 박탈하다

: curtailment of expenditure 경비절감

---

diminish
[dəmíniʃ]

v. ① 약하게 하다
② 줄다, 감소하다

: Illness had seriously diminished his strength.
병으로 그의 힘은 몹시 약해졌다.

: *syn.* lessen, curtail, reduce, dwindle

---

be liable for
[bi: láiəbl fɔ:r]

① ~에 대해 책임이 있다
② ~하기 쉽다

: be liable for the damage
손해배상에 대한 책임이 있다

: liability ① 부채, 법적 의무 ② 흠, 불이익

Point Tips

|||| put pressure on ~에게 압력을 가하다

|||| take the easy way out 편법을 찾다

B Collocation 확인하기

☐ 과도한 요구	inordinate[exorbitant] demand
☐ 구입 가능한 가격	affordable rate
☐ 안락사	mercy killing, euthanasia
☐ 권력을 행사하다	exercise power
☐ 사용설명서	operating manual
☐ 과감한 조치	a drastic step
☐ 엄청난 재능	extraordinary[phenomenal] talent
☐ 구속영장	warrant of arrest
☐ 그것에 따라 스케줄을 맞추다	arrange one's schedule accordingly
☐ 저장실	storage room
☐ 비현실적인 계획	impractical plan
☐ 소문으로 듣다	hear through the grapevine
☐ 난민을 위한 대피소	a haven for refugees
☐ 우려를 입증하다	bear out apprehension
☐ 심사숙고한 끝에	after much deliberation
☐ 하락시세	bear market (↔ bull market)

NOTE

- **inordinate** 과도한, 무절제한
- **mercy** 자비, 연민, 마음대로 하는 힘
  [at the **mercy** of, at one's **mercy** ~의 마음대로 되어, ~에 좌우되어]
- **arrest** 체포하다; 눈이나 주의 등을 끌다 • **grapevine** 포도덩굴

☐ ~에 대해 좋은 평판을 듣다	hear a nice things about
☐ 최근 수주간에 걸쳐	over a few recent weeks
☐ 세부적인 설명을 필요로 하다	require further details
☐ ~인지 아닌지 의심스럽다	be questionable whether
☐ ~에 대한 충분한 예비 조사	adequate preliminary research into
☐ 저질 제품	low-quality[down-market] product
☐ 울퉁불퉁한 길	bumpy road
☐ 컴퓨터가 읽을 수 있는 신호	computer-literate sign
☐ 주식을 공개하다	go public
☐ 공허한 약속	empty promise
☐ 푸짐한 식사	sumptuous meal
☐ 영수증을 철해 두다	keep receipts on file
☐ 입양 어머니	adoptive mother
☐ 고질적인 문제	deep-seated[deep-rooted] problem
☐ ~와 비례하여	in proportion to
☐ 대량생산	bulk[mass] production
☐ 제품을 시험해보다	try out the product

PART **2** 토익 적중 품사별 영단어

NOTE
- **bumpy** 울퉁불퉁한, 덜컹덜컹하는
- **adopt** 양자로 삼다, 채용하다
- **sumptuous** 사치스러운, 값진
- **mass-produced** 대량으로 생산된

실전 예문 연습하기

01 The losing team was _____ from further competition.
패한 팀은 이후 시합에서 제외되었다.

A illuminated
B eliminated

---

02 His father _____ the boy for misbehaving.
아버지는 아들의 잘못된 행동에 대해 체벌했다.

A hidden
B hided

---

03 All I want to know is if it's possible to expect any _____ on these prices.
내가 알고 싶은 것은 이 가격이 할인이 가능한지 여부입니다.

A reduce
B reduction

---

04 A clerk _____ my airline ticket and handed it to me.
사무원은 비행기표를 발매해서 나에게 건네주었다.

A processed
B proceeded

---

05 Who's _____ your daughter's wedding?
누가 당신 딸의 결혼 잔치를 준비합니까?

A catering
B craters

---

06 I've got something to _____ up regarding this matter.
이 문제에 대해 분명히 해 둘 것이 있습니다.

A strain
B straighten

---

07 We need a bigger research budget to be able to _____ against our rivals.
라이벌 기업과 경쟁하기 위해서는 거액의 연구개발 예산이 필요합니다.

A compete
B complete

---

08 That artist is difficult to work with, but on the other side of the _____, his art is beautiful.
그 화가는 같이 일하기는 힘들지만, 반면에 그의 미술은 아름답다.

A coin
B hand

Answer

ⅠⅠⅠⅠ   **01** B   **02** B   **03** B   **04** A   **05** A   **06** B   **07** A   **08** A

09 If you drive in a bad storm, you are _____ to have an accident.

　　A liable
　　B liberate

심한 폭풍 속에서 운전한다면 사고가 일어나기 쉽다.

---

10 Do you think our products are _____ enough in an international market?

　　A comparable
　　B competitive

국제시장에서 저희 회사 제품이 충분히 경쟁력이 있다고 생각하십니까?

---

11 Temperature in this building is _____ by a device that raises the temperature in winter and lowers in summer.

　　A reimbursed
　　B regulated

겨울에는 온도를 올리고 여름에는 온도를 낮추는 장치에 의해 이 건물의 온도는 조절된다.

---

12 I made the _____ to life in the big city when I moved to Chicago.

　　A admittance
　　B adjustment

나는 시카고로 이사 가서 대도시의 생활에 적응했다.

---

13 I'd call her a great salesperson because she really _____.

　　A delivers
　　B demands

그녀는 너무나 훌륭히 잘했으므로 그녀를 훌륭한 판매인으로 부르겠다.

---

14 Young doctors have to _____ with long hours and hard work.

　　A content
　　B contend

젊은 의사들은 긴 근무 시간과 고된 일과 씨름을 해야 한다.

---

15 A policeman _____ her for illegal parking.

　　A cited
　　B citified

경찰관은 불법 주차로 그녀를 소환했다.

Answer

▶ **hyper-**는 '초과, 과도'를 나타낸다.

- hypertension 고혈압
- hypersensitive 과민한
- hypercritical 혹평하는
- hyperconscious 의식과잉의

▶ **ill-**은 'done badly(잘못 행해진)'이나 'unpleasant(불쾌한)'를 의미한다.

- ill-advised 분별없는
- ill-mannered 무례한
- ill-timed 시기가 나쁜
- ill-treatment 냉대, 학대
- ill-educated 교육을 잘못 받은
- ill-suited 부적당한
- ill-informed 잘 알지 못하는
- ill-wisher 남이 못되기를 비는 사람

▶ 혼동하기 쉬운 단어

- exposition 박람회, 설명
  exposure 노출, 폭로
- flight 비행
  fright 공포
- historic 역사적으로 유명한
  historical 역사(상)의
- flash 섬광, 플래시
  flush 왈칵 흐르다; 얼굴 붉힘
- healthful 건강에 좋은
  healthy 건강한
- hovel 누옥, 헛간
  hover 공중을 떠돌다

▶ '무례한'의 의미가 있는 단어들

- make **rude** remarks 무례한 말을 하다
- The child is **ill-mannered**. 그 아이는 버릇이 없다.
- It would be **impolite** to leave so early. 그렇게 일찍 떠나는 것은 실례가 된다.
- **discourteous** to ~에게 무례한
- Her **uncivil** treatment of the waiter made me unpleasant.
  웨이터에 대한 그녀의 무례한 태도로 나는 불쾌했다.

부동산 2

- **inhabit** 거주 [서식] 하다
- **inhabitant** 거주자, 서식동물
- **landlord** 집주인
- **lease** 임대하다
- **let** 세놓다
- **occupancy** 점유 (기간)
- **occupant** 임차인
- **outskirts** 교외
- **overestimate** 과대평가하다
- **parlor** 응접실
- **patio** 옥외 테라스
- **porch** 현관
- **premises** 토지, 집과 대지
- **proprietor** (부동산) 소유인
- **quotation** 시가견적
- **quote** 시세 (를 부르다)
- **realtor** 부동산 중개인
- **remote** 멀리 떨어진
- **rent out** ~을 세놓다
- **rent** 임대료
- **reside** 살다, 거주하다
- **residence** 거주지, 주택
- **resident** 거주자
- **spacious** 넓은
- **speculate in** ~에 투기를 하다
- **speculation** 투기, 심사숙고
- **tenant** 세입자
- **tenure** 보유 (기간)
- **underestimate** 과소평가하다
- **vacant** 비어있는
- **vacate** 비워주다
- **valuation** 평가, 감정

- ¤ **by lease**   임대차로
- ¤ **reside abroad**   외국에 거주하다
- ¤ **estimate high**   비싸게 견적하다

PART **2** 토익 적중 품사별 영단어

A 핵심 어휘 따라잡기

integrate
[íntəgrèit]

v. ① 통합하다
② 인종적 차별을 폐지하다

: integrity ① 고결, 정직 ② 완전, 보전
: integration ① 통합 ② 인종차별폐지

practice
[præktis]

v. ① 연습하다
② (의학, 법 등의) 직업에 종사하다
③ 습관적으로 행하다
n. ① 연습 ② 습관
③ (전문직의) 사업체

: in practice 실제로
: in theory 이론상
: labor practices 노사관행
: Practice makes perfect. 연습하면 완전해진다.
: make a practice of -ing
~하는 것을 습관적으로 하다
: put ~ into practice ~을 실행하다
: practiced 숙련된, 억지의

adhere
[ædhíər]

v. ① 부착하다 ② 따르다

: adhesive 잘 들러붙는, 접착제
: adherence ① 준수, 복종 ② 접착력
: strict adherence to the constitution and respect for our laws
헌법의 엄격한 준수와 법을 존중함
: adhere to ~을 고수하다 (=stick to, cling to)

consist
[kənsíst]

v. ~으로 이루어져 있다, 존재하다

: consist of ~으로 되어 있다
: consist in ~에 있다

Biz Tips

▥ **It is understood and agreed that** your starting annual salary will be 100 million won.
초임 연봉은 1억 원으로 할 것으로 협정 동의됨을 양지바랍니다.

▥ I'd **appreciate your pointing out** the typos.
오자들을 지적해 주셔서 감사합니다.

핵심 어휘 따라잡기

exercise [éksərsàiz] *v.* ① 운동하다 ② (권력, 능력 등을) 행사하다 *n.* ① 운동 ② 연습 ③ (힘의) 발휘	: exercise influence 영향력을 행사하다 : by an exercise of willpower 의지력을 발휘해서 : exercise oneself in ~의 연습을 하다 : take exercise 운동하다 : exercise a force 힘을 행사하다
encourage [inkə́:ridʒ] *v.* 용기를 돋우다, 격려하다	: encouragement 격려, 장려, 자극 : encouraging 장려 [고무] 하는 : *opp.* discourage 용기를 잃게 하다
anticipate [æntísəpèit] *v.* ① 기대하다 ② 예상하다	: anticipation 예상, 기대, 예감 : anticipate the worst 최악의 경우를 예상하다
coincide [kòuinsáid] *v.* 동시에 일어나다, 일치하다	: coincidence 우연의 일치, 동시 발생 : What a coincidence! 이게 무슨 인연이야! : coincident 동시에 일어나는
disagree with [dìsəgrí: wið] *phv.* ① 동의하지 않다 ② 논쟁하다 ③ (기후, 음식 등이) ~에게 맞지 않다	: disagreeable ① 비협조적인 ② 불쾌한 : disagreement 불일치, 언쟁
incur [inkə́:r] *v.* ① (빚을) 지다 ② (책임이) 있다	: incur debts 빚을 지다 : incurrence 초래함, 당함, 책임을 짐

Point Tips

▥ It is understood and agreed that ~이 협의되고 양해되다

▥ appreciate your pointing out ~을 지적해 줘서 감사하다

A 핵심 어휘 따라잡기

transmit
[trænsmít]

v. ① 전달하다 ② 송신하다
③ 전염시키다

: transmission ① 전파, 전염 ② 변속장치 ③ 송신
: transmittal 전달서류

commence
[kəméns]

v. 시작하다, 시작되다

: commencement 시작, 개시
: commence hostilities 개전하다

acquire
[əkwáiər]

v. ① 구입하다 ② 쌓아 올리다
③ 획득하다

: aquisition ① 구입, 획득 ② 인수 ③ 축적
: acquired immune deficiency syndrome
 AIDS(에이즈)
: acquire much wealth 많은 부를 축적하다

assail
[əséil]

v. ① 공격하다 ② 말로 공격하다

: assailant 공격자
: *syn.* assault, attack, raid

launch
[lɔːntʃ]

v. ① 물에 띄우다 ② 발사하다
③ 시작하다
n. ① 발사 ② 시작

: launch pad 발사대
: a launching ceremony 진수식
: launch a scheme 계획에 착수하다

abbreviate
[əbríːvièit]

v. 축약하다

: abbreviation 생략, 약어
: abbreviate a speech 연설을 짧게 하다

Biz Tips

▥ Both sides **reached a tentative agreement on** reducing the
 trade imbalance. 쌍방은 무역 불균형 시정에 대해 잠정적으로 합의를 했습니다.

▥ I am sorry to have **put you to the trouble of** bringing it back.
 그것을 다시 가져오게 하는 번거로움을 줘서 죄송합니다.

demonstrate
[démənstrèit]

v. ① 분명히 보여 주다
② 시위하다

: demonstration ① 논증, 실연 ② 시위 ③ 표출
: a demonstration of good will 호의의 표현
: demonstrative ① 감정을 들어내는 ② 시사하는

---

call down
[kɔ:l daun]

phv. 꾸짖다

: The teacher is calling the boy down.
선생님이 소년을 꾸짖고 있습니다.
: *syn.* scold, rebuke, reproach

---

portray
[pɔ:rtréi]

v. ① 묘사하다, 그리다
② ~의 역을 연기하다

: portrait ① 초상화 ② 말[글]로 하는 묘사
: portrayal ① 그리기, 묘사 ② 연기, 역(役)

---

possess
[pəzés]

v. ① 소유하다 ② 사로잡다
③ 지니다

: possession 소유, 점유, 소유물 *(pl.)*
: possessive about money
돈에 대한 소유욕이 강한
: be possessed of ~을 소유하고 있다
: be possessed by/with ~에 사로잡히다

---

attach
[ətǽtʃ]

v. ① 붙이다 ② 소속시키다
③ 애착을 가지다

: an attached high school 부속 고등학교
: attachment ① 부속물 ② 결합, 부착 ③ 애착
: be attached to ~에 애착을 가지다
: attach importance to ~에 중점을 두다

Point Tips

ⅢⅢ reach a tentative agreement on ~에 대해 잠정적인 합의에 이르다
(*tentative 잠정적인, 임시의)

ⅢⅢ put someone to the trouble of 누구에게 ~하는 번거로움을 주다

Collocation 확인하기

☐ 새로운 세금신고 절차	the new procedure for filing taxes
☐ 최우선 과제	top-priority task
☐ 오염자 부담원칙	polluter-pays principle
☐ 시간이 촉박하다	be pressed for time
☐ 포괄적 조치	comprehensive[blanket] measure
☐ 주먹구구식 방식	hit-or-miss approach
☐ 화물선	shipping vehicle
☐ 고정관념에 사로잡혀	trapped by the stereotype
☐ 감정을 억누를 수 없다	be overpowered by one's emotions
☐ 일회용 종이컵	disposal paper cups
☐ 기업목표	corporate purpose
☐ 기업 이미지	corporate image
☐ 기업 확장	corporate expansion
☐ 임시 직원	temporary workers
☐ 정반대이다, 상반되다	be poles apart
☐ 50여명의 학생들	50-plus students, 50-odd students

NOTE

- **trap** 올가미; 덫을 놓다   · **overpower** 힘으로 제압하다
- **disposal** 처분, 배치 [dispose 배치하다, 처분하다]
- **pole** 막대기, 극(極)

☐ 직원 생산성	employee productivity
☐ 복잡한 과정	complex process
☐ 계획대로	as planned
☐ 기술적인 장애에도 불구하고	despite technical hurdles
☐ 도움의 손길	helping hand
☐ 초기증상	incipient[initial] symptom
☐ 말기증상	last-stage[last-period] symptom
☐ 전화 면접	telephone interview
☐ 임시변통	stopgap measure
☐ 가동시키다	put ~ into operation
☐ 대풍작	bumper harvest
☐ 경상비	overhead expenses
☐ 희생양	scape goat
☐ 외래환자	out-patient
☐ 무소속 국회의원	non-partisan assemblyman
☐ 비교 광고	comparative advertising
☐ 회사정책	company policy

P
A
R
T
2

토
익 적중

**품
사별** 영단어

NOTE

- **incipient** 시초의, 발단의
- **in-patient** 입원환자
- **stopgap** 구멍 메우기, 미봉책
- **partisan** 한동아리, 도당

01 The doctor stopped smoking cigarettes and started exercising when he decided to _____ what he preaches to his patients.

A practice
B preclude

그 의사는 환자들에게 권유하는 충고를 몸소 실천하기로 결심하고, 담배를 끊고 운동을 시작했다.

---

02 Car drivers must _____ to the rules of driving or be punished.

A adhere
B adjourn

운전자는 운전 수칙을 따라야 한다. 그러지 않으면 처벌받는다.

---

03 She _____ her son to go to college.

A endeavored
B encouraged

그녀는 아들이 대학에 가도록 격려했다.

---

04 I _____ that the economy will improve next year.

A antagonize
B anticipate

나는 내년에는 경기가 좋아질 거라고 예상한다.

---

05 Two different people saw the accident, and their stories _____ about what happened.

A coincide
B coherent

두 명의 다른 사람이 사고를 목격했고 사건에 대한 그들의 진술은 일치한다.

---

06 My school is _____; I have African-American, Caucasian, and Hispanic classmates.

A integrated
B integral

우리 학교는 인종차별이 없다. 나는 흑인, 백인, 스페인계 미국인 급우들이 있다.

---

07 They will _____ production in April.

A come
B commence

그들은 4월에 생산을 시작할 것입니다.

---

08 I _____ no importance to what he says.

A attested
B attached

나는 그의 말에 전혀 중요성을 부여하지 않는다.

Answer

||||| 01 A 　 02 A 　 03 B 　 04 B 　 05 A 　 06 A 　 07 B 　 08 B

09 She _____ a knowledge of Spanish while living in Spain

그녀는 스페인에 사는 동안 스페인어에 대한 지식을 습득했다.

A acquainted
B acquired

---

10 _____ such as ASAP are common in commercial correspondence.

ASAP와 같은 약어들은 상용문에 흔히 쓰인다.

A Abbreviation
B Abdomen

---

11 The two politicians _____ each other with insults.

그 두 정치가는 서로 모욕적인 말로 공격했다.

A assailed
B assessed

---

12 Our company _____ an advertising campaign for our new product.

우리 회사는 신상품 광고를 시작했다.

A lured
B launched

---

13 I don't know what _____ me to buy such an ugly dress.

도대체 왜 그런 보기 흉한 옷을 샀는지 모르겠다.

A possessed
B posed

---

14 The movie star _____ a beautiful woman gone mad.

그 영화배우는 미쳐 버린 아름다운 여인 역을 연기했다.

A portraits
B portrays

---

15 He _____ debts when he started a new business.

새 사업을 시작할 때 그는 빚을 졌다.

A ensured
B incurred

---

16 I'll _____ for you how our new computer works.

새 컴퓨터의 작동법을 보여 주겠습니다.

A denounce
B demonstrate

Answer

IIIII 09 B 10 A 11 A 12 B 13 A 14 B 15 B 16 B

어휘 개념 파악하기

▶ '거주하다'와 관련한 단어

- reside 거주하다
- sojourn 체류하다
- put up 숙박하다, 묵다
- dwell 살다, 거주하다
- lodge 묵다
- stay 머무르다

▶ -in-law는 '피가 섞이지 않은 친척'을 나타낼 때 쓰인다.

- brother-in-law 처남, 매부
- sister-in-law 형수, 제수
- daughter-in-law 며느리
- father-in-law 장인, 시아버지
- son-in-law 사위
- mother-in-law 장모, 시어머니

▶ 혼동하기 쉬운 단어

- imaginary 상상의
  imaginable 상상할 수 있는
  imaginative 상상력이 풍부한
- jealous 질투심이 많은
  zealous 열성적인
- hallow 신성하게 하다
  harrow 써레질하다
  hollow 속이 빈
- judicial 사법의
  judicious 사려 분별이 있는

▶ 중요한 필수 동사구

- turn to ~에 의지하다
- go between 중개하다
- take up 차지하다
- use up 다 써버리다
- be sold out 매진되다
- take in ~을 속이다
- rule out 배제하다
- fall back on ~에 의지하다
- come by 획득하다
- keep an eye on ~을 감시하다
- come down with ~(병)에 걸리다
- lay off 해고하다
- answer for ~을 책임지다
- figure out 이해하다
- show up 나타나다
- take ~ into account ~을 고려하다
- make out 이해하다
- hand out 분배하다

● 사람의 성격을 나타내는 단어 ●

- **absent-minded** 멍한
- **aggressive** 적극적인
- **ambitious** 야망이 있는
- **artistic** 예술적인
- **bad-tempered** 성질이 괴팍한
- **bighearted** 마음이 넓은
- **brave** 용감한
- **broadminded** 마음이 넓은
- **cold-blooded** 피도 눈물도 없는
- **conceited** 우쭐한
- **conservative** 보수적인
- **considerate** 사려 깊은
- **cunning** 교활한
- **determined** 결의가 굳은
- **diplomatic** 사람을 잘 다루는
- **easygoing** 태평한
- **extrovert** 외향적인
- **generous** 아량이 넓은
- **helpless** 구제 불능의
- **introvert** 내향적인
- **materialistic** 물질적인
- **modest** 겸손한
- **moody** 변덕이 심한
- **naive** 순진한
- **narrow-mined** 속 좁은
- **obedient** 순종하는
- **optimistic** 비관적인
- **outgoing** 외향적인
- **pessimistic** 낙관적인
- **radical** 급진적인
- **self-centered** 자기중심적인
- **shy** 수줍어하는
- **sincere** 진실한
- **stubborn** 고집이 센
- **tolerant** 아량이 있는
- **hardhearted** 무정한, 냉혹한

PART **2** 토익 적중 품사별 영단어

A 핵심 어휘 따라잡기

detain
[ditéin]
v. ① 지체하다 ② 구류하다

: under detention[detainment] 구류되어
: I was detained by business. 일 때문에 늦었다.

---

distribute
[distríbjuːt]
v. ① 분배하다 ② 분포시키다

: distribution 분배, 배급, 배포
: distributor ① 도매업자 ② 배전기
: be in distributing 유통업에 종사하다

---

exchange
[ikstʃéindʒ]
v. ① 바꾸다 ② 교환하다
n. ① 거래소 ② 교환

: exchange ideas 의견을 나누다
: in exchange for ~와 교환으로

---

inundate
[ínəndèit]
v. ① 범람시키다 ② 쇄도하다

: a place inundated with visitors
　방문객이 몰려드는 장소
: inundation 범람, 충만, 쇄도

---

conceal
[kənsíːl]
v. ① 숨기다 ② 비밀로 하다

: conceal one's identity 신분을 숨기다
: conceal one's error 잘못을 숨기다

---

precede
[priːsíːd]
v. 앞서다, 먼저 일어나다

: A is preceded by B A 앞에 B가 일어나다
: *cf.* A is followed by B A 다음에 B가 일어나다
: precedent 전례, 선례, 선행하는
: preceding 이전의, 바로전의

Biz Tips

‖‖‖ His boss is always **telling him what to do.**
그의 사장은 그에게 항상 이래라 저래라 한다.

hesitate
[hézətèit]

v. ① 잠시 정지하다 ② 머뭇거리다

: hesitation ① 주저, 망설임 ② 의심, 두려움
: hesitant ① 주저하는 ② 우유부단한
: hesitancy 주저, 망설임

---

elaborate
[ilǽbərèit]

v. 상세히 설명하다
a. [-rit] 복잡한, 정교한

: elaborate on an idea 어떤 생각을 상세히 설명하다
: *syn.* explicate, detail
: elaborately 공들여, 정교하게

---

elevate
[éləvèit]

v. ① 들어올리다 ② 승진시키다

: elevation ① 고지대 ② 승진 ③ 입면도
: elevated train 고가철도

---

confide
[kənfáid]

v. 비밀 따위를 털어놓다

: confidence ① 자신감 ② 속이야기, 비밀
: have a lot of confidence 자신감이 대단하다
: confidence man 사기꾼
: in a confident manner 자신 있게

---

dominate
[dámənèit]

v. ① ~보다 우위를 차지하다
② 지배하다

: dominance 우세, 우월, 지배
: dominant ① 지배적인 ② 가장 우세한
: dominant gene 우성 유전자

---

dismantle
[dismǽntl]

: dismantle the engine to replace one part
부품을 교체하기 위해 엔진을 해체하다
: This bed dismantles easily.
이 침대는 쉽게 분해된다.

Point Tips

▥ tell someone what to do 누구에게 무엇을 해야 하는지 말하다

PART **2** 토익 적중 품사별 영단어

핵심 어휘 따라잡기

inform A of B
[infɔ́:rm]

phv. A에게 B를 알려주다

: informative 정보를 주는, 교육적인
: for your information 참고로
: Keep me informed of the matter.
  그 건에 대해서 저한데 계속 연락을 주세요.

assume
[əsjú:m]

v. ① 추측 [가정] 하다
② 떠맡다
③ 띠다
④ 당연시하다

: assume the responsibility 책임을 지다
: assumed the presidency of
  대학 총장직을 떠맡다
: assume a look of anger 노여움을 띠다
: assume a well-informed manner 잘 아는 체하다
: assuming that S+V ~라고 가정하면
: based on the assumption that S+V
  ~라는 가정 하에

enclose
[inklóuz]

v. ① 둘러싸다 ② 동봉하다

: enclosed cockpit 밀폐된 조종실
: enclosure ① 둘러싸인 장소 ② 동봉물

plunge
[plʌndʒ]

v. 뛰어들다, 급락하다 *n.* 돌진, 하락

: take a plunge into ~로 뛰어 들다
: take the plunge by -ing 과감히 ~하다

substitute
[sʌ́bstitjù:t]

v. 대신하다, 대용하다
n. 대리자, 대체물

: substitute A for B A를 B 대신 쓰다
: substitute fuel 대체연료

Biz Tips

〰 We **feel that we can count on your cooperation** in correcting
this problem. 이 문제의 정정을 위해 협력해 주리라 우리는 생각합니다.

〰 We're trying to **bring a more systematic approach to**
managing the company by streamlining the decision-making.
우리는 의사결정 과정을 합리화함으로써 회사경영에 보다 체계적인 접근방법을
도입하려고 합니다.

dilute
[dailú:t]

v. 희석시키다, 묽게 하다

: dilute with distilled water 증류수로 희석시키다
: This drink is diluted with water.
  이 술은 물을 섞었다.

accomplish
[əkámpliʃ]

v. 완성하다, 달성하다

: accomplishment 업적, 성취, 완성
: accomplish one's purpose 목적을 달성하다

gain
[gein]

v. ① 얻다, 획득하다
  ② (무게, 속도 등을) 늘리다

: gain weight(=put on weight) 체중이 늘다
  ↔ lose weight 체중이 줄다
: a gain in weight 체중 증가
: gain access to ~에 들어가다
: have nothing to gain 득 될 것이 없다
: gain ground ① 확실한 지반을 얻다 ② 따라붙다
: gainful employment 돈 벌이가 되는 직업

lift
[lift]

v. 들어올리다, 향상시키다
n. 올리기, 승진, 융기

: lifting 들어올림
: give one a lift 차를 태워 주다, 고무시키다

communicate
[kəmjú:nəkèit]

v. ① 전달하다 ② 의사소통하다

: communication ① 전달 ② 의사소통 ③ 정보
: communicative
  ① 거리낌 없이 말하는 ② 의사 전달의

Point Tips

⫶⫶⫶⫶ feel that we can count on your cooperation
협력해 줄 것으로 생각하다

⫶⫶⫶⫶ bring a more systematic approach to
~에 좀더 체계적인 접근방법을 도입하다

Collocation 확인하기

☐ 사내 규칙 책자	company handbook
☐ 회사의 시장점유율	company's share of the market
☐ 회사의 실적	company's performance
☐ 유령회사	a bogus company
☐ ~의 발전 가능성을 넓혀 주다	expand the possibilities of
☐ 조급한 결정	snap[quick] decision
☐ ~에 대한 이해를 돕다	help you understand
☐ 수요를 따르다	keep up with demand
☐ 태연한 체하다	keep up appearances
☐ 사물을 대국적으로 보다	keep things in perspective
☐ 새치기하다	jump the line (미), jump the queue (영)
☐ 흐름을 주시하다	keep one's eye on the trends
☐ 침착하다	keep cool, keep calm
☐ 여기저기 알아보다	shop around
☐ 회사를 구하다	keep a company from failing
☐ 예의 주시하다	keep a close watch over

NOTE

• **bogus** 위조의 • **snap** 덥석 물다; 급히 행해진
• **queue** 땋아 늘인 머리, 열 [stand in a queue 장사진을 이루다]

☐ 매출 하락	a downturn in sales
☐ 경기 후퇴	economic slowdown
☐ 그대로 따라 하다	follow suit
☐ 지시를 따르다	follow instructions[directions]
☐ 지시를 받다	get instructions from
☐ 일부러 ~하다	go out of one's way to do
☐ 실직 중이다	be out of employment
☐ 손실을 만회하다	recoup a loss
☐ 기한이 지난 계좌	account past due
☐ 엄청난 양의 정보	a massive amount of information
☐ 계좌번호	account number
☐ 근거 없는 소문	unfounded[baseless, groundless] rumor
☐ 근거 있는 소문	well-founded rumor
☐ 누락으로	through some oversight
☐ 인맥을 이용하여	through one's human network
☐ 막판에 수포로 돌아가다	fall through at the last minute
☐ 괜찮다면	if you don't mind

NOTE

- make up a loss 손실을 벌충하다
- massive 부피가 큰, 대량의
- recoup 벌충하다, 메우다
- oversight 못 봄; 감시, 감독

01 The police _____ him as a suspect.
경찰은 그를 용의자로 구금했다.

A detached
B detained

02 What are the main channels of _____ within the country? 국내에서는 주로 어떤 유통 채널이 있습니까?

A distribution
B distraction

03 People _____ money for goods in stores.
사람들은 가게에서 돈을 주고 물건을 산다.

A exchange
B exclude

04 Chris had _____ the entire bike in five minutes.
크리스는 5분 안에 자전거를 전부 분해했다.

A dismayed
B dismantled

05 _____ that it is true, what should we do now?
그게 정말이라고 가정하면 이제부터 어떻게 하는 게 좋을까?

A Assuming
B Envisioning

06 The imports of petroleum products _____ by 20 percent.
석유 수입이 20% 정도 하락했다.

A poised
B plunged

07 We _____ the job in an hour.
우리는 한 시간 만에 그 일을 끝마쳤다.

A accomplished
B accustomed

08 Our teacher is having a baby, so we have a _____.
우리 선생님은 아기를 가지셨다. 그래서 대리 선생님이 오셨다.

A subsidy
B substitute

09 The river _____ the farmland after too much rain.
비가 너무 많이 와서 강물이 농지로 범람했다.

A inundated
B undulated

PART 2 토익 적중 품사별 영단어

10 The owners of the company _____ last year's financial losses from the new buyer.
회사의 소유주들은 새 인수자에게 지난해의 재정적 손실을 비밀로 했다.

A conceded
B concealed

11 The dark skies _____ a thunderstorm.
폭풍우가 오기 전에 먼저 하늘이 새까매졌다.

A proceeded
B preceded

12 His _____ about buying the house is based on his poor job opportunities.
그가 그 집을 사는 것에 대해 망설이는 것은 자기가 직업을 구할 수 있는 기회가 적기 때문이다.

A hideout
B hesitancy

13 The manager _____ on the plan to expand the business. 부장은 사업 확장 계획을 자세히 설명했다.

A elaborated
B elapsed

14 The company president _____ two employees to the position of vice-president.
회사의 사장은 두 명의 직원을 부사장으로 승진시켰다.

A eliminated
B elevated

15 Throughout his lifetime, the owner _____ only in his wife. 일생 동안 그 사장은 아내에게만 비밀을 털어놓았다.

A confessed
B confided

16 She is the greatest opera singer in the world; she _____ the field.
그녀는 세계 최고의 오페라 가수다. 그녀는 이 분야에서 독보적인 존재다.

A dominates
B donates

17 I _____ that the moving van will be here.
나는 이삿짐 운반차가 이리로 올 거라고 생각한다.

A resume
B assume

▶ **-let, -ette**는 명사 다음에 와서 '작은 것'을 나타낸다.

- booklet 소책자, 팸플릿
- droplet 작은 물방울
- novelette 단편소설
- cigarette 궐련

- cutlet 얇게 저민 고기
- leaflet 작은 잎, 전단광고
- statuette 작은 조각상
- kitchenette 간이 부엌

▶ **-like**는 명사에 붙어 '~와 같은'의 뜻이 된다.

- childlike 어린애 같은
- foxlike 여우같은
- lifelike 실물과 똑같은

- clocklike 시계 같은, 정확한
- businesslike 사무적인
- warlike 호전적인

▶ **혼동하기 쉬운 단어**

- later 더 늦은, 나중에
  latter 후자의
- literally 글자 뜻 그대로
  literary 문학의
- master 주인, 대가
  muster 소집 (하다)

- leap 껑충 뛰다
  reap 수확하다
- loyal 충성스러운
  royal 왕실의
- memorable 기억할 수 있는
  memorial 기념의; 기념비

▶ **동사 make와 연어(collocation)를 이루는 명사들**

- make progress 전진하다
- make a claim 주장하다
- make an offer 제안하다
- make a comment 논평하다
- make a request 요청하다
- make a noise 떠들다

- make a proposal 제안하다
- make an inquiry 조사하다
- make a demand 요구하다
- make a phone call 전화하다
- make a mistake 실수하다
- make an effort 노력하다

● 사람의 신체와 관련한 표현 ●

■ **a belly landing** 동체착륙	■ **a stiff neck** 완고한 사람
■ **at heart** 마음은	■ **at one's elbow** 바로 곁에
■ **be all thumbs** 손재주가 없다	■ **bloodshot eye** 충혈된 눈
■ **by a neck** 아슬아슬하게	■ **face to face** 직면하여
■ **fold one's arms** 팔짱을 끼다	■ **give a hand** 도와주다
■ **have an eye for** ~을 볼 줄 안다	■ **have no guts in it** 근성이 없다
■ **head-on collision** 정면충돌	■ **keep hands off** 간섭하지 않다
■ **knee to knee** 무릎을 맞대고	■ **lip service** 입에 발린 말
■ **lose face** 체면을 잃다	■ **neck and neck** 막상막하
■ **on one's back** 누워서	■ **rack one's brains** 머리를 짜내다
■ **to the bone** 철저히	■ **toe the line** 규칙을 따르다
■ **under one's arm** 겨드랑이에 끼고	■ **wear a beard** 수염을 기르고 있다
■ **wet to the skin** 옷 속까지 젖다	■ **with one mouth** 이구동성으로

▢ **a bone of contention**	분쟁의 씨
▢ **be on everyone's lip**	누구 입에나 오르내리다
▢ **break the back of**	~의 어려운 부분을 끝내다
▢ **clear one's throat**	헛기침을 하다
▢ **cut the muscles**	중요한 부분을 삭제하다
▢ **fall on one's bottom**	엉덩방아를 찧다
▢ **follow one's nose**	곧바로 앞으로 나아가다
▢ **keep one's chin up**	낙심하지 않다
▢ **set foot on**	~에 발을 들여다 놓다
▢ **turn a deaf ear to**	~에 마이동풍이다

PART **2** 토익 적중 품사별 영단어

A 핵심 어휘 따라잡기

enter
[éntər]

v. ① ~로 들어가다 ② 입학하다
③ 입력하다

: enter college 대학에 입학하다
: enter one's name 이름을 입력하다
: enter into an agreement 협정을 맺다
: entrance ① 입구, 현관 ② 돌입 ③ 입장

---

fascinate
[fǽsənèit]

v. ① 흥미를 끌다 ② 매혹시키다

: fascinating ① 매우 흥미로운 ② 매혹적인
: fascination 매혹, 매력
: *syn.* charm, captivate

---

cope with
[koup wið]

phv. 대항하다, 대처하다

: 'cope with' means to face difficulties and try to overcome them.
'cope with'는 어려움에 직면하여 그것을 극복하려고 하다 라는 의미이다.

---

match
[mætʃ]

v. ① ~와 어울리다 ② 조화시키다
n. ① 성냥 ② 시합 ③ 호적수
④ 어울리는 것

: no match for him ~의 적수가 못되다
: meet one's match 호적수[임자]를 만나다
: match up 조화하다; 조화시키다

---

fluctuate
[flʌ́ktʃuèit]

v. 오르내리다

: fluctuating 변동이 심한
: fluctuation 변동, 파동
: fluctuations 성쇠, 흥망 (=ups and downs)
: fluctuate between hopes and fears
희망과 두려움 사이를 오락가락하다

Biz Tips

▥ We **got a big productivity boost from** the installation of the new assembly line.
새로운 조립라인의 설치로 당사는 생산성이 비약적으로 늘었습니다.

▥ Don't forget the **decimal point**. 소수점 찍는 것을 잊지 마세요.

double-check
[dʌ́bəltʃék]
v. 두 번[철저히] 확인하다

: double-check the numbers
숫자를 두 번 확인하다

: *cf.* double-dealing 부정행위, 속임수
   double-digit 두 자리 숫자로 이루어진
   double-cross 배반하다
   double-jointed 몸이 유연한

PART **2** 토익 적중 품사별 영단어

---

decide on
[disáid ɔːn]
phv. ~으로 결정하다

: decision making 의사결정
: decisive 단호한, 확고한, 결정적인
: undecided 미결의, 우유부단한

---

submit
[səbmít]
v. ① 항복하다 ② 따르다
③ 제출하다, 내다

: submission ① 포기 ② 순종 ③ 제출
: submissive 유순한, 순종적인
: submit oneself to insult 모욕을 달게 받다

---

decorate
[dékərèit]
v. ① 장식하다 ② 훈장을 주다

: decorate a house 집을 장식하다
: decoration ① 장식(물) ② 훈장, 메달
: decorate a wall 벽에 벽지를 바르다

---

maintain
[meintéin]
v. ① 유지하다 ② 주장하다

: maintenance 유지, 관리, 생계, 생활비, 주장
: building maintenance 건물 관리보수
: maintenance crew 보수 관리반

Point Tips

ⅢⅢ get a big productivity boost from ~로부터 비약적인 생산성을 얻다
ⅢⅢ decimal point 소수점

핵심 어휘 따라잡기

withdraw
[wiðdrɔ́:]

v. ① 물러서다 ② 인출하다
③ 철회하다

: withdrawal 물러남, 철수
: withdraw from politics 정계에서 은퇴하다
: withdraw an offer 신청을 철회하다

absorb
[əbsɔ́:rb]

v. ① 흡수하다 ② 부담하다
③ 몰두하다

: absorbent 흡수성의
: absorption 흡수, 전념
: be absorbed in ~에 몰두하다
: absorb the cost of ~의 비용을 부담하다

undertake
[ʌ̀ndərtéik]

v. ① 착수하다 ② 떠맡다

: undertaking 사업, 맡은 일
: undertaker 장의사

challenge
[tʃǽlindʒ]

v. ① 도전하다 ② 능력을 시험하다
③ 의심하다

: challenging 도전적인
: challenge a person to a game
~에게 시합을 걸다

resign
[rizáin]

v. ① 사직하다 ② 단념하다

: resignation ① 사직 ② 마지못해 인정함, 체념
: resignedly 체념하여, 복종하여
: hand in one's resignation 사표를 내다

dictate
[díkteit]

v. 지시하다(to)

: I won't be dictated to.
(＝No one shall dictate to me.)
저는 누구의 지시도 받지 않습니다.
: dictation 구술, 받아쓰기

Biz Tips

▥ **I got a good deal on** my new digital camera.
나는 새 디지털 카메라를 좋은 가격에 샀어요.

▥ Can you give me a **rough idea**?
대충 가격(혹은 숫자)을 알려줄 수 있습니까?

quote
[kwout]

v. ① 인용하다 ② 견적하다

: Don't quote me. (내 말이 확실한 것은 아니니)
딴 사람에게 내가 말했다고 하지 말라.
: quote a price 가격을 부르다

---

dispute
[dispjú:t]

v. ① 논쟁하다 ② 반박하다
n. ① 논쟁 ② 재판

: have a dispute over money 돈 문제로 싸우다
: disputable 의심스러운, 논쟁의 여지가 있는

---

barge
[ba:rdʒ]

v. ① 느릿느릿 움직이다
② 무례하게 끼어들다

: barge into one's conversation 대화에 끼어들다
: barge in (방 등에) 무턱대고 들어가다
: barge in on ~에 쓸데없이 참견하다

---

convey
[kənvéi]

v. 전달하다, 나르다

: conveyance 운반, 수송, 전달, 교부, 양도
: conveyer system 컨베이어 시스템
: convey the expression of grief to a person
아무에게 애도의 뜻을 전하다

---

encounter
[inkáuntər]

v. ① 우연히 만나다
② 정면으로 마주치다

: have an encounter with ~와 우연히 만나다
: *syn.* meet ~ by chance, run into

---

separate
[sépərèit]

v. 따로 떼어 놓다
a. [-rit] 따로 떨어진, 별개의

: two separate issues 2개의 별개의 문제
: have a legal separation 법적 별거를 하다
: build a separator 칸막이를 만들다
: inseparable 뗄 수 없는

Point Tips

▥ get a good deal on ~을 좋은 가격에 사다

▥ rough idea 대략적인 가격 (숫자)

☐ 식수	potable water
☐ 전반적인	across-the-board
☐ 금지조치를 취하다	impose an embargo
☐ 중요한 기여	important contribution
☐ 배서하다, 보증하다	endorse
☐ 주먹구구식의	hit-or-miss
☐ 개인 정보	personal information
☐ 문제가 심각해지기 전에	before it turns into a serious problem
☐ 인력부족	labor shortage
☐ ~로의 전근을 신청하다	put in for a transfer to
☐ ~에 감사하여	in gratitude for
☐ 경영을 합리화 하다	streamline operation
☐ 원만히 해결하다	smooth out
☐ 실내오염	indoor pollution
☐ 양호실	school infirmary
☐ 착공식	ground-breaking ceremony
☐ 계약서를 작성하다	draw up a contract

NOTE

- **potable** 마시기에 알맞은 [cf. **portable** 휴대용의]
- **embargo** 출항[수출]을 금지하다
- **gratitude** 감사, 사의
- **infirmary** 부속 진료소

□ 논란의 여지가 없는 증거	incontrovertible evidence
□ 만성적인 요통	chronic back pain
□ 꾸준히 팔리고 있는 제품	a longtime seller
□ 개인 물품	personal belongings
□ 완벽한 이해	strong understanding
□ 시외 전화	a long distance call
□ 결정이 나는 대로	as soon as one comes to a decision
□ ~로 가는 길에	on one's way to
□ 본인의 책임 하에	at one's own risk
□ 자기 재량으로	at one's own discretion
□ 주문을 이행하다	fill one's order
□ 거래를 일시 중지하다	suspend one's account
□ 무조건적 지지	unconditional [unqualified] support
□ 파업을 하다	go on [have] a strike, walk out
□ 방관하다	sit on the sidelines
□ 다이어트를 하다	go on a diet
□ ~가 켜져 있다	have been left on

NOTE
- **controvert** 논쟁하다, 논박하다 [controvertible 논쟁의 여지가 있는]
- **chronic** 만성의, 상습적인
- **suspend** 매달다, 일시 정지하다

PART 2 토익 적중 품사별 영단어

실전 예문 연습하기

01 Our company _____ into an agreement with a foreign government.
우리 회사는 외국 정부와 협정을 맺었다.

A entertained
B entered

02 Women must _____ with working and taking care of the household and the family.
여자들은 일과 가사와 가족을 돌보는 것을 잘 대처해 나가야 한다.

A cope
B creep

03 The tie is a _____ for the coat.
그 넥타이는 코트와 잘 어울린다.

A mate
B match

04 The customs and traditions of other cultures often _____ people.
다른 문화에 속하는 풍습과 전통은 흔히 사람들을 매료시킨다.

A fascinate
B fashion

05 During this past week, temperatures have _____ 50 degrees.
이번 주 동안에 기온이 50도를 오르내렸다.

A flourished
B fluctuated

06 Would you _____ the figures on the report?
보고서의 숫자를 철저히 확인해 주시겠습니까?

A double-check
B double-cross

07 The man who saw the accident _____ that he told the truth about what happened.
그 사고를 목격한 남자는 자기가 그 사건에 대해 진실을 말했다고 주장한다.

A maintains
B magnifies

08 His _____ to the idea that he is now old took a long time.
그가 자신이 이제는 늙었다고 인정하는 데 오랜 시간이 걸렸다.

A resignation
B resistance

Answer
||||| 01 B 02 A 03 B 04 A 05 B 06 A 07 A 08 A

09 What made you _____ on this type of job?
왜 이런 직업을 갖기로 결심했습니까?

A revolve
B decide

10 I _____ some money from my checking account.
나는 당좌계좌에서 돈을 인출했다.

A withdrew
B withstood

11 Sending the wrong refrigerator is our mistake, so we'll _____ the cost of sending the right one.
냉장고를 잘못 보내 드린 것은 저희의 실수이므로 다시 제대로 보내드리는데 드는 비용은 저희가 부담하겠습니다.

A absolve
B absorb

12 The government will _____ the building of a large courthouse.
정부가 대형 법원 건물의 건축공사에 착수할 것이다.

A undertake
B understate

13 He _____ from this company.
그는 이 회사에서 퇴직하셨습니다.

A recognized
B resigned

14 We _____ our ideas about a new city park to the mayor.
우리는 새로운 도시 공원에 대한 의견을 시장에게 상신했다.

A submitted
B subscribed

15 I didn't mean to _____ in like this, but he insisted.
이렇게 갑자기 찾아올 마음은 아니었는데, 그가 자꾸 우겨서요.

A barrage
B barge

16 I _____ some strangers on the road.
나는 길에서 우연히 낯선 사람들을 만났다.

A encountered
B encouraged

▶ 동사 **have**와 연어 (collocation)를 이루는 명사들

· have a shock 충격을 받다
· have a try 시도하다
· have a quarrel 말다툼하다

· have a rest 쉬다
· have a pull 잡아당기다
· have a talk 이야기하다

▶ **-log, -logue**는 '담화, 말'을 뜻한다.

· dialogue 대화, 회화
· catalogue 목록, 카탈로그
· prologue 머리말

· monologue 독백
· epilogue 발문, 끝맺음 말
· decalogue 십계명

▶ 혼동하기 쉬운 단어

· miserly [máizərli] 인색한
  misery [mízəri] 비참한
· persecute 박해하다
  prosecute 기소하다
· rash 경솔한
  rush 돌진하다

· momentary 순간의
  momentous 중대한, 중요한
· precede ~보다 앞서다
  proceed 나아가다
· reality 사실, 현실성
  realty 부동산

▶ Colloquial pairs

· flesh and blood 혈육
· part and parcel 요점
· pros and cons 찬반
· heart and soul 열심히
· odds and ends 잡동사니
· ins and outs 속속들이
· length and breadth 샅샅이

· pins and needles 신경이 곤두선
· twists and turns 우여곡절
· rank and file 하사관과 사병, 조합원
· wear and tear 마모
· ups and downs 흥망성쇠
· tooth and nail 필사적으로
· bits and pieces 조각들

Toeic Voca Box 24

●사무실과 직장생활 1●

■ **agenda** 안건, 주제	■ **alternately** 교대로, 번갈아
■ **annual vacation** 연가	■ **as of** ~일 부로
■ **be with** ~에 근무하다	■ **botch up** 엉망으로 만들다
■ **by halves** 어중간하게	■ **by tomorrow** 내일까지
■ **carry over** 이월시키다	■ **confront** 직면 [대항] 하다
■ **confrontation** 직면, 대항	■ **day shift** 주간 근무 (조)
■ **decimal point** 소수점	■ **dictate** 지시하다
■ **discrepancy** 불일치, 모순	■ **discretion** 재량
■ **due date** 지불기일 날짜	■ **earlier than usual** 평소보다 일찍
■ **enroll** 등록하다	■ **family background** 가족관계
■ **file** 철하다	■ **flextime** 탄력근무제
■ **freelance** 자유계약자	■ **friction** 불화, 마찰
■ **fringe benefit** 부차적인 혜택	■ **get a transfer** 전근되다
■ **give 100%** 전력을 다하다	■ **go for the day** 퇴근하다
■ **go on strike** 파업에 들어가다	■ **job experience** 직업경험
■ **labor dispute** 노동쟁의	■ **labor union** 노동조합
■ **leave** 휴가	■ **maternity leave** 출산휴가
■ **medical insurance** 의료보험	■ **monthly wage** 월 급여
■ **newcomer** 신입사원	■ **night shift** 야간 근무 (조)

PART **2** 토익 적중 품사별 영단어

A 핵심 어휘 따라잡기

dissatisfy
[dissǽtisfài]

v. 만족시키지 못하다
기대에 못 미치다

: dissatisfaction 불만족, 불평
: dissatisfactory (=unsatisfactory)
  만족스럽지 못한

abandon
[əbǽndən]

a. ① 그만두다 ② 버리고 떠나다
n. 자유분방

: abandoned puppies 버려진 강아지들
: abandonment 포기, 유기
: abandon oneself to ~에 빠지다, ~에 젖다
: Don't abandon yourself to despair.
  (=Don't go to pieces.=Don't fall into pieces.)
  자포자기하지 마세요.

speculate
[spékjulèit]

v. ① 추측하다 ② 투기하다

: speculate in real estate 부동산에 투기하다
: The work is speculative. 그 일은 투기성이 있다.
: a big speculator 큰 투기를 하는 사람

disembark
[dìsembá:rk]

v. (배나 비행기에서) 내리다

: disembarkation 상륙
: opp. embark 탑승하다, 출항하다

donate
[dóuneit]

v. 기증하다, 기부하다

: donate blood 헌혈하다
: make donations of ~을 기부하다
: blood donors 헌혈자들
: cf. acceptor 수락자, 인수인

Biz Tips

〰 Mr. Kim's presentation **provided us with a clear picture of** the various investment opportunities in China.
김 씨의 설명으로 우리는 중국에 대한 다양한 투자 기회에 대해 명확해졌다.

〰 I have **a slight acquaintance** with him.
그 사람과는 조금 아는 사이입니다.

핵심 어휘 따라잡기

deposit
[dipázit]
v. ① 예금[위탁]하다 ② 퇴적되다
n. ① 예금 ② 보증금, 예치금
　　③ 퇴적물

: make a deposit 예금하다, 보증금을 걸다
: depository ① 보관소 ② 금고 ③ 수탁자
: deposit oneself on ~에 앉다
: current deposit 당좌예금

approach
[əpróutʃ]
v. ① ~에 접근하다 ② 착수하다
n. 접근(방법)

: approachable 가까이 하기 쉬운
: approach completion 완성에 가까워지다

collaborate
[kəlǽbərèit]
v. ① 함께 일하다
　　② (적에게) 협력하다

: collaborative 협력적인, 합작의
: collaborate on a work with a person
　　~와 공동으로 일하다

discard
[diská:rd]
v. ① 폐기 처분하다 ② 해고하다

: go into the discard 폐기되다, 잊혀지다
: *syn.* dismiss, discharge, fire, lay off

regard
[rigá:rd]
v. ① 간주하다 ② 눈여겨보다
　　③ ~에 관계하다 ④ 존경하다
n. ① 존경 ② 안부 *(pl.)*

: regard A as B A를 B로 간주하다
: have regard for ~를 존경하다
: give one's regards to ~에게 안부를 전하다
: regarding ~에 관하여 (= as regards,
　　as regarding, in regard of, with regard to)

**Point
Tips**

⫘ provide someone with a clear picture of
누구에게 ~에 대해 명확한 밑그림을 제공하다

⫘ a slight acquaintance 조금 아는 사이

A 핵심 어휘 따라잡기

proliferate
[proulífərèit]
v. ① 급증하다 ② 빠르게 확산하다

: proliferation 확산
: a nonproliferation treaty 확산 금지 조약
: cf. prolific 다산의, 다작의

---

designate
[dézignèit]
v. ① 임명하다 ② 지정하다

: designee 지명된 사람
: Some cars in the train are designated as no smoking areas.
몇몇 객차는 금연지역으로 지정되어 있다.

---

accord
[əkɔ́:rd]
v. ① 일치하다 (↔discord)
② 주다, 수여하다
n. 일치

: be in accord with ~와 조화하다
: of/on one's own accord 자진하여
: accordance 일치, 조화

---

do with
[du: wið]
phv. ① 사용하다 ② 처리하다
③ 참고 견디다

: do with money as I please 돈을 내 마음대로 쓰다
: don't know what to do with oneself
뭘 하면서 보낼지 모르다
: cf. do the filing 서류를 정리하다
do something over 처음부터 다시하다
do one's utmost 최선을 다하다

---

assist
[əsíst]
v. 돕다

: assistance 원조, 도움, 조력
: public assistance 생활 보조
: assistant 조수, 보조자

Biz Tips

　There are a few **pending problems** to be discussed.
몇 가지 협의해야 할 현안 문제들이 있습니다.

superintend
[sùːpərinténd]

v. 감독하다, 운영하다, 지시하다

: superintendent 감독자, 관리인
: *syn.* supervise, oversee

---

insert
[insə́ːrt]

v. 삽입하다, 끼워 넣다
n. 삽입광고

: insertion 삽입, 삽입물
: insert a coin into a slot 슬롯에 동전을 집어넣다

---

celebrate
[séləbrèit]

v. ① 경축하다 ② 기념하다

: be in a celebratory mood
  자축 분위기에 젖어 있다
: in celebration of ~을 축하하여
: *cf.* celebrity 유명인사

---

jeopardize
[dʒépərdàiz]

v. 위태롭게 하다 (=endanger)

: put ~ in jeopardy ~을 위태롭게 하다
: *syn.* jeopardy, risk, hazard, peril, danger

---

reinforce
[rìːinfɔ́ːrs]

v. 강화시키다

: reinforced cement 보강 시멘트
: reinforcements 지원 병력

---

determine
[ditə́ːrmin]

v. ① 결론을 내리다, 확정하다
   ② 결정[한정]하다

: be determined to do ~하기로 결정하다
: make a determination 결론을 내리다
: have great determination 결의가 대단하다
: the determinant factor 결정적인 요인

Point Tips

⦀ pending problems 현안 문제들
　(*pending 미정의, 심리중의, 현안의)

B Collocation 확인하기

□ 안내문을 붙이다	post information
□ 개정판	revised edition
□ 자동차 분야	automobile division
□ 계약파기	abrogation of agreement
□ 교육과정 설명서	course catalog
□ 최고급의	top-of-the-line
□ 규칙의 엄수	strict observance of the rule
□ 통화 가치의 하락	depreciation of the currency
□ 협의된 날짜에	as of the agreed-upon date
□ 비가 올 경우에는	in the event of rain
□ 생각이 일치하다	be of one mind
□ ~에 개의치 않고	irrespective of
□ 생산이 뒤지다	lag behind in production
□ 식중독에 걸리다	suffer from food poisoning
□ ~로부터 약속을 받아내다	obtain a commitment from
□ 완고한 노인	an obstinate[stubborn, hard-nosed] old man
□ 문제가 안 되다	no object

NOTE

- post 붙이다
- revise 개정하다
- abrogate 철폐하다 [abrogation 파기, 철폐]
- lag 뒤떨어지다
- Distance no object. 거리불문

224

□ ~할 생각은 조금도 없다	have no thought of doing
□ ~와의 거래가 더욱 늘어나다	do more deals with
□ 너무 많은 생각을 하다	have too many things on one's mind
□ ~에 주력하다	zero in on
□ ~할까 말까 하다	have half a mind to do
□ ~할 기분이 아닌	in no mood to do
□ 오타	typo (=typographical error)
□ 익명의 편지	anonymous letter
□ 가시밭길을 걷다	tread a thorny path
□ 손재주	manual dexterity
□ 판자촌	shanty town
□ ~가 의문시 되다	be called into question
□ 월간 생산 능력	monthly production capacity
□ 유지보수 작업	maintenance work
□ 관리점검	maintenance check
□ 법과 질서를 유지하다	maintain law and order
□ ~에 초점을 늘 맞추고 있다	maintain focus on

NOTE

- **thorny** 가시가 많은
- **dexterity** 솜씨 좋은
- **anonymous** 익명의, 산지 불명의
- **shanty** 오두막, 판자집

C 실전 예문 연습하기

01 The violin performance _____ the critical audience. 바이올린 연주는 비판적인 관중들의 기대에 미치지 못했다.

A dissatisfied
B dissented

02 We _____ the project because it was too expensive. 비용이 너무 많이 들어서 우리는 그 계획을 포기했다.

A abated
B abandoned

03 She is so quiet; we can only _____ about what she is thinking. 그녀가 워낙 말이 없어서 우리는 그녀가 무슨 생각을 하는지 다만 추측할 따름이다.

A speculate
B specify

04 Passengers are getting ready to _____. 승객들이 내릴 준비를 하고 있습니다.

A embargo
B disembark

05 I'd like to _____ my valuables. 귀중품을 맡기고 싶습니다.

A depress
B deposit

06 I _____ the problem of reducing costs by making a list of them. 나는 목록을 만들어서 비용절감 문제에 착수했다.

A approached
B apprehended

07 We must _____ those old ideas. 우리는 그런 낡은 생각들을 버려야 합니다.

A discharge
B discard

08 Influenza _____ throughout the country. 독감은 나라 전역으로 급속히 퍼졌다.

A prolonged
B proliferated

09 Our host _____ us a warm welcome. 주인은 우리를 따뜻이 환영해 주었다.

A accorded
B accomplished

— Answer —

01 A   02 B   03 A   04 B   05 B   06 A   07 B   08 B   09 A

10 The judge _____ that the defendant was guilty.
판사는 피고에게 유죄를 확정했다.

A determined
B detested

11 They asked her to _____ the ceremony.
그들은 그녀에게 예식을 감독해 달라고 부탁했다.

A supersede
B superintend

12 She _____ the letter into an envelope.
그녀는 편지를 봉투에 넣었다.

A inscribed
B inserted

13 She _____ her job by always being late.
그녀는 항상 지각을 해서 일자리가 위태로워졌다.

A justified
B jeopardized

14 Steel rods _____ concrete structures when they are placed inside the concrete.
철근이 콘크리트 내부에 설치되면 콘크리트 구조가 강화된다.

A reinforce
B reject

15 He _____ me to tide over the financial difficulties.
그는 내가 재정상의 위기를 벗어나도록 도와주었다.

A assisted
B assigned

16 An official designated his aide to _____ him at the conference.
장교가 부관에게 회의에서 자기를 대신하도록 위임했다.

A represent
B present

17 Two writers _____ in writing a textbook.
교과서를 집필하는데 두 명의 저자가 공저했다.

A collocated
B collaborated

Answer

IIIII 10 A   11 B   12 B   13 B   14 A   15 A   16 A   17 B

▶ **mal-**은 명사, 형용사, 동사 앞에 와서 '악(惡), 비(非)'를 뜻한다.

- malnutrition 영양실조
- malfunction 기능불량
- malpractice 배임행위
- maladjust 적응이 안 되는
- maladministration 실정, 부패
- malformation 불구, 기형

▶ **-mania**은 '~광(狂)'을 의미한다.

- megalomania 과대망상
- monomania 편집광
- kleptomania 도벽
- egomania 병적인 자기중심 성향

▶ **혼동하기 쉬운 단어**

- scarce 부족한
  scare 겁주다; 겁
- slander 중상, 비방
  slender 홀쭉한
- statue 동상
  stature 신장, 크기
- seize 붙잡다
  siege 포위 공격
- sparrow 참새
  swallow 삼키다; 제비
- successful 성공한
  successive 연속적인

▶ **-mate**는 '함께하는 사람'을 나타낸다.

- roommate 한 방 사람
- playmate 놀이 친구
- classmate 동급생
- workmate 동료
- teammate 팀 동료
- shipmate 동료 선원

▶ **'결함'을 나타내는 단어**

- defect, imperfection, blemish, flaw, fault, weakness

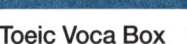

●→ 사무실과 직장생활 2 ←●

■ **off the record** 비공식적인	■ **on break** 휴식 중인
■ **on duty** 근무 중	■ **on leave** 휴가 중인
■ **on probation** 수습기간 중인	■ **on strike** 파업 중인
■ **on the shelf** 보류되어	■ **organized** 조직적인
■ **orientation** 예비교육	■ **paid vacation** 유급휴가
■ **pay raise** 임금인상	■ **probationer** 수습생, 견습생
■ **promotion** 승진	■ **put ~ in order** 정돈하다
■ **qualification** 자격(증)	■ **registrant** 등록자
■ **registration** 등록	■ **run-down** 몸이 좋지 않은
■ **service** 근무, 재직	■ **shift** 교대, 교대근무
■ **sick leave** 병가	■ **staff call** 직원회의
■ **starting pay** 초봉	■ **temporary** 임시고용인
■ **trainee** 실습생	■ **unannounced** 예고 없이
■ **unavoidably** 부득이	■ **under pressure** 압박을 받는
■ **under way** 진행 중에 있는	■ **walkout** 동맹파업
■ **work for** ~에 근무하다	■ **work from home** 재택근무하다
■ **workaholic** 일중독자	■ **working unit** 근무조
◻ **behind one's work**	일이 밀려 있는
◻ **grapple with**	맞붙어 해결하려고 노력하다

PART **2** 토익 적중 품사별 영단어

A 핵심 어휘 따라잡기

comply with
[kəmplái wið]

phv. ~을 따르다, ~에 순응하다

: comply with one's wishes ~의 소원에 따르다
: comply with regulations 규정에 따르다

---

cover
[kΛvər]

v. ① 덮다 ② 포함하다, 다루다
③ 취재하다 ④ 충분하다

: cover an accident 사건을 취재하다
: cover the whole subject 문제를 남김없이 다루다

---

constitute
[kánstətjùːt]

v. ① 구성[조직]하다 ② 설립하다

: constitute a committee 위원회를 설립하다
: constitution ① 헌법 ② 체질, 체격

---

commit
[kəmít]

v. ① 저지르다 ② 기부하다
③ 헌신하다 ④ 의무를 지우다

: commit a crime 죄를 범하다
: commitment ① 약속 ② 결정 ③ 헌신
: meet one's commitment 약속한 일을 하다
: the commission of a crime 범죄를 저지름
: feel committed to do ~해야 된다고 느끼다
: be committed to ~에 전념하다
: be committed to a mental institution
  정신 병원으로 보내지다

---

dispense
[dispéns]

v. ① 분배하다 ② 집행하다

: dispense food and clothing to the poor
  빈민에게 의복과 식량을 베풀다
: dispense with(=do without) ~없이 때우다

Biz Tips

▥ **Please accept this very belated letter of** appreciation for
helping make our recent trip to London a success.
최근의 런던 출장을 성공적으로 하도록 도와주신데 대한 인사가 늦었습니다.

arrange
[əréindʒ]

v. ① 계획을 세우다 ② 정돈하다
③ 배열하다 ④ 합의에 도달하다
⑤ 편곡하다

: arrange an agreement 협의를 성사시키다
: arrangement ① 합의 ② 배열 ③ 편곡한 곡
: make arrangements for ~에 대한 일정을 짜다
: It is arranged that ~하기로 되어 있다
: I will arrange somehow. 어떻게 해봅시다.

reassure
[rìːəʃúər]

v. 안심시키다, 재보증하다

: reassuredly 안심하고, 확신을 갖고
: assure ~에게 보증하다
: assurance 보증, 확신
: assuredly 확실히
: assuring 보증하는

compose
[kəmpóuz]

v. ① 작문 [작곡] 하다
② 가라앉히다

: compose a poem 시를 짓다
: compose oneself 진정하다
: composition 작곡, 구성, 조직

activate
[ǽktəvèit]

v. 움직이게 하다, 작동시키다

: activate the machine 기계를 작동시키다
: active ① 활발한 ② 회복된, 활동하는
: take an active interest in
~에 강한 관심을 기울이다
: take an active part in ~에서 활약하다
: activity 활동, 활약

Point Tips

‖‖‖ Please accept this very belated letter of
~에 대한 서신이 늦었습니다 (＊belated 늦은, 시대에 뒤진)

design
[dizáin]

v. ① 설계하다 ② 의도하다
n. ① 디자인 ② 계획

: design a better advertising campaign
　더 나은 광고 캠페인을 계획하다
: by design 고의로
: have designs on
　~을 차지하려는 은밀한 계획을 세우다

---

charter
[tʃɑ́ːrtər]

v. ① 면허를 주다 ② 전세 내다
n. 헌장

: to charter a tour bus 관광버스를 전세 내다
: a chartered airplane (= charter flight) 전세비행기
: chartered right 특권
　syn. privilege, exclusive right, prerogative

---

evacuate
[ivǽkjuèit]

v. ① 피난시키다
　② 배출하다, 비우다

: evacuation 피난, 배출, 배기
: evacuate the bowels 장을 비우다
: evacuate the wounded 부상병을 후송하다

---

concur
[kənkə́ːr]

v. ① 동의하다
　② 동시에 일어나다

: concur that S + V ~라는 의견일치를 보다
: concurrence 의견의 일치
: concurrent 일치의
: concurrently 동시에, 함께

---

dilate
[dailéit]

v. ① 팽창시키다
　② 자세히 설명하다 (on)

: dilate on one's views 의견을 상세히 진술하다
: with dilated eyes 눈을 크게 뜨고
: one's eyes dilate (놀래서) 눈이 커다래지다

Biz Tips

▥ **If you have any comments or suggestions on** the sales
promotion campaign, please let me hear them now.
판매촉진 캠페인에 어떤 의견이나 제안이 있으면 지금 말씀하시기 바랍니다.

adapt
[ədǽpt]
v. 적응하다, 적응시키다

: adapt oneself to ~에 적응하다
: adapter 어댑터
: adaptable 적응할 수 있는

face
[feis]
v. ① ~를 향하다
　② ~에 직면하다

: be faced with ~에 직면하다
: face the fact that ~라는 사실을 직시하다
: face facts[the fact] 사실을 받아들이다
: face up to the facts 사실을 인정하고 대처하다

hinder
[híndər]
v. 방해하다, 지연시키다

: hindrance 방해
: hinder A from B A가 B하는 것을 방해하다

concede
[kənsíːd]
v. ① 인정하다
　② 양보하다

: concession ① 양보, 용인 ② 허가, 면허
: make a concession to ~에게 양보하다
: concede a person the palm of victory
　~에게 승리를 양보하다

disturb
[distə́ːrb]
v. ① 방해하다
　② 불안하게 하다

: disturbance ① 방해, 교란 ② 소동
: disturbed ① 근심스러운 ② 정신 착란의
: emotionally disturbed 정신적으로 충격을 받은

impose
[impóuz]
v. ① 부과하다
　② 불편하게 하다

: impose A on B A에게 B를 부과하다
: I imposed silence on him. 나는 그를 침묵시켰다.
: impose oneself on a person
　~의 일에 주제 넘게 나서다
: imposition 부과, 부담
: imposing 인상적인, 웅대한

Point Tips

▸ If you have any comments or suggestions on
~에 대해 어떤 의견이나 제안이 있다면

Collocation 확인하기

☐ ~에 확고한 지위를 유지하다	maintain a significant presence in
☐ 서면으로 확인하고자 하다	want to confirm in writing
☐ 돌이킬 수 없는 시점	point of no return
☐ 손님을 접대하다	entertain a client
☐ 결제하다	settle account
☐ 투명한 유리	transparent glass
☐ 자동차 번호판	license plate
☐ 그다지 유명하지 않은	lesser-known
☐ 철저한 인터넷 지식	in-depth knowledge of the internet
☐ ~에 다소 이의가 있다	be not very pleased with
☐ ~하는 일은 결코 없다	there is no way that S + V
☐ 예고 없이	unannounced
☐ 소득 증가	earnings growth
☐ 내구성이 강한	long-lasting
☐ 엄격한 오염 관리 규정	stringent pollution specifications
☐ ~의 방향을 변경하다	change the direction of

NOTE

• **presence** 존재, 참석, 주둔 • **entertain** ① 접대하다 ② 마음에 품다
• **transparent** 투명한 [translucent 반투명한, opaque 불투명한]
• **in-depth** 면밀한, 주도한, 철저한 • **stringent** 절박한, 자금이 핍박한

☐ 논조를 싹 바꾸다	change one's tune
☐ 업무 관행을 바꾸다	change management practices
☐ 순조로운 기업	going concern
☐ 교대로 ~하다	take turns at -ing
☐ 내 수중의 돈	money on me
☐ 누구 집들이를 하다	give someone a housewarming
☐ 고학으로 대학을 나오다	earn one's way through college
☐ 강제추방	mandatory deportation
☐ 타진하다	sound out, feel out
☐ ~할 가능성이 희박하다	stand little chance of
☐ ~할 가능성이 높다	stand a good chance of
☐ 간척지	reclaimed land
☐ ~하는 경향이 있다	have a tendency to
☐ 청소년 범죄	juvenile delinquency
☐ 지금은 내키지 않는	disinclined at this time
☐ 원금	principal

NOTE

- **mandatory** 명령의, 위임의, 의무적인
- **deport** ① 처신하다 ② 국외로 추방하다 [deportation 국외추방]
- **reclaim** ① 교화시키다 ② 개간하다 • **juvenile** 소년의, 소녀의
- **disincline** ~할 마음이 내키지 않다

235

01 The gas stations that fail to _____ with the law will be fined.
법을 따르지 않는 주유소들은 벌금에 처해질 것이다.

A comply
B conform

02 He wanted someone to _____ his post during the vacation.
그는 휴가 동안 누가 자기의 자리를 대신해 주기를 바랐다.

A cover
B covert

03 Crime and illegal drugs _____ the city's major problem.
범죄와 마약이 이 도시의 주요 문제를 차지한다.

A constrain
B constitute

04 The judicial system _____ justice to the people.
사법제도는 국민에 대한 정의를 실천한다.

A disperses
B dispenses

05 He was _____ to the cause of world peace.
그는 세계평화라는 큰 뜻에 전념하였다.

A committed
B compiled

06 By _____ with our neighbor, our lawn will be mowed once a week while we are away.
이웃과의 합의를 통해, 우리가 없는 동안 잔디는 일주일에 한 번 깎게 될 것이다.

A range
B arrangement

07 Some 2,500 campers were _____ from Yosemite Valley due to a wild fire.
약 2,500명의 야영객들이 산불로 인해 요세미티 계곡에서 대피되었다.

A evacuated
B evaded

08 Two doctors _____ that the man needs a heart operation.
그 남자가 심장 수술을 받아야 한다는 데 두 의사가 동의했다.

A compromised
B concurred

─ Answer ─
||||| 01 A   02 A   03 B   04 B   05 A   06 B   07 A   08 B

09 When there is less light, the pupils in our eyes
_____.

A dilated
B diluted

빛이 줄어들면 우리 눈의 눈동자가 확장된다.

---

10 I decided finally to stand up and _____ my enemy.

A face
B pace

나는 마침내 일어서서 적과 대항하기로 결심했다.

---

11 Relatives _____ upon us when they stayed for
a whole week.

A imposed
B disposed

친척들이 일주일이나 머무르면서 우리를 불편하게 했다.

---

12 Lack of modern equipment _____ efficient
manufacturing.

A hinders
B hides

현대적 설비 부족은 효과적인 제조를 지연시킨다.

---

13 The person who caused the accident finally
_____ to the police that he had done it.

A conceived
B conceded

사고를 일으킨 사람이 마침내 경찰에게 자신이 그것을 했음을 인정했다.

---

14 She is _____ about her mother's poor health.

A disturbed
B disrupted

그녀는 어머니의 병환으로 마음이 편치 않다.

---

15 She _____ him that she still loves him.

A reasserted
B reassured

여전히 그를 사랑하고 있다고 그녀는 그를 안심시켰다.

---

16 She _____ the machine by pressing a button.

A actualized
B activated

그녀는 버튼을 눌러 기계를 작동시켰다.

P A R T 2 토익 적중 품사별 영단어

▶ **fall + 형용사 / 명사** : 여기서 **fall**은 '~하게 되다'라는 의미다.

- **fall sleep** 잠들다
- **fall sick** 병이 나다
- **fall silent** 침묵하다
- **fall victim** 희생자가 되다
- **fall ill** 아프게 되다
- **fall a prey to** ~의 희생이 되다
- **fall vacant** 비게 되다
- **fall due** 만기가 되다

▶ **이유를 나타내는 전치사 / 전치사구**

- **from old age** 노령으로
- **wet with dew** 이슬로 젖은
- **out of fear** 두려워서
- **on account of fog** 안개 때문에
- **through ignorance** 실수로
- **because of rumors** 소문 때문에
- **for the fog** 안개 때문에
- **owing to the shutters being closed** 셔터가 닫혀 있기 때문에
- **thanks to the large windows** 대형 창문 덕분에

▶ **혼동하기 쉬운 단어**

- **tactful** 약삭빠른
  tactical 전술적인
- **vague** 애매한
  vogue 유행, 성행
- **warship** 군함
  worship 예배; 숭배하다
- **treaties** 조약들, 협정
  treatise 학술 논문
- **wander** 방황하다
  wonder 경탄; 의아하게 여기다
- **yarn** 털실, 뜨개실; 허풍
  yearn 동경하다, 갈망하다

▶ **-meter**는 '계기(計器)' 혹은 '미터'를 나타낸다.

- **barometer** 기압계
- **thermometer** 온도계
- **speedometer** 속도계
- **altimeter** 고도계

사법 1

- **adjourn** 연기 [휴회] 하다
- **attorney** 변호사
- **bootleg** 밀매된
- **clause** 조항, 약관
- **code** 규약, 법전
- **conditions** 조건, 약관
- **confiscate** 압수하다
- **copyright** 저작권
- **counterfeit** 위조하다, 위조의
- **custody** 구금
- **defendant** 피고인
- **detention** 구류, 감금
- **enactment** 법률의 제정
- **fake** 위조하다, 가짜의
- **fine** 벌금
- **forfeit** 몰수 (되다)
- **forge** 위조하다
- **forgery** 위조, 모조
- **illegal** 불법의
- **indict** 기소하다
- **indictment** 기소, 고소
- **infringe** 위반 [침해] 하다
- **infringement** 위반, 침해
- **judge** 판사
- **judicial** 재판의, 사법의
- **juror** 배심원
- **jury** 배심원단
- **lawful** 합법적인
- **legislation** 입법
- **litigate** 소송하다
- **litigation** 고소, 소송
- **mandatory** 의무적인, 위임의
- **mediate** 중재하다
- **mediation** 조정, 중재
- **ordinance** 법령, 조례
- **patent** 특허(권)
- **plaintiff** 원고, 고소인
- **prosecution** 소추, 기소, 고발

A 핵심 어휘 따라잡기

remark
[rimá:rk]

v. (의견을) 말하다
n. ① 의견, 진술 ② 나무람

: remark on ~에 대해 논평하다
: make a remark that S+V ~하다고 나무라다
: cf. remarkable 현저한, 뛰어난

---

stipulate
[stípjulèit]

v. (조항 등을) 규정하다

: stipulation 약정, 규정, 조항
: on the stipulation that ~라는 조건으로

---

decrease
[dikrí:s]

v. ① 감소하다 ② 줄어들다
n. 감소, 축소

: be on the decrease 감소 추세에 있다
: a decrease in prices 물가의 감소

---

omit
[oumít]

v. ① 빠뜨리다
② 고의로 ~을 생략하다

: omit a person's name from the list
  명부에서 ~의 이름을 생략하다
: omit to write one's name 이름 쓰는 것을 잊다
: syn. leave out

---

ascertain
[æsərtéin]

v. 확인하다

: ascertain whether ~인지 아닌지 확인하다
: ascertainment 확인

---

economize
[ikánəmàiz]

v. 경제적으로 쓰다

: economize on fuel 연료를 절약하다
: economical 경제적인, 실속 있는
: economy showing 할인상영

Biz Tips

‖‖‖ A good salesman not only looks for new customers but
maintains regular contact with his old ones.
훌륭한 세일즈맨은 신규 고객을 개척할 뿐만 아니라 이미 거래했던 고객과도
지속적인 연락을 유지합니다.

purify
[pjúərəfài]

v. 정화하다

: purify one's soul 영혼을 정화하다
: purify the air 공기를 정화하다
: purification 정화

---

appreciate
[əprí:ʃièit]

v. ① 감사하다
　② 감상하다
　③ 진가를 알아보다
　④ ~라는 것을 알고 있다
　⑤ 가격이 오르다

: appreciate English poetry 영시를 감상하다
: appreciate the value of ~의 진가를 알다
: it is appreciated that S+V ~라고 알고 있다
: appreciation 감사, 감상, 진가 인정
: appreciative of ~을 감사하는; ~을 이해하는
: appreciate greatly 크게 오르다

---

be hooked to
[bi: hukt tu:]

phv. ~에 중독되다

: hook *v.* 갈고리로 걸다 *n.* 갈고리
: hooked on a computer 컴퓨터에 중독되다
: by hook or by crook 무슨 수를 써서라도

---

discriminate
[diskrímənèit]

v. ① 구별하다, 식별하다
　② 차별 대우하다

: discriminate against ~을 차별 대우하다
: racial discrimination 인종 차별
: discriminating tastes 세련된 취향
: indiscriminate 무분별한, 생각 없는
: discriminate between right and wrong
　옳고 그른 것을 분간하다
: discriminate among synonyms 동의어를 구별하다
: The company discriminates against
　foreigners in its hiring.
　그 회사는 직원을 고용할 때 외국인을 차별한다.

Point Tips

▥ maintain regular contact with ~와 지속적인 연락을 유지하다

A 핵심 어휘 따라잡기

grant
[grænt]

v. ① 승인[허가]하다 ② 인정하다
n. 보조금

: take ~ for granted ~을 당연한 것으로 여기다
: grant it to be true 그것을 사실로 인정하다
: grant right to him 그에게 권리를 부여하다

employ
[emplɔ́i]

v. ① 고용하다 ② 사용하다

: employee 피고용인 / employer 고용주
: unemployment 실업, 실직 / employment 고용
: I'm unemployed at the moment.
  지금 당장은 놀고 있습니다.

range
[reindʒ]

v. ① (범위, 활동 등이) ~에 미치다
  ② 배회하다
n. ① 방목장 ② 범위 ③ 산맥
  ④ 사격장

: range from A to B A에서 B까지 걸쳐 있다
: out of range 미치지 못하는
: ranger 산림 감시원, 순찰대원

brave
[breiv]

v. ~에 용감히 맞서다, 이겨내다

: brave it out 용감하게 밀고 나가다
: brave cool and wet weather
  춥고 궂은 날씨를 무릅쓰다

surpass
[sərpǽs]

v. ① 초과하다 ② ~보다 잘하다

: surpass somebody in ~에 있어서 ~를 능가하다
: surpass description 말로 할 수 없이 뛰어나다

contain
[kəntéin]

v. ① 담고 있다 ② 억누르다, 참다

: container 용기, 그릇
: hardly contain one's enthusiasm
  열정을 억누를 수 없다

Biz Tips

‖‖‖ Our former section chief's abrupt resignation **provided me with the opportunity to** move into a managerial position.
전임과장이 갑자기 사임한 것이 나에게 관리직으로 옮길 수 있는 기회를 주었다.

contribute
[kəntríbjut]

v. ① 기부하다 ② 기고하다
③ 기여하다

: contribution ① 기부, 기증 ② 기여, 공헌
: contributor 기부, 기여, 공헌, 기고

forge
[fɔːrdʒ]

v. ① 위조하다 ② 안출하다
③ 금속을 단련하다

: forgery 위조, 위조품, 위폐
: forge ahead 꾸준히 밀고나가다
: forge a new trade agreement
　새로운 무역협정을 안출해내다

realize
[ríːəlàiz]

v. ① 깨닫다, 실감하다 ② 실현하다
③ 돈을 벌다
④ ~을 팔아 현금으로 만들다

: realization ① 실감 ② 실현, 달성
: realizable 실현 가능한
: realize securities 증권을 환금하다

treat
[triːt]

v. ① 대하다 ② 처리하다
③ 치료하다 ④ 대접하다
n. ① 굉장한 즐거움 ② 한턱냄

: treat A as B A를 B로 취급하다
: treatment 취급, 치료, 대우
: treat oneself to
　큰마음 먹고 (음식, 의복 등을) 사다 [먹다]

seize
[siːz]

v. ① 붙잡다 ② 압류하다

: seizure ① 압류, 몰수 ② 발작
: be seized with (병에) 걸리다; (공포 등에) 사로잡히다

entertain
[èntərtéin]

v. ① 즐겁게 해 주다 ② 마음에 품다

: entertain a doubt 의문을 품다
: entertain one's suggestion ~의 제안을 고려해보다
: entertainment expenses 접대비

Point Tips

‖‖‖ provide someone with the opportunity to
　~에게 ~할 기회를 제공하다

☐ 재무제표	financial statements
☐ 재정적 피해	financial damage
☐ 재정적 후원	financial backing
☐ 다각화 하다	branch out
☐ 지점	branch office
☐ 진심으로 감사드리며	I sincerely appreciated
☐ ~을 대충 훑어 보다	give ~ a once-over
☐ 불시에 찾아오다	come unannounced
☐ 무담보 대출	signature loan
☐ 부실기업회생전문가	turnaround specialist
☐ 세계적인 주목을 끌다	gain worldwide attention
☐ 자매결연 도시	twin town
☐ ~에 대한 예산을 세우다	plan the budget for
☐ 안락한 은퇴생활	an easy life in retirement
☐ 요청이 있으면	upon request
☐ 새 삶을 살다	turn over a new leaf
☐ 이견을 조정하다	iron out one's differences

NOTE

• **turnaround** 선회, 전향   • **turn over** 전환하다, 교대하다, 매상을 올리다
• **iron out** (주름을) 펴다, (견해 따위를) 해소하다

☐ 거래 내역이 없다	no activity on one's account
☐ ~을 예상하고 준비하다	plan on
☐ 경영의 합리화	rationalization of management
☐ 만료되면	upon its expiration
☐ 물건을 고치는 데 타고난 감각	an innate sense of how to fix things
☐ 일희일비하다	fluctuate between hopes and fear
☐ 성실한 회원	a member in good standing
☐ 오랜 관습	a custom of long standing
☐ 제철소	iron foundry
☐ ~에 눈독을 드리고 있다	have an eye upon
☐ 과거 어느 때보다도	than ever before
☐ 공개토론	open discussion
☐ 인기 관광지	hit attraction
☐ 다른 유사품보다	than any similar ones
☐ 이익을 남기다	turn a profit
☐ 귀중한 경험을 쌓다	gain a lot of valuable experience
☐ 좀더 넓은 시야를 갖다	gain a greater perspective

NOTE

- **innate** 타고난, 천부적인
- **standing** 지속, 입장, 신분, 순위
- **perspective** 원근법, 전망, 견지, 균형
  [in perspective 올바른 견해로, out of perspective 불균형하게]
- **fluctuate** 오르내리다, 파동하다
- **foundry** 주물공장

01 She _____ that the flower garden looks beautiful.
그녀는 화단이 아름답다고 말했다.

A remarked
B rebuked

02 The lease _____ that the rent must be paid on the first of each month.
임대차 계약서에서는 임대료를 매월 1일에 지불해야 한다고 규정되어 있다.

A stimulates
B stipulates

03 The crime rate is on the _____ compared with last month.
범죄율이 지난달에 비해 차차 감소하고 있다.

A increase
B decrease

04 The lawyer _____ the facts about the accident.
변호사는 그 사고에 대한 사실들을 확인했다.

A ascertained
B asserted

05 An air filter _____ the air of dirt and smoke.
공기 필터는 공기에서 먼지와 연기를 제거하여 정화시킨다.

A purifies
B pollutes

06 Some sleep problems can be temporarily _____ with sleeping pills.
일부 수면장애는 수면제로 일시적으로 치료를 할 수 있다

A tempered
B treated

07 That business was taken to court for _____ practices against minorities in its hiring.
그 사업체는 고용에 있어 소수 민족을 차별 대우한 혐의로 소송을 당했다.

A discern
B discriminatory

08 I really _____ having time to concentrate on my work.
나는 내 일에 집중할 수 있는 시간이 있는 것을 참으로 감사한다.

A appreciate
B apprentice

Answer
|||| 01 A   02 B   03 B   04 A   05 A   06 B   07 B   08 A

09 He refused to _____ my suggestion.
그는 나의 제안을 고려해 볼 것을 거절했다.

A entail
B entertain

10 Profits _____ those of last year.
수익은 작년의 것을 초과했다.

A surpassed
B surged

11 He took it for _____ that the invitation included his wife.
그는 그 초대를 당연히 아내와 함께 오라는 것으로 여겼다.

A gratitude
B granted

12 Everyone on the team _____ to winning the game.
팀원 모두가 경기에서 우승하는 데 기여했다.

A contravened
B contributed

13 The students couldn't _____ their laughter in class.
학생들은 수업시간에 웃음을 참을 수 없었다.

A contain
B contact

14 She _____ her husband's signature on the check.
그녀는 남편의 서명을 위조해 수표에 서명했다.

A forfeited
B forged

15 We were obliged to _____ most of our assets.
우리는 우리 재산의 대부분을 처분해 현금화 하지 않을 수 없었다

A realize
B reinvest

16 The raid led to the _____ of 25 kilogram of pure heroin.
불시 단속으로 헤로인 원액 25kg을 압수하게 되었다.

A seize
B seizure

▶ micro-는 '아주 작은'을 의미한다.

- microbiology 미생물학
- microscope 현미경
- microwave 극초단파
- microfilm 축사필름
- microorganism 미생물
- microphone 마이크

▶ -minded는 '~한 마음의, ~한 성격의'를 나타낸다.

- absent-minded 멍청한
- high-minded 고결한 마음의
- narrow-minded 마음이 좁은
- serious-minded 진지한
- strong-minded 의지가 강한
- broad-minded 마음이 넓은
- like-minded 한 마음의, 동지의
- tough-minded 현실적인, 굳센

▶ 기본 단어 확인 학습

- trifle 사소한 일
- refrain from ~을 삼가다
- awfully 두렵게; 아주, 몹시
- refuse 거절하다, 거부하다
- hug 껴안다; 껴안음
- urgent 긴급한
- fright 공포
- autography 자필
- tight-fitting 꽉 끼는
- reform 개혁하다, 교정하다
- a refrigerated van 냉동차
- refund 환불, 반환금; 환불하다
- refusal 거절, 거부
- regardless of ~에 관계없이
- suggestion 제안, 연상, 암시
- signature 서명
- regrettable 유감스러운, 가엾은
- quick-tempered 화를 잘 내는

▶ issue : ① 발행(물) ② 논쟁점 ③ 발행[출판]하다 ④ 나오다, 유래하다

- the issue of stamps 우표의 발행
- the latest issues in politics 정치에 있어서 최근의 논쟁점
- His difficulties issue from his lack of knowledge.
  그의 어려움은 지식의 결핍으로부터 나온다.
- issue drivers' licenses 운전면허증을 발급하다

사법 2

■ **prosecutor** 기소자, 검찰관

■ **provision** 조항

■ **punishment** 처벌

■ **punitive** 징벌의

■ **recess** 휴회, 휴식시간

■ **restriction** 제한, 한정, 제약

■ **resume** 재개하다

■ **retroactive** 소급 적용되는

■ **session** 회기, 개정중임

■ **statue** 법령, 법규

■ **suit** 소송, 고소

■ **terms** 조건, 조항

■ **the accused** 피고인, 피의자

■ **trademark** 상표, 상표권

■ **valid** 유효한, 타당한

■ **validity** 유효, 효력

■ **violate** 위반하다

■ **violation** 위반

■ **arrest** 체포 (하다)

■ **autopsy** 검시

■ **coercion** 강제, 강요

■ **confess** 자백 [고백] 하다

■ **confession** 자백

■ **interrogation** 심문

■ **kidnapping** 유괴

■ **misdemeanor** 경범죄

■ **perjury** 위증 (죄)

■ **warrant** 영장

▫ **at the discretion of the court** 법정의 재량으로
▫ **circumstantial evidence**   상황 증거
▫ **fundamental human rights**   기본적 인권
▫ **material evidence**   물적 증거
▫ **right to stand mute**   묵비권
▫ **out-of-court settlement**   법정 밖에서의 해결
▫ **take ~ into custody**   ~를 구금하다

Part 3

토익 적중 테마별 영단어

　글의 종류별 즉, 서신과 이메일, 광고문, 기사, 공지, 메모, 보고서, 안내, 기타 등으로 분류하여 해당 글에 자주 등장하는 어휘를 모아 표제어로 삼았다. 이렇게 소분류로 집중해 학습함으로써 자신의 취약한 독해와 듣기 평가 부분을 전략적으로 공부할 수 있다.

A 핵심 어휘 따라잡기

terrestrial
[təréstriəl]
a. 지구의, 흙의
n. 지구인

: terrestrial heat (지열)
: *cf.* <terra-> : earth
　　 terrace 계단모양의 뜰 terrain 지형, 분야
　　 extraterrestrial 지구 밖의; 외계인

---

libel
[láibəl]
n. 명예 훼손

: bring an action of libel against
　 ~에 대해 명예훼손죄로 고소하다
: libelous 명예훼손의, 중상적인

---

glance
[glæns]
v. 대충 훑어보다, 언뜻 보다
n. 흘긋 봄

: at a glance 한눈에
: at first glance 첫눈에
: glance off 스치다

---

rally
[rǽli]
n. 집회, 대회
v. ① 다시 모이다 ② 회복하다

: a political rally 정치집회
: rally around someone 누구를 도우려고 결집하다
: call a rally 집회를 열다
: rally from illness 병에서 회복하다

---

encode
[inkóud]
v. 암호화 하다

: technical information about encoding
　 method 암호 방법에 관한 기술적 정보
: decode (암호를) 해독하다

---

appliance
[əpláiəns]
n. 가전제품, 기구, 설비

: household appliances 가전제품
: office appliances 사무용품

Biz Tips

||||| We've already **had plenty of orders for** Model-23.

||||| We've already **received a very big demand for** Model-23.
우리는 이미 모델 23에 대한 다량의 주문을 확보하고 있습니다.

guard against
[gɑːrd əgénst]
phv. ~부터 보호하다

: guardian *n.* ① 보호자, 후견인 ② 경비원
: stand guard ① 보초를 서다 ② 감시하다
: catch someone off guard ~의 허를 찌르다

premium
[príːmiəm]
n. ① 보험료, 할부금 ② 웃돈 ③ 증정품
a. 고급의

: at a premium 프리미엄을 붙여
: as a premium 증정품으로
: put a premium on
　~을 중시하다; ~을 유리하게 하다

orientation
[ɔ̀ːrientéiʃən]
n. ① 방향 ② 지향, 성향 ③ 적응 교육

: the orientation of the building 건물의 방향
: orientation for incoming freshmen
　신입생에 대한 오리엔테이션

wage
[weidʒ]
n. 임금, 급료
v. 수행하다, 벌이다

: pay a good wage 높은 임금을 지급하다
: wage a campaign 캠페인을 벌이다
: wage war against cancer 암과의 전쟁을 벌이다

protest
[prətést]
v. ① 항의하다 ② 항의시위를 하다
n. 항의, 반대

: lodge a protest 항의를 제기하다
: protest low wages 저임금에 항의하다
: without protest 이의 없이

inordinate
[inɔ́ːrdənət]
a. 과도한, 필요 이상의

: inordinate demands 터무니없는 요구
: a sermon of inordinate length
　지독하게 긴 듯한 설교
: keep inordinate hours 불규칙한 생활을 하다

Point Tips

▥ have plenty of orders for ~에 대한 다량의 주문을 확보하다
▥ receive a very big demand for ~에 대한 다량의 주문을 받다

permissible
[pə:rmísəbl]

a. 허용할 수 있는

: permission 허가(서), 면허, 인가
: without permission 허가 받지 않고, 무단으로
: permissive parents 관대한 부모
: permit v. 허락하다, 허가하다 n. 허가, 면허증

---

decent
[dí:snt]

a. ① 올바른 ② 예의바른
   ③ 그런대로 괜찮은

: be decent in manner 태도가 단정하다
: a decent salary 괜찮은 봉급
: Don't come in - I'm not decent!
  들어오지 마. 나 옷 제대로 걸치고 있지 않아!

---

vulnerable
[vʌ́lnərəbl]

a. ① 취약한, 노출된
   ② 상처 입기 쉬운

: be vulnerable to criticism 비판받기 쉽다
: vulnerability 취약성
: feel increasingly vulnerable
  몸과 마음이 점점 약해지는 생각이 들다

---

insignificant
[ìnsignífikənt]

a. 사소한, 무의미한

: worry about insignificant things
  사소한 일로 걱정을 하다
: opp. significant ① 중요한 ② 주목할 만한
: be significant of ~을 나타내다

---

specific
[spisífik]

a. ① 분명한, 명확한
   ② 특유의, 특정한, 구체적인

: specification 명세서, 설명서
: the specifics 세부적인 것
: specify ① 구체적으로 말하다 ② 명시하다

---

airtight
[ɛ́ərtàit]

a. 밀폐한, 기밀의

: airtight infield [야구] 철벽의 내야진
: cf. watertight 물이 새지 않는

Biz Tips

||||| In the coming year I will **adopt as my first priority the goal of** improving my English.
내년에는 나는 영어실력을 늘리는 것을 최우선적인 목표로 삼을 것입니다.

customize [kʌ́stəmàiz]	v. 주문제작하다 : customized 주문 제작된
crucial [krúːʃəl]	a. 결정적인, 중대한 : a crucial moment 결정적인 순간
accessory [æksésəri]	n. ① 부속품 ② 종범자 a. 부속의, 보조의, 종범의 : accessorily 보조적으로
commercial [kəmɔ́ːrʃəl]	n. 광고방송 a. 상업의 : commercialize 상업화하다, 상품화하다
authentic [ɔːθéntik]	a. 믿을 만한, 진짜의 : authenticity 진짜임
affordable [əfɔ́ːrdəbl]	a. 그다지 비싸지 않은 : affordable system 알맞은 시스템
apparel [əpǽrəl]	n. 의복, 의상, 기성복 : ready-to-wear apparel 기성복
complaint [kəmpléint]	n. 불평, 고충, 불평 거리 : I have no complaint. 별다른 불만은 없다. : a chronic complaint 만성병
alteration [ɔ̀ːltəréiʃən]	n. 변경, 개조 : make an alteration to a building 건물을 개축하다 : alter ① 바꾸다 ② 개조하다
punctual [pʌ́ŋktʃuəl]	a. 시간[기한]을 잘 지키는 : punctual as the clock 시간을 엄수하는

Point Tips

⸽⸽⸽⸽ adopt as one's first priority the goal of ~을 최우선의 목표로 삼다
(*adopt 채용하다, 채택하다, 양자로 삼다)

☐ 발판을 마련하다	gain a foothold, serve as a stepping stone
☐ 쓰레기통	garbage can, dust bin
☐ 가정적인 남자	a family man
☐ 업종별 광고란	classified section
☐ 통신망	communication network
☐ 의사소통의 흐름	communication flow
☐ 인수 조건	terms of the merger
☐ 컴퓨터의 결함으로	due to a computer glitch
☐ 직원들의 사기를 높이다	boost employees' morale
☐ ~이 동기가 되다	be motivated by
☐ 광고전단	promotional brochure[pamphlet]
☐ 공공복리를 증진시키다	promote the public welfare
☐ 친선을 도모하다	promote goodwill
☐ ~에 대해 가장 상심하다	be most upset about
☐ 추모예배	memorial service
☐ 현금 지불 비용	out-of-pocket expenses

NOTE

- **merger** (기업의) 흡수 합병
- **morale** 사기
- **memorial** 기념의; 기념비
- **boost** 밀어 올리다, 격려하다
- **leaflet, flier** 전단
- **glitch** 기계의 돌연한 고장

☐ 기꺼이 ~하다	be more than happy to
☐ 보편적으로 ~에 쓰이다	commonly used to
☐ 공통적 입장	common ground
☐ 공동책임	common responsibility, co-responsibility
☐ 검열위원	review committee
☐ 독실한 기독교 신자	committed[dedicated] Christian
☐ 약속어음	promissory note
☐ 첫 개봉	premier showing
☐ 화학폐기물	chemical waste
☐ 화학비료	chemical fertilizer
☐ 비난받을 행동	blameworthy[reprehensible] act
☐ 상업광고	commercial message (CM)
☐ 지불일정	payment schedule
☐ 심신이 상쾌해지다	feel refreshment mind and body
☐ 민중 운동	a grass-roots movement
☐ ~에 대한 수요증대에 대처하다	meet the increased demand for
☐ 급여이체를 통해	by means of direct deposit

NOTE

• **review** 재조사, 재검토, 회고, 반성   • **promissory** 약속의
• **reprehend** 비난하다

257

실전 예문 연습하기

01 _____ weather is different from that on Mars.
지구의 날씨는 화성의 날씨와 다르다.

A Terrestrial
B Territorial

---

02 The newspaper story about the movie star was false, and she sued for _____.
그 영화배우에 관한 신문 기사는 거짓이었으며, 그녀는 명예훼손으로 그 신문사를 고소했다.

A liberal
B libel

---

03 At first _____ I thought I had lost an important file, but I found it in my desk drawer.
첫눈에 나는 중요한 파일을 잃어버린 줄 알았지만 책상 서랍에서 찾았다.

A glacial
B glance

---

04 The manager _____ her salespeople by giving them a powerful speech.
부장은 힘찬 연설로 판매 사원들의 사기를 진작시켰다.

A raised
B rallies

---

05 The monthly _____ on my car insurance is very high.
내 자동차보험의 월 납입액은 매우 비싸다.

A premium
B premises

---

06 The company gives a three-day _____ to all new employees.
그 회사는 모든 신입사원들에게 3일간의 적응교육을 실시한다.

A orientation
B ornament

---

07 Workers _____ against wage cuts at a rally.
노동자들은 궐기 대회에서 봉급삭감에 대해 항의 시위를 했다.

A protested
B protected

---

08 The company made a _____ profit last year.
그 회사는 지난해 주목할 만한 수익을 올렸다.

A signatory
B significant

Answer
|||| 01 A   02 B   03 B   04 B   05 A   06 A   07 A   08 B

09 He takes an _____ amount of time in the morning, so we're always late to school.
그는 아침에 필요 이상의 시간을 쓴다. 그래서 우리는 항상 학교에 늦는다.

A insatiable
B inordinate

10 She has been feeling very _____ since her husband died.
그녀는 남편이 죽은 뒤로 무척 상처 입기 쉬운 감정 상태에 있다.

A vulnerable
B volatile

11 She asked for _____ to leave work early.
그녀는 직장에서 조퇴 허가를 신청했다.

A permission
B permanent

12 The bank knows the _____ amount of money in your account.
은행은 당신의 예금액을 정확하게 알고 있다.

A speculative
B specific

13 This _____ is guaranteed for three years from the date of purchase.
이 가전제품은 구입일로부터 3년간 보증됩니다.

A appliance
B applicant

14 It is of _____ importance that we sign that contract for our future success.
미래의 성공을 위해 그 계약서에 서명하는 것이 결정적으로 중요하다.

A crucial
B crude

15 That dealer in precious coins sells only _____ ones, not fakes.
희귀한 동전을 취급하는 저 상인은 가짜는 팔지 않고 오직 진짜만 판다.

A authoritative
B authentic

16 There are few _____ apartments in the big city.
대도시에는 비싸지 않은 아파트는 거의 없다.

A affordable
B affluent

Answer

IIII 09 B　10 A　11 A　12 B　13 A　14 A　15 B　16 A

어휘 개념 파악하기

▶ **mis-**는 동사나 파생어에 붙어서 '잘못, 그릇된, 나쁘게' 등을 의미한다.

- **misbehave** 행실이 나쁘다
- **misconduct** 품행이 나쁨
- **misconstrue** 곡해하다
- **mismanage** 잘못 취급하다
- **mistrust** 불신, 의혹
- **miscalculate** 계산을 잘못하다
- **misfortune** 불운, 불행
- **mishear** 잘못 듣다
- **misplace** 잘못 두다, 둔 곳을 잊다
- **misuse** 오용하다, 학대하다

▶ **mono-**는 'one'을 뜻한다.

- **monorail** 단궤철도
- **monotonous** 단조로운
- **monoplane** 단엽 비행기
- **monologue** 독백
- **monoculture** 단일 경작, 일모작
- **monogamy** 일부일처제

▶ **-most**는 '가장 ~한'의 뜻을 가진 형용사를 만든다.

- **topmost** 최상의, 절정의
- **outermost** 가장 바깥쪽의
- **lowermost** 최하의
- **southernmost** 최남단의

▶ **mark** : *n.* ① 자국, 흔적 ② 기호, 부호 ③ 점수 ④ 표적, 과녁
　　　　 v. ① 자국을 내다 ② 특징짓다 ③ 채점하다, 기록하다

- **leave dirty marks** 더러운 자국을 남기다
- **as a mark of respect** 존경의 표시로
- **quotation mark** 인용부호
- **wide of the mark** 크게 빗나간
- **the qualities that mark a good leader** 좋은 지도자를 특징짓는 자질
- **marked** 두드러진, 현저한
- **get full marks** 만점을 받다
- **a private mark** 자기만 아는 표시

● 상품의 제조, 판매와 광고 1 ●

PART **3** 토익 적중 테마별 영단어

- **advertise** 광고하다
- **advertisement** 광고

- **apparel** 의류, 복장
- **appliance** 가전제품

- **attire** 복장, 의복
- **be in stock** 재고가 있다

- **be out of stock** 재고가 없다
- **booklet** 소책자, 팸플릿

- **brand-new** 최신의
- **brochure** 소책자, 팸플릿

- **browse** 상품을 구경하다
- **built-in** 붙박이의

- **carry** 취급하다
- **cashier** 현금출납원

- **clearance sale** 재고정리 판매
- **client** 의뢰인, 상담자

- **clothing** 의류, 옷
- **commercial** 방송광고

- **commission** 수수료
- **commodity** 상품, 판매품

- **compatible** 호환성이 있는
- **complimentary** 무료의, 칭찬하는

- **consume** 소비하다
- **consumer** 소비자

- **cost-effective** 비용대비 효과가 큰
- **convenient** 편리한

- **custom-built** 주문 생산한
- **customer** 고객

- **customized** 맞춤 제작한
- **custom-made** 주문하여 맞춘

- **dealer** 무역[도매] 업자
- **discount** 할인(하다)

- **distribute** 분배하다
- **distribution** 분배, 배급, 배포

- **distributor** 배급[도매] 업자
- **durability** 내구성

- **durable** 내구성이 있는
- **electronics** 전자제품

A 핵심 어휘 따라잡기

equivalent
[ikwívələnt]
a. 같은, 동등한
n. 동등한 것, 등가물

: equivalent in speed 속도가 같은
: equity ① 공정, 정당 ② 순수 자산 총액
: equality 동등, 대등, 평등
: on an equality with ~와 대등한 입장에서

unsettled
[ʌnsétld]
a. ① 불안정한, 흥분한
② 해결되지 않은

: unsettled financial market 불안정한 금융시장
: My stomach feels unsettled. 속이 거북하다.

increase
[inkríːs]
v. ① 증가하다 ② 확대하다
n. 증가(량)

: a salary increase 임금 인상
: increase the size of ~의 규모를 확대시키다
: *opp.* decrease, decline, diminish, reduce

soar
[sɔːr]
v. ① 상승하다, 치솟다
② 기분이 솟구치다

: a soaring ambition 원대한 포부
: soar in the air 하늘 높이 올라가다
: His hopes soared. 그의 희망은 원대했다.

install
[instɔ́ːl]
v. ① 가설하다 ② 취임시키다

: get the phone installed 전화가 가설되다
: be installed in office 취임하다
: installation ① 설치 ② 임명
: installment ① 1회분 ② 할부(금)
: in twelve monthly installments of $100
　매달 100달러로 12개월 분할로

Biz Tips

▓ They should carefully **weigh the impact of** the new price policy **on** people before they put it into effect nationwide.
새로운 물가정책을 전국적으로 시행하기 전에 그것이 국민들에게 미치는 영향을 신중히 검토해야 합니다.

exhibit [igzíbit] v. ① 전시하다 ② (감정 등을) 내보이다	: exhibition(=exhibit) 전시회 : on exhibit, on exhibition 전시되어 있는 : make an exhibition of oneself 웃음거리가 되다
reprimand [réprəmænd] v. 질책하다, 징계하다 n. 견책, 징계	: be reprimanded because of neglect of duty 　직무태만으로 징계를 당하다 : receive a reprimand 견책을 받다
enforce [infɔ́:rs] v. ① 준수하게 하다, 시행하다 ② 강요하다	: enforcement 시행, 실시, 강제 : enforced(=compulsory) education 의무교육 : enforce a system 제도를 시행하다
dwindle [dwíndl] v. 감소하다, 줄어들다	: dwindle into nothing 점점 줄어서 없어지다 : dwindle down to 줄어서 ~이 되다 : syn. diminish, lessen, curtail, reduce
implant [implǽnt] v. ① 이식하다 ② 주입시키다	: implant ideas 생각을 주입시키다 : implantation ① 이식 ② 주입, 고취 : syn. graft

Point Tips

‖‖ weigh the impact of A on B A가 B에 미치는 영향을 숙고하다

핵심 어휘 따라잡기

restrict
[ristríkt]

v. ① 제한하다 ② 감금하다

: restriction 제한 규정
: unrestricted 제한 없는, 자유로운
: *cf.* restraint ① 속박, 억제 ② 자제

prosper
[práspər]

v. 번창하다, 성공하다

: a period of prosperity 호황기
: grow prosperous 번창해지다

migrate
[máigreit]

v. 이주하다, 이동하다

: the migratory routes of birds 새들의 이동경로
: migration 이주, 이동, 회귀
: migrant 철새, 계절노동자
: emigration (타국으로의) 이민
: immigration 입국 이민, 출입국관리소, 이민자

spare
[spɛər]

v. ① 목숨을 살려주다
② (해 등을) 끼치지 않다
③ 할애하다
a. ① 여분의 ② 야윈

: to spare 여분으로
: a spare man 야윈 남자
: spare someone trouble ~에게 수고를 덜어 주다
: spare time 여가, 짬

fulfill
[fulfíl]

v. ① 실행하다, 이행하다
② 만족시키다

: fulfill one's dreams 꿈을 이루다
: fulfillment ① 실행, 이행 ② 만족감
: fulfil a person's expectations 기대를 충족시키다
: fulfil oneself in ~에 자신의 힘을 충분히 발휘하다

chamber
[tʃéimbər]

n. ① 회의소 ② 방, 실(室)

: the lower[upper] chamber (의회의) 하[상]원
: gas chamber 가스처형실

Biz Tips

Piracy of intellectual property **is a growing issue for** business around the world.
지적소유권의 침해가 전 세계의 기업들에게 점점 문제가 되고 있다.

infrared [ìnfrəréd]	*a.* 적외선의 *n.* 적외선 : ultraviolet 자외(선)의
layover [léiòuvər]	*n.* 잠시 머무름, 도중하차 : stopover 단기 체류; 도중하차 ; 잠깐 들르는 곳
itemize [áitəmàiz]	*v.* 항목별로 작성하다 : an itemized account 계산 명세서
layoff [léiɔ̀(ː)f]	*n.* 일시해고 : a layoff 강제 휴업
ledger [lédʒər]	*n.* 원부, 원장부 : a consumable ledger 소모품 원장[원부]
inflammation [ìnfləméiʃən]	*n.* 염증 : inflammation of the lungs 폐렴(pneumonia)
heartburn [háːrtbə̀ːrn]	*n.* 소화불량, 속 쓰림 : have heartburn 속이 쓰리다
itch [itʃ]	*n.* ① 가려움 ② 바람, 희망 *v.* 가렵다 : have an itch for[to do] ~하고 싶어 못 견디다
irrigation [ìrəgéiʃən]	*n.* 물을 끌어 들임, 관개(灌漑) : irrigate 물을 대다, 관개하다
drop-out [drápaut]	*n.* 중도 탈락자 : a high school dropout 고교 탈락자
grind [graind]	*v.* ① 갈다, 연마하다 ② 열심히 일하다(at) : grind (away) at one's duty 열심히 자기 일을 해 나가다

Point Tips

‖‖ be a growing issue for ~가 ~에게 점점 문제가 되고 있다

□ 전성기	prime time
□ 우대금리	prime rate, courtesy rate
□ 준거의 기준	frame of reference
□ 최대관심사	prime interest
□ 중요한 일이 생겨서	Some important thing has come up, so
□ 궁극적 목표	ultimate goal
□ 본적	permanent address
□ 정규 작업시간	normal operating hours
□ 수의계약	no-bid contract
□ 여러 각도에서	from various point of view
□ 다각도로	from every possible aspect
□ 협상의 여지	room to negotiate
□ 폭풍전의 고요	calm before storm
□ 신개발 소프트웨어	newly-developed software
□ ~부문에 지원하다	apply for the position of
□ 조기 교육	early education
□ 축하객	well-wisher

NOTE

- courtesy 예의바름, 호의, 우대
- make a bid for 입찰하다
- permanent 영구한, 상설의
- negotiate 협상하다

266

□ 계획을 보류하다	shelve a plan
□ 독점권	exclusive right
□ 결론을 끌어내다	draw a conclusion
□ 근무 평가	evaluation of performance
□ 평가서	evaluation form
□ 과다한 소금 섭취	excessive salt intake
□ 반감을 불러일으키는 행위	repulsive behavior
□ 담담하게	philosophically
□ 분노의 폭발	explosion of rage
□ 동봉된 질문서	enclosed questionnaire
□ 사업 기회를 모색하다	explore business opportunities
□ 통신판매	mail-order selling
□ 특별채용 상여금	exploding bonus
□ 무선으로 제어된	radio-controlled
□ 거래를 어렵게 이루어내다	pull off the deal
□ 품질 관리	quality control
□ 품질보증	quality assurance

NOTE

- **shelve** 선반 위에 얹다, 미루다, 묵살하다 [shelf 선반]
- **repulsive** 되쫓아버리는, 불쾌한 　• **explode** 폭발시키다, 폭발하다
- **pull off** 떼어내다, 잡아떼다, 잘 해내다

실전 예문 연습하기

01 What is the _____ of one US dollar in Japanese yen? 미국의 1달러는 일본 엔화로 얼마입니까?

A equivalent
B equity

02 Her spirits _____ when she learned that she was pregnant.
그녀는 임신한 사실을 알게 되자 가슴이 부풀었다.

A soaked
B soared

03 She _____ great patience by not becoming angry with the noisy children.
그녀는 떠드는 아이들에게 화를 내지 않음으로써 대단한 인내심을 보여 줬다.

A exhausted
B exhibited

04 A father _____ his daughter for driving too fast and getting a speeding ticket.
아버지는 딸이 과속으로 속도위반 딱지를 떼인 것을 꾸짖었다.

A reprimanded
B repressed

05 The police _____ the law by arresting lawbreakers.
경찰은 범법자를 체포함으로써 법을 시행합니다.

A enfranchise
B enforce

06 By the end of the boring football game, the crowd had _____ to a few fans.
그 지겨운 미식축구 경기가 끝나갈 무렵이 되자 관중이라곤 팬 몇 명밖에 안 남았다.

A dwindled
B dwarfed

07 After the war ended, a period of _____ began.
전쟁이 끝나고 나서 호황기가 시작되었다.

A prospect
B prosperity

08 The _____ routes of birds go on for thousands of miles. 새들의 이동경로는 수천 마일에 이른다.

A migratory
B migrant

Answer
|||| 01 A   02 B   03 B   04 A   05 B   06 A   07 B   08 A

09 If you pick up the kids at school, you'll _____ me the trouble.

당신이 아이들을 학교에 데려온다면 제 수고를 덜어 주는 거예요.

A spare
B spear

10 The _____ of obligations under the contract will take two years.

계약서의 의무를 이행하는데 2년이 걸릴 것이다.

A fruition
B fulfillment

11 She is on a _____ diet of no fat, salt, or alcohol.

그녀는 지방도 소금도 술도 못 먹는 제한된 다이어트를 하고 있다.

A restricted
B restraint

12 In a recession, there are often mass _____ of factory workers.

경기 침체기에는 공장 근로자들의 집단 해고가 종종 있다.

A layouts
B layoffs

13 I have an _____ to play softball tonight.

나는 오늘 밤 소프트볼을 하고 싶다.

A itch
B fetch

14 He has an _____ in his right eye from too much dust.

너무 많은 먼지 때문에 그의 오른쪽 눈에 염증이 생겼다.

A infirmary
B inflammation

15 A doctor _____ my eye because there was dirt in it.

의사는 내 눈에 먼지가 있었기 때문에 눈을 세척했다.

A irrigated
B irritated

16 He is a high school _____.

그는 고등학교 중퇴자다.

A dropout
B droplet

▶ 의미 파악에 주의할 단어

· gain two minutes a day 하루에 2분 빠르다
· Don't go ask for trouble. 사서 고생하지 마시오.
· I hope to see more of you. 앞으로 자주 뵙고 싶습니다.
· a handsome weekly allowance 넉넉한 매주 용돈
· one's own way of viewing things 사물을 보는 각자의 방식
· He is very particular about food. 그는 음식에 아주 까다롭다.
· money enough and to spare 남아돌만큼의 충분한 돈
· He enjoyed her society. 그는 그녀와 사귀는 것을 즐겼다.

▶ **multi-**는 '많은, 다방면의'의 의미를 지닌다.

· multinational 다국적의
· multilateral 다변적인

· multi-talented 다양한 재주의
· multimedia 다중 매체

▶ **-ocracy**는 '통치 형태'를 나타낸다.

· democracy 민주주의
· autocracy 독재
· technocracy 기술주의

· bureaucracy 관료정치, 관료
· aristocracy 귀족정치
· democrat 민주주의자

▶ 기본 단어 확인 학습

· renewal 갱신, 회복
· block 막다, 방해하다
· profound 진심 어린, 심오한
· prohibit 금지하다, 방해하다
· coolant 냉각제, 냉각수
· loose-fitting 헐렁한
· quota 몫, 할당액
· exploration 탐험, 탐구

· miniature 모형, 축소형
· modest 겸손한, 정숙한
· progressive 전진하는, 진보적인
· spoil 상하다, 망치다
· apologize 사죄하다
· closeness 접근, 친밀, 정확함
· typically 전형적으로
· reputation 명성, 평판

◆ 상품의 제조, 판매와 광고 2 ◆

- **encase** 상자에 넣다
- **enduring** 오래 지속되는
- **exorbitant price** 터무니없는 가격
- **flyer** 전단(지)
- **for free** 공짜로, 무료로
- **fragile** 깨지기 쉬운
- **free of charge** 공짜로
- **fuel-efficient** 연비가 좋은
- **garments** 의류, 외피
- **give a discount** 할인을 하다
- **give away** 무료로 주다
- **giveaway** 무료 증정품
- **goods** 상품, 판매품
- **gratis** 무료로
- **hallmark** 품질증명
- **handbill** 전단지
- **handmade** 수공의, 수제의
- **handout** 유인물, 인쇄물
- **homemade** 집에서 만든
- **in bulk** 대량으로
- **installment** 할부(금)
- **interest-free** 무이자의
- **inventory** 재고품, 재고목록
- **item** 품목, 물품
- **lasting** 오래 지속되는
- **leaflet** 광고용 전단
- **literature** 인쇄물, 전단지
- **lower** 낮추다
- **made-to-order** 주문하여 만든
- **mark down** 가격을 인하하다
- **markdown** 가격인하
- **merchandise** 물품, 상품
- **net price** 정가
- **outlet** 대리점
- **oversize** 특대품(의)
- **package** 포장하다
- **pamphlet** 소책자, 팸플릿
- **patron** 단골, 후원자

A 핵심 어휘 따라잡기

trim
[trim]

v. ① 잘라내다
② 단정하게 손질하다
③ 장식하다
a. 날씬한
n. ① 건강한 상태
② 장식 ③ 다듬기

: stay trim 날씬하다
: trim-kept 손질이 잘 된
: out of trim 정돈이 안 된
: be in trim 건강상태가 좋다

estimate
[éstəmèit]

v. ① 어림잡다 견적하다
② 추산하다
n. [-mit] 견적, 평가, 견적서 *(pl.)*

: estimate that S+V ~인 것으로 추산하다
: *syn.* guesstimate 어림짐작(하다)
: *cf.* underestimate 과소평가하다, 얕보다
: You shouldn't underestimate your abilities.
(= Don't sell yourself short.)
당신의 능력을 과소평가 하지 마세요.

extract
[ikstrǽkt]

v. ① 뽑다, 빼내다, 발췌하다
② 억지로 끌어내다
n. [ékstrækt]
① 추출물 ② 발췌, 인용

: extract a confession 자백을 얻어내다
: extract a tooth 이를 뽑다
: extract an adequate passage from a book
책에서 적절한 구절을 하나 발췌하다

unveil
[ʌnvéil]

v. 베일을 벗기다, 진상을 밝히다

: lift the veil 진상을 밝히다
: unveil a secret 비밀을 밝히다
: an unveiling ceremony 제막식
: *cf.* uncover ① 폭로하다 ② ~의 덮개를 벗기다

Biz Tips

|||| In recent years, we've shifted away from exports and have started to **place increasing emphasis on** the domestic market.
최근 우리 회사는 수출시장에서 방향을 바꿔 내수시장을 더욱 중시하기 시작했습니다.

flourish
[flə́ːriʃ]

v. ① 번영[번창]하다
② 휘두르다
n. 화려한 몸짓

: in full flourish 한창인, 전성기 중의
: with a flourish 화려하게, 화려한 몸짓으로
: He is flourishing in his new business.
　그는 새 사업이 아주 잘 되고 있다.

unearth
[ʌnə́ːrθ]

v. 발굴하다, 발견하다

: unearth a skeleton 유골을 발굴하다
: cf. unearned 일하지 않고 얻은
　　undressed 옷을 벗은
　　unduly 과도하게, 심하게

surge
[səːrdʒ]

v. ① 밀려오다, 쇄도하다
② 갑자기 증대하다
n. ① 큰 파도
② (감정의) 고조, 격동
　전압의 급증

: surging crowd 밀어닥치는 군중
: Lately prices are surging up.
　최근에 물가가 계속 급등하고 있다.
: a surge of energy 힘의 폭발

exempt
[igzémpt]

v. 면제하다
a. 면제된
n. 면제받은 사람

: goods exempt from taxes 면세품
: exemption ① 면제 ② 공제
: be exempted from military service
　병역을 면제받다

signify
[síɡnəfài]

v. ① 보여 주다 ② 의미하다

: signification 의미, 표시
: With nods he signified that he approved.
　그는 머리를 끄덕여 찬성의 뜻을 표명했다.

Point Tips

⊪ place increasing emphasis on
　~을 점점 더 중시하다

A 핵심 어휘 따라잡기

split
[split]

v. 분할하다, 나누다 *n.* 분열, 불화

: split hairs 사소한 것을 가지고 떠들다
: have a split 터지다, 찢어지다

---

subscribe
[səbskráib]

v. ① 구독하다 ② 서명하다
③ 동의하다

: subscription ① 구독 ② 서명
: subscribe to a magazine 잡지를 구독하다
: subscribe to charities 자선 사업에 기부하다

---

insist
[insíst]

v. 주장하다, 고집하다

: if you insist 정 그러시다면
: insist on -ing/that S+V ~을 고집 [주장] 하다
: insistently 끈덕지게, 끝까지

---

revamp
[ri:væmp]

v. 개편하다, 개정하다

: revamp the curriculum 교과과정을 개편하다
: *syn.* reshuffle, reorganize

---

solicit
[səlísit]

v. ① 간청하다 ② 호객행위를 하다

: solicit A to do A에게 ~해 달라고 부탁하다
: solicitor ① (지방의) 법무관
② 끈덕지게 (전화 등으로) 물건을 파는 사람

---

evaluate
[ivæljuèit]

v. ① 평가하다 ② 감정하다

: do an evaluation of ~을 평가 [분석] 하다
: evaluate the cost of the damage
손해액을 상정하다

---

suspend
[səspénd]

v. ① 매달다, 걸다
② 보류하다, 잠시 중지하다

: suspension ① 매달기 ② 미결정 ③ 정학, 정지
: suspend a ball by a thread 공을 실로 매달다
: suspend payment 지불을 중지하다

Biz Tips

ıllıl We're dead set against the project. **That goes double if**
we have to cover all expenses needed for it.
우리는 그 프로젝트에 한사코 반대합니다. 그것에 대한 비용을 우리가 전적으로
부담해야 한다면 더욱 더 안 됩니다.

| cutback [kʌ́tbæ̀k] | n. 삭감, 축소 |
| | : a cutback in production 생산 단축 |

| patent [pǽtənt] | n. 특허, 특허권 a. 명백한, 특허의 |
| | : apply for a patent 특허를 출원하다 |

| density [dénsəti] | n. 밀집상태, 조밀도, 비중 |
| | : traffic density 교통량 |

| impact [ímpækt] | n. ① 충돌, 충격 ② 영향 v. ~에 영향을 주다(on) |
| | : the impact of the industrial revolution 산업 혁명의 효과 |

| infer [infə́:r] | v. ~을 추론하다 |
| | : inference 추리, 추정 |

| fatality [feitǽləti] | n. 재난, 참사 |
| | : fatal 치명적인, 운명의, 숙명적인 |

| irradiate [iréidièit] | v. 빛을 쪼이다, 방사선으로 살균하다 |
| | : a face irradiated by[with] smile 미소로 빛나는 얼굴 |

| interact [ìntərǽkt] | v. ① 상호 작용하다 ② 의사소통하다 |
| | : interact with customers 고객들과 대화를 주고받다 |

| accumulation [əkjù:mjuléiʃən] | n. 축적, 누적, 집적 |
| | : accumulate 축적하다 |

pedestrian [pədéstriən]	n. 보행자 a. ① 도보의 ② 평범한
	: a pedestrian tour 도보 여행
	: a pedestrian speech 평범한 연설

| compensation [kàmpənséiʃən] | n. ① 보수, 보상금 ② 보상 |
| | : compensate 보상하다, 배상하다 |

Point Tips

⁞⁞⁞⁞ That goes double if ~하면 더욱 더 그렇다
(＊dead set against 한사코 반대하다/cover all expenses 모든 비용을 대다)

B Collocation 확인하기

☐ 얘기가 나왔으니 말입니다만	I'd like to say in passing that
☐ 예상보다는 빨리	earlier than expected
☐ 홍보물	publicity materials
☐ 공공부분	public sector
☐ 공청회	public hearing
☐ 보존 기간	shelf life
☐ 최소인원	skeleton staff
☐ 무좀	athlete's foot
☐ 폭력 행위	violent behavior
☐ 연비 효율이 높은 차량	fuel-efficient cars
☐ 숙련노동	skilled labor (↔ unskilled labor)
☐ ~을 더욱 좋게 하다	make something better
☐ 시정하겠습니다.	I will make right with you.
☐ 요점을 전하다	make one's point
☐ 하품을 참다	stifle yawning
☐ 가처분 소득, 실제소득	disposable income

NOTE

- **stifle** 숨 막히게 하다, (숨, 목소리 등을) 죽이다
- **disposal** 처분
  [disposal **sale** 매각 처분 | **put** ~ **at one's** disposal ~을 ~의 재량에 맡기다]

□ 쓸데없는 시도	futile attempt
□ 불법 단체	outlawed group
□ 합의 사항의 위반	violation of the agreement
□ 늦어도	no later than
□ 상징적 지위	titular[symbolic] member
□ 교체부품	replacement parts
□ 간략하게	in a nutshell, concisely, briefly
□ 비밀을 누설하다	spill the beans
□ 이중목적	dual purpose
□ 민원	civil petition
□ 의향을 떠보다	feel out
□ 마지막 기회	final opportunity
□ 주저하지 않고 ~하다	feel free to do
□ 궁색한 변명	frail excuse
□ 연료소비	fuel consumption
□ 불행 중 다행스러운	lucky it wasn't worse
□ 진부한 표현	hackneyed expression

NOTE

- **futile** 쓸데없는, 무익한
- **nutshell** 견과 껍질; 간결이 표현하다
- **hackney** 써서 낡은, 진부한; 진부하게 만들다
- **outlaw** 무법자; 법의 보호를 빼앗다
- **petition** 청원, 탄원

277

실전 예문 연습하기

01 The barber _____ the boy's hair with scissors.
이발사는 소년의 머리를 가위로 다듬었다.

A triggered
B trimmed

---

02 The dealer _____ the value of my painting at $1,000. 그 상인은 내 그림의 가치를 1천 달러로 어림잡았다.

A esteemed
B estimated

---

03 The police _____ a confession from the criminal.
경찰은 범인에게 억지로 자백을 끌어냈다.

A extracted
B extorted

---

04 The mayor pulled back the curtain and _____ a statue of the local hero.
시장이 커튼을 잡아당겨 그 지역 영웅의 동상을 제막하였다.

A unveiled
B uncovered

---

05 Many plants _____ in warm humid climate.
많은 식물들이 따뜻하고 습한 기후에서 잘 자란다.

A fluctuate
B flourish

---

06 She _____ a skeleton from the field.
그녀는 현장에서 유골을 발견했다.

A unearthed
B undulated

---

07 Trading activity _____ in the stock market.
주식 시장에 거래가 갑자기 쇄도했다.

A surged
B surfed

---

08 The court _____ me from jury duty because I'm a minister.
나는 목사라서 법원에서 배심원 의무를 면제 받았다.

A exerted
B exempted

---

09 The cook _____ on the finest meat and fish.
그 요리사는 최상급의 고기와 생선만을 고집한다.

A insists
B inspects

Answer
ⅠⅠⅠⅠ 01 B   02 B   03 A   04 A   05 B   06 A   07 A   08 B   09 A

10 The _____ in that political party was caused by
disagreement among the old members.
그 정당은 원로들의 반목 때문에 분열되었다.

A sprint
B split

11 The new neighbors sent us a cake to _____ that
they want to be friends.
새 이웃은 우리에게 잘 지내자는 뜻을 나타내기 위해서 케이크를 보내왔다.

A sign
B signify

12 My _____ to that computer magazine runs out
next month.
내가 구독하는 그 컴퓨터 잡지는 다음 달이면 끝난다.

A subscription
B substitution

13 The school _____ its curriculum to use
computers to help teach many subjects.
그 학교는 많은 과목을 가르치는 것을 돕기 위해 컴퓨터를 사용하도록 교과
과정을 개편했다.

A revealed
B revamped

14 A person called on the phone to _____ votes for
the politician.
어떤 사람이 전화로 그 정치인에게 투표해 줄 것을 간청했다.

A solicit
B solidify

15 I thought it had just been _____.
나는 그것이 보류된 것으로 알았습니다.

A suspended
B surrendered

16 The teacher is not paid much, but he gets _____
from his love of teaching.
그 선생님은 월급은 많이 안 되지만 가르치는 것을 좋아한다는 데서 보상을
받는다.

A compassion
B compensation

Answer

IIII 10 B   11 B   12 A   13 B   14 A   15 A   16 B

▶ 의미 파악에 주의할 단어

· Her slip is showing. 그녀의 속옷이 보인다.

· She was rather short with me. 그녀는 내게 퉁명스러웠다.

· Fair weather is the rule in this part of the country.
  이 지방은 대개 날씨가 맑다. (the rule : 상례, 관례)

· Wages $200 a week and all found
  주급 200달러, 숙식제공 (found : 침식제공의; 숙식)

· Please send the parcel collect. 소포를 착불로 보내 주십시오.

▶ -ology는 '～학(學)'을 의미한다.

· anthropology 인류학   · archeology 고고학
· astrology 점성학   · biology 생물학
· ecology 생태학   · geology 지질학
· ideology 관념학, 이데올로기   · mythology 신화, 신화학
· sociology 사회학   · technology 공업기술, 응용과학
· terminology 전문용어, 술어   · theology 신학

▶ order : n. ① 순서 ② 정돈 ③ 질서 ④ 명령 ⑤ 주문 ⑥ 훈장
  v. ① 명령하다 ② 주문하다 ③ 정리 [관리] 하다

· arrange ~ in order by dates 날짜순으로 정리하다

· keep ~ in order ~을 정돈하다

· out of order 고장이 난

· ask for order 질서를 요구하다

· give someone an order 누구에게 명령을 내리다

· place an order with A for B A에게 B를 주문하다

· be given the Order of the Silver Star 은성 훈장을 받다

· a tall order 무리한 요구   · in short order 신속하게
· keep order 질서를 유지하다   · on the order of ~의 명령에 의해
· in order to ~하기 위해   · make to order 주문으로 만들다

PART 3 토익 적중 테마별 영단어

● 상품의 제조, 판매와 광고 3 ●

- **permanent** 영구적인
- **potable** 마실 수 있는
- **portable** 휴대할 수 있는
- **price tag** 가격표
- **printed matter** 인쇄물
- **promotion** 촉진, 진흥, 장려
- **promotions** 선전용 팸플릿
- **publicity** 광고, 홍보
- **publicize** 광고[선전]하다
- **purchase** 구입하다
- **purchaser** 구매자
- **ready-made** 기성복(의)
- **reasonable price** 적정가격
- **reduce** 줄이다
- **reduction** 감소, 할인
- **regular** 단골손님
- **reliable** 신뢰성 있는
- **retail** 소매; 소매의
- **retailer** 소매업자
- **sales promotion** 판매촉진
- **specialty** 특산품
- **state-of-the-art** 최첨단의
- **stock up on** ~을 비축해 두다
- **stock** 갖추다, 취급하다
- **storekeeper** 점포주
- **tab** 계산서
- **tailor-made** 맞춤의
- **top-of-the-line** 최고급품의
- **transparent** 투명한
- **turnover** 상품의 회전율
- **upholstery** 실내 장식품
- **user-friendly** 사용하기 쉬운
- **vendor** 행상인, 노점상
- **wardrobe** 의상, 옷장
- **waterproof** 방수의
- **wholesaler** 도매업자
- **wrapper** 포장지
- **wrappings** 포장재료

A 핵심 어휘 따라잡기

monopolize
[mənápəlàiz]

v. ① 독점하다 ② 독차지하다

: laws against monopolies 독점 금지 법
: monopolization 독점, 전매

suspect
[səspékt]

v. ① ~이 아닐까 생각하다
　② 혐의를 두다　③ 의심하다
n. 용의자
a. 의심스러운

: suspicion ① 의심 ② 낌새
: under suspicion 혐의 받고 있는
: be suspect of ~의 혐의를 받다
: I suspect his motives. 나는 그의 동기를 의심한다.

exaggerate
[igzǽdʒərèit]

v. 과장하다

: exaggeration 과장, 과장표현
: exaggerative 과장적인
: exaggerator 과장해서 말하는 사람

undeservedly
[ʌ̀ndizə́:rvdli]

ad. 과분하게, 부당하게

: deserve good pay 좋은 보수를 받을 만하다
: be deserving of praise 칭찬 받을 만하다
: a deserving man 충분한 자격이 있는 사람

testimonial
[tèstəmóuniəl]

n. ① 감사장, 표창장　② 증언서
a. 감사의

: testimony ① 증언 ② 입증
: testify ① 증언하다 ② 증명하다
: a testimonial dinner 감사 만찬회

franchise
[frǽntʃaiz]

n. 독점 판매권, 참정권
v. ~에 사용권을 주다

: franchisee 독점 판매업 가맹자
: a franchise to operate a bus system
　버스 영업 면허
: the parliamentary franchise 국회의원 선거권

Biz Tips

〰 **I'm not really in the mood for Chinese food.**
나는 정말 중국 음식을 먹을 생각은 없습니다.

absenteeism [æbsəntí:izm] n. ① 결석상태 ② 무단결근	: the rate of absenteeism 결석률 : absence ① 결석 ② 결핍 ③ 휴가 : absent oneself from ~를 결석하다 : absent-minded 잘 잊어버리는 : a leave of absence 휴가
persuasive [pərswéisiv] a. ① 설득을 잘 하는 ② 설득력 있는	: persuasion ① 설득(력) ② 신념 ③ 종파, 교파 : persuade someone to do ~를 설득하여 ~하게 하다
generate [dʒénərèit] v. ① 발생시키다 ② 일으키다, 초래하다	: generate electricity 발전하다 : generate a sales increase 판매량을 증가시키다
enhance [enhǽns] v. 향상시키다, 높이다	: enhancement 증진, 증대, 고양 : enhance the value 가치를 높이다 : enhance national glory 국위선양하다
dated [déitid] a. ① 케케묵은, 구식의 ② 날자가 ~인	: date back to (날자가) ~로 거슬러 올라가다 : begin to date 구식이 되다 : *syn.* old-fashioned, out-of-date, outdated
revitalize [ri:váitəlàiz] v. 새 활력을 주다	: revitalization 활성화 : revitalization of the securities market 증권 시장의 활성화

Point
Tips

⁞⁞⁞ **be in the mood for** ~에 대한 기분이 나다

A 핵심 어휘 따라잡기

indicate
[índikèit]
v. ① 보여주다, 나타내다
② 상징하다, 의미하다

: indication ① 표시, 징후 ② 의미
: give an indication of ~을 나타내다
: There is every indication that
~라는 징후가 현저하다

terminate
[tə́:rmənèit]
v. ① 종결시키다 ② 끝나다

: terminate negotiations (on) 협상을 마무리 짓다
: terminal ① 터미널 ② 단말기 a. 말기(종세)의
: terminal cancer 말기 암

virtual
[və́:rtʃuəl]
a. ① 가상의 ② 사실상의

: a virtual impossibility 사실상 불가능함
: virtual reality 가상현실

trespass
[tréspəs]
v. ① 무단 침입하다 ② 침해하다 (on)
n. 불법침입

: trespasser 무단침입자
: trespass on a person's privacy
~의 사생활을 침해하다
: No trespassing. 출입 금지.

unanimous
[ju:nǽnəməs]
a. 만장일치의

: an unanimous agreement 만장일치의 합의
: an unanimity of opinion 의견의 만장일치

expense
[ikspéns]
n. ① 지출, 비용 ② 희생
③ 소요 경비 (pl.)

: at the expense of ~의 비용으로, ~을 희생하여
: at one's expense 자비로
: school expenses 학비,
: expend (돈, 시간, 노력 등을) 들이다, 쓰다
: expenditure 지출, (시간 등을) 씀

Biz Tips

〃 I'm sorry, but I have to cancel my appointment with you
for May 4 **due to personal emergency**.
죄송합니다만, 개인적으로 급한 볼일이 생겨서 5월 4일 약속을 취소해야겠습니다.

284

imminent [ímənənt]	a. 임박한, 박두한 : syn. approaching, impending
retreat [ri:trí:t]	v. 후퇴하다 n. 휴식처 : beat a retreat 퇴각하다; (사업에서) 손을 떼다
crosswalk [krɔ́:swɔ̀:k]	n. 횡단보도 : at the crosswalks 횡단보도에서
recession [riséʃən]	n. (일시적인) 경기 후퇴 : syn. depression 불경기, 불황
wording [wə́:rdiŋ]	n. 광고문구, 말씨, 어휘 사용 : be careful about wording 용어에 주의하다
slip [slip]	n. ① 작은 조각 ② 실수 : sales slip 전표
projection [prədʒékʃən]	n. ① 돌출 부분 ② 예측 : sales projection 판매 예상
lead [li:d]	n. ① 단서 ② 앞섬 ③ 주연 : sales lead 판매의 계기
retail [rí:teil]	a. 소매의 ad. 소매로 v. 소매하다 : a retail dealer[price, shop] 소매상인 [가격, 가게]
assorted [əsɔ́:rtid]	a. 다채로운, 잡다한 : assortment 각종 구색
aggressive [əgrésiv]	a. 공격적인, 적극적인 : aggressively 적극적으로

Point Tips

▥▥ due to personal emergency 개인적으로 급한 볼일 때문에

Collocation 확인하기

☐ 밀린 일	backlog of work
☐ 단순작업화	deskilling
☐ 역효과	backfire
☐ ~에 대해 연락을 계속 유지하다	keep one informed on
☐ 납기를 맞추다	make timely delivery
☐ 최대한의 노력을 하다	make the utmost effort
☐ 명백히 해두다	make it crystal clear
☐ 배수펌프	drainage pump
☐ 세뇌	brain wash
☐ 이렇게 빠르게 변화하는 시대에	in these fast-moving times
☐ 미정의	up in the air
☐ 연쇄점	chain store
☐ 의사 결정 과정	decision-making process
☐ 의사 결정자	decision maker
☐ ~을 배상받고 싶다	wish to be reimbursed for
☐ ~에 대한 모든 준비를 하다	make all the arrangements for

NOTE

- **backlog** 난로 깊숙이 넣어 두는 큰 장작, 주문 잔고
- **reimburse** 상환하다, 갚다

☐ 가능한 모든 수단을 강구하다	take all possible measures
☐ ~을 대충 어림잡아보다	make a rough estimate of
☐ 상당한 진전이 있다	make a lot of progress
☐ 계약을 하다	strike a deal, make [enter into] a contract
☐ ~에 대해 언급하다	make a comment on
☐ 균형을 유지하다	strike a balance
☐ 끝까지 밀고 나가다	stick to
☐ ~에서 손을 떼다	back out of
☐ 흑자로 돌아서다	back in the black
☐ 한산한 시간에	during off-peak hours
☐ ~을 높이 평가하다	think highly of
☐ 일반 종업원	rank and file
☐ 입법, 사법, 행정부	legislature, judiciary and administration
☐ 출혈가격	a give-away price
☐ 다용도실	utility room
☐ 독점 금지법	antitrust laws
☐ 가공의 인물	fictitious figure

NOTE

- legislate 법률을 제정하다 [legislature 입법부]
- trust 기업합동 [antitrust 트러스트 반대의]
- fictitious 허위의, 가공의 [a fictitious character 가공인물]

01 An electric power company _____ the power supply in this area.
한 전력회사가 이 지역의 전력 공급을 독점하고 있다.

A monopolizes
B possessed

02 I _____ that rain is going to spoil our picnic.
비가 우리 소풍을 망칠 것 같은 생각이 든다.

A suspect
B suspend

03 He said he caught a fish as long as his arm, but I think he was _____.
그는 팔뚝만한 고기를 낚았다고 말했지만, 나는 그가 과장하고 있다고 생각한다.

A exasperating
B exaggerating

04 He received an _____ promotion because he was the boss's son.
그는 사장의 아들이었기 때문에 부당한 승진을 했다.

A undeserved
B undesirable

05 The foreign minister gave a _____ in honor of a retiring ambassador.
외무장관은 은퇴하는 대사에게 경의를 표하며 표창장을 수여했다.

A testimonial
B testimony

06 We would like an exclusive _____ on marketing your products within Korea.
우리는 한국에서의 귀사 상품에 대한 독점 판매권을 원합니다.

A frenzied
B franchise

07 She _____ the value of her house by painting it.
그녀는 자기 집에 페인트칠을 하여 집의 가치를 높였다.

A engrossed
B enhanced

08 This church _____ back to 1527.
이 교회는 1527년으로 거슬러 올라간다.

A dates
B daubs

Answer
IIIII 01 A   02 A   03 B   04 A   05 A   06 B   07 B   08 A

09 That worker was fired because of her high rate of
_____.

A absenteeism
B ascertain

그 직원은 결근율이 높아 해고되었다.

---

10 The sales force has _____ a big sales increase.

A generalized
B generated

판매부에서 판매량을 증가시켰다.

---

11 The arrows in the elevator give an _____ of
whether it is going up or down.

A indication
B indigestion

엘리베이터의 화살표는 올라가는지 혹은 내려가는지를 나타낸다.

---

12 Our company's management _____ negotiations
on a new union contract.

A tensed
B terminated

우리 회사 경영진은 새 노동조합 계약에 따라 협상을 마무리 지었다.

---

13 He is nearly deaf; he has suffered the _____ loss
of his hearing.

A vertical
B virtual

그는 거의 귀가 들리지 않는다. 그는 사실상 청력을 잃어 고통을 받아왔다.

---

14 The _____ on city property after hours brought
the police.

A trespass
B trek

그들이 이용 시간이 지난 후에 시 소유지에 불법 침입을 해서 경찰이 왔다.

---

15 We'll pay all _____ for you to stay in hotel.

A expenses
B expedition

호텔 숙박비용 일체를 저희가 부담하겠습니다.

Answer

▶ **once-**를 가지고 '한때 ~했던'이란 의미를 지닌 복합어를 만든다.

- **once-famous** 한때 유명했던
- **once-fashionable** 한때 유행한
- **once-forgotten** 한때 잊혀진
- **once-respected** 한때 존경받았던

▶ **-osis**는 '~하는 과정, (병적) 상태'를 나타내어 병명에 많이 쓰인다.

- **diagnosis** 진단
- **hypnosis** 최면(상태), 최면술
- **osmosis** 삼투, 배어듦
- **prognosis** 예측, 예보, (의학) 예후
- **neurosis** 신경증, 노이로제
- **psychosis** 정신이상
- **sclerosis** 경화증
- **tuberculosis** 결핵

▶ 기본 단어 확인 학습

- **swift** 빠른, 신속한
- **height** 높이
- **toil** 힘든 일, 노고
- **drilling** 훈련, 연습, 구멍 뚫기
- **human beings** 인간
- **unique** 독특한, 유일한
- **exit** 출구, 퇴장
- **reject** 거절하다, 사절하다
- **talkative** 수다스러운
- **calculated** 계산된, 계획된
- **bulletin** 게시, 고시
- **hollow** 속이 빈, 우묵한
- **valor** 용기, 용맹
- **valorous** 용감한, 씩씩한
- **valuables** 귀중품
- **failure** 실패, 부족, 쇠약, 실패자

▶ '금전상의'란 의미의 단어

- The company is in **financial** difficulties.
  그 회사는 재정적인 어려움에 처해 있다.
- The country's **fiscal** policy is to lower taxes and increase spending in order to stimulate the economy.
  그 나라의 재정정책은 경제 활성화를 위해 세금을 낮추고 소비를 늘리는 것이다.
- **monetary** system 화폐구조
- **pecuniary** reward 금전적 보상

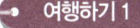

여행하기 1

- **accommodate** 숙박을 제공하다
- **accommodation** 숙박 (시설)
- **admission fee** 입장료
- **amusement park** 놀이공원
- **appetizer** 애피타이저
- **aquarium** 수족관
- **attendance** 출석(수), 참석
- **botanical garden** 식물원
- **capacity** 수용능력
- **car rental** 자동차 대여
- **catering service** 출장음식 서비스
- **chef** 주방장
- **collect call** 수신자 부담 전화
- **cook** 요리사
- **cruise** 선박여행
- **cuisine** 조리법
- **culinary** 요리의
- **desk clerk** 접수 직원
- **decaffeinated** 카페인을 뺀
- **excursion** 소풍
- **exhibit** 전시하다
- **exhibition** 전시회
- **exotic** 이국적인
- **festival** 축제
- **festive** 축제의
- **franchise** 가맹점[판매권]
- **gratuity** 팁
- **grocery store** 식료품점
- **hospitality industry** 요식[숙박]업
- **inn** 여관
- **itinerary** 여행일정
- **landmark** 표지물, 경계표
- **landscape** 경관, 전망
- **lodge** 오두막집
- **long distance call** 장거리 전화
- **maid** 객실 청소부
- **museum** 박물관
- **outlook** 전망, 경치

PART **3** 토익 적중 테마별 영단어

A 핵심 어휘 따라잡기

procedure
[prəsíːdʒər]

n. ① 절차, 수순 ② 치료조치
③ 의사 진행절차

: **proceed** 나아가다, 진행하다, 처리하다
: **proceeding** ① 소송절차(행위) ② 의사록
: **legal proceedings** 법률소송
: *cf.* **proceeds** 매상금, 수익

---

formality
[fɔːrmǽləti]

n. ① 형식 존중 ② 정식절차(*pl.*)

: **without formality** 격식을 차리지 않고
: **observe the formalities** 형식적인 절차를 준수하다
: **the adoption formalities** 정식 입양절차
: **formalize** 정식으로 하다, 격식을 차리다
: **informal clothes** 평복 (↔ **formal clothes** 정복)

---

feature
[fíːtʃər]

n. ① 특징, 특성 ② 용모, 얼굴(*pl.*)
③ 특집기사
v. ① 특별 상품으로 광고하다
② 특필하다

: **beautiful features** 수려한 용모
: **a double-feature program** 동시상영 프로
: **the car's many features** 그 차의 많은 특징들

---

wrinkle
[ríŋkl]

n. ① 주름 ② 자질구레한 문제
v. 주름을 잡다

: **iron out the wrinkles** 남은 문제들을 해결하다
: **have wrinkles on one's face** 얼굴에 주름이 있다

---

work on
[wəːrk ɑn]

phv. ① 작업을 진행하다
② 계속 일하다

: **work out** ① 해결하다 ② 산출하다
: **work up** 격려하다, 부추기다

Biz Tips

⫼ Now we are undergoing from continuous sales inactivity, so at the meeting we're going to **take issues apart and analyze them** in minute detail.

우리는 지금 계속적인 판매 부진을 겪고 있습니다. 그래서 회의에서 문제점들을 하나하나 끄집어내어 세부적으로 분석하려 합니다.

핵심 어휘 따라잡기

suppress
[səprés]

v. ① 억압하다, 진압하다
② 숨기다

: **suppression** 억압, 진압, 금지
: **suppress a riot** 폭동을 진압하다

---

turnover
[tə́:rnòuvər]

n. ① 이직률, 상품의 회전율
② 총 매상고
③ 이전

: **the turnover at the business** 그 회사의 이직률
: **a year turnover** 연간 총 매상
: *cf.* **turnout** 참가자의 수
    turnoff 기분 상하게 하는 것
    turnon 흥미를 돋우는 것

---

voucher
[váutʃər]

n. ① 상품권
② 증빙서류

: **vouch** 확인하다, 보증하다
: **a hotel (gift) voucher** 숙박 (상품)권
: **I vouched for his innocence.**
   나는 그의 결백을 보증했다.

---

felony
[féləni]

n. 중범죄

: **misdemeanor** 경범죄
: **commit a felony** 중죄를 범하다

---

crush
[krʌʃ]

v. ① 으스러뜨리다 ② 좌절시키다
③ 참패시키다
n. ① 대군중 ② 홀딱 반함

: **crush a piece of paper** 종이를 구겨버리다
: **the crush in the subway of people**
   지하철 안의 사람들 무리
: **have a crush on** ~에게 홀딱 반하다

---

innovative
[ínouvèitiv]

a. 혁신적인

: **innovate** 혁신하다, 쇄신하다
: **innovation** 혁신, 기술혁신
: *syn.* **progressive** 점진적인, 혁신적인

Point Tips

▥▥ **take issues apart and analyze them** 문제점들을 하나하나 끄집어내어
분석하다 (*ales inactivity 판매부진 / minute 상세한, 자세한)

back up
[bæk ʌp]

phv. 지원하다

: backup ① 지원 ② 컴퓨터 작업의 복사본
: a backup of cars 차량의 정체
: backup information 뒷받침되는 더 많은 정보

toll
[toul]

n. ① 통행료 ② 느린 종소리
③ 손상 ④ 희생자

: a death toll 사망자 수
: tollgate 통행료 징수소
: toll-free 무료 전화, 수신자 부담 전화

precondition
[prìːkəndíʃən]

n. 전제 조건

: Precondition means a requirement that
  must be agreed to in advance.
  전제 조건은 사전에 동의되어야 하는 필요조건을 의미한다.

fragment
[frǽgmənt]

n. 파편조각 *v.* 산산조각 나다

: break into fragments 깨져 산산조각이 되다
: in fragments 산산조각으로

revise
[riváiz]

v. ① 교정하다 ② (생각을) 바꾸다

: revision 개정, 교정, 수정
: revise one's opinion 견해를 바꾸다
: revise(=proofread) a book 책을 교정보다

unsanitary
[ʌnsǽnətèri]

a. 비위생적인

: unsanitary conditions 비위생적인 상태
: sanitary arrangements 위생설비
: sanitation ① 위생관리 ② 공중위생

halt
[hɔːlt]

v. 멈추다 *n.* 중지, 정지

: bring to a halt 정지시키다, 멈추게 하다
: put a halt to (권위로) 멈추게 하다

Biz Tips

||||| We **put two and two together and** turned down his offer.
이런 저런 생각 끝에 우리는 그의 제의를 거절했습니다.

irregularities [irègjulǽrətiz]	*n.* 부정, 부정행위 : irregular 불규칙적인
participant [pɑ:rtísəpənt]	*n.* 참가자, 참석자 : a participant in the event 그 사건의 관계자
exemplary [igzémpləri]	*a.* 모범적인, 전형적인, 본보기의 : exemplary behavior 본보기가 될 만한 행실
statistical [stətístikəl]	*a.* 통계적인 : statistical analysis 통계분석
dealership [dí:lərʃip]	*n.* 판매권, 판매 대리점 : dealing 취급, 관계, 장사
viewership [vjú:ərʃip]	*n.* 시청자, 시청률 : *syn.* a viewing rate
arena [ərí:nə]	*n.* 활동무대 : political arena 정계
appeal [əpí:l]	*v.* 호소하다, 간청하다, 상소하다 *n.* 호소, 상고 : appeal to arms[force, the public, reason] 무력[폭력, 여론, 이성]에 호소하다
repeal [ripí:l]	*v.* 무효화 하다, 철회하다 *n.* 폐지, 철회 : repeal a grant 인가를 취소하다 : the repeal of laws 법률의 폐지
revoke [rivóuk]	*v.* 철회하다, 무효로 하다 *n.* 취소, 폐지 : revoke a license 면허를 취소하다
asylum [əsáiləm]	*n.* 보호시설, 수용소, 피난처 : an asylum for the aged 양로원 : political asylum 정치적 망명

Point Tips

〰 put two and two together and 이런 저런 생각 끝에 ~하다

☐ 의견서	position paper
☐ 위생설비	sanitary arrangements
☐ 자본 집약적인	capital-intensive
☐ 현금 보유고	capital reserve
☐ 두드러진 개선점	a distinctive improvement
☐ 물류	logistics
☐ 대리	assistant manager
☐ 무차별적인 덤핑 공세	indiscriminate dumping offensive
☐ 유급 휴가	paid vacation
☐ 환경 친화적인 제품	environment-friendly product
☐ 환경오염	environmental pollution
☐ 장비불량	equipment malfunction
☐ 반영구적인 재료	semi-permanent material
☐ 곧 여행을 떠나게 되다	have a trip coming up soon
☐ 다양한 절차	various steps
☐ 광고 선전문구	an advertising slogan

NOTE

- **reserve** ~을 예약하다, 비축하다, 유보하다 [in reserve 예비로 남겨둔]
- **discriminate** 구별하다, 차별 대우하다
- **permanent** 영구적인, 상설의 (↔ **temporary** 일시적인)

□ 국민연금	national pension
□ 국민성	national character, national trait
□ 1980년대의 불황 때에	in the recession of 1980s
□ 방사성탄소 연령측정기술	radiocarbon dating technique
□ 자세히 다루다	go into details
□ 본능적으로	by instinct
□ 체납 계좌	delinquent accounts
□ 연체료	delinquency charges, late fine
□ 구매력	buying[purchasing] power
□ 대금청구서	billing statement
□ 근거 없는 비난	groundless accusations
□ 비즈니스 관례	business practice
□ 기업도산	business failure, business collapse
□ 사업상 약속	business appointment
□ 출장을 떠나다	go away on business
□ 방침에 따라	in line with policy
□ 괄목할만한 이익을 올리다	make impressive gains

NOTE

- trait 특성, 기미 [cultural traits 문화특성]
- delinquent 직무태만의, 비행의
- in line with ~와 일치하여
- instinct 본능
- collapse 붕괴하다; 붕괴, 와해

C 실전 예문 연습하기

01 Legal _____ often happen slowly.
법률 소송은 종종 느리게 진행된다.

A proceedings
B proceeds

---

02 All visitors must sign in at the front desk as a _____.
모든 방문객들은 형식으로 접수처에 서명해야 한다.

A formation
B formality

---

03 The department store _____ lamps and rugs in its annual sale.
그 백화점은 연례 할인 판매에서 램프와 양탄자를 특별 상품으로 광고했다.

A featured
B favored

---

04 The basic financial plan was approved, but the accountants met to iron out the _____ that remained.
기본적인 재무계획은 승인되었지만, 회계사들은 나머지 문제들을 처리하기 위해서 만났다.

A wrinkles
B wrestles

---

05 I'm eager to _____ on this project with you.
이 프로젝트를 꼭 당신과 함께 진행하고 싶습니다.

A deal
B work

---

06 She _____ the police report to save his reputation.
그녀는 그의 평판을 지키려고 그 경찰 보고서를 숨겼다.

A surpassed
B suppressed

---

07 The union has a 5% wage increase as a _____ before it will negotiate.
노조는 협상하기 전에 5%의 임금인상을 전제 조건으로 내건다.

A precursor
B precondition

---

08 When her business failed, she was _____.
사업이 실패하자 그녀는 몹시 좌절했다.

A crashed
B crushed

Answer
IIIII 01 A   02 B   03 A   04 A   05 B   06 B   07 B   08 B

09 That company has a \$5 million a year _____.
저 회사의 연간 총 매상은 500만 달러다.

A turnover
B turnout

10 I have a travel _____ good for \$500 on any airline.
나는 어느 항공사에서나 쓸 수 있는 500달러짜리 여행 상품권이 있다.

A voucher
B vortex

11 He was sentenced to jail for committing two
_____.
그는 두 건의 중죄를 저질러 징역형을 선고 받았다.

A fenders
B felonies

12 We need an efficient distribution network to _____
up our sales efforts.
영업활동을 지원하기 위해서는 효율적인 유통망이 필요합니다.

A front
B back

13 My eyeglasses _____ as they hit the ground.
내 안경은 땅에 떨어지면서 산산조각이 났다.

A fragmented
B fractured

14 A judge _____ the driver's license of a man who
caused four accident.
판사는 사고를 네 번 낸 사람의 운전면허를 취소했다.

A revoked
B revolted

15 They _____ the tax laws.
그들은 그 세법을 폐지했다.

A repented
B repealed

16 The young girl's playing at the piano recital was
_____.
피아노 독주회에서 들려준 그 소녀의 연주는 훌륭했다.

A exempt
B exemplary

▶ **out-**는 명사(형용사, 동사) 앞에서, '~보다 더 능가하여'란 의미다.

- outsell ~보다 많이 팔다
- outgrow ~보다 커지다
- outsmart ~보다 수가 높다

- outdo ~을 능가하다
- outlive ~보다 오래 살다
- outwit 선수를 치다

    □ The boy has outgrown babyish habits.
    그 소년은 자라서 어린애 같은 버릇이 없어졌다.

    □ We outdid our competitors by offering a better product at a low price than theirs.
    우리는 경쟁회사보다 더 낮은 가격에 더 좋은 제품을 제공함으로써 그들을 능가했다.

▶ **over-**는 '과도히, 너무, 아주, 완전히' 등의 뜻을 지닌다.

- overcrowded 사람이 넘치는
- overburden 과도한 부담
- overdo 도를 넘다
- overwork 과로(시키다)
- overspend 너무 돈을 쓰다

- overcharge 지나친 청구(를 하다)
- over-confident 자부심이 강한
- overdue 지급 기한이 지난
- overweight 과체중, 너무 뚱뚱한
- over-worried 너무 걱정하는

▶ 기본 숙어 확인 학습

- There were 50 people there, **more or so**. 대략 50명의 사람들이 있었습니다.

- The work is **more or less** finished. 그 일은 거의 끝마쳤습니다.

- Most of the leading food shops have promised to **hold** prices **down** until next year.
대부분의 주된 식품 가게들은 내년까지 가격을 억제하기로 약속했습니다.

● 여행하기 2 ●

- **overseas** 해외의
- **performance** 공연
- **phone booth** 공중전화 박스
- **planetarium** 천문관
- **recipe** 요리법
- **refreshments** 다과, 간식
- **remains** 유적, 유물
- **resort** 행락지
- **scenery** 경치, 풍경
- **scenic** 경치가 좋은
- **senior citizen** 노인
- **sightseeing** 관광
- **souvenir** 기념품
- **suite** 특실, 스위트룸
- **toll-free phone** 무료전화
- **tour** 짧은 여행
- **tourist attraction** 인기 있는 관광지
- **tourist** 관광객
- **travel agency** 여행사
- **vegetarian** 채식주의자
- **via** ~을 경유하여
- **voyage** 항해
- **lean back** 뒤로 눕다
- **wet towel** 물수건
- **boarding time** 탑승시간
- **cancellation** 취소
- **fasten** 묶다
- **vomit** 토하다
- **traffic noise** 차량소음
- **overlooking** 내려다보이는
- **disconnected** 연결이 끊긴
- **clogged** 막힌
- **plus tax** 세금은 별도로
- **flush** 왈칵 흘러나오다
- **extend** 연장하다
- **aisle** 통로
- **stop over** 도중하차하다
- **issue date** 발행일

Chapter 06 기사 (Article) 2

A 핵심 어휘 따라잡기

permanently
[pə́:rmənəntli]
ad. 영구적으로

: permanent 영구적인, 불변의 (↔ temporary)
: a permanent neutral country 영세 중립국

symptom
[símptəm]
n. ① 증상 ② 징조, 조짐

: symptoms of the flu 감기 증상들
: a symptom of the failure of ~가 실패했다는 징조

infusion
[infjú:ʒən]
n. 주입, 유입

: infuse 주입하다, 불어넣다
: infuse a person with courage
  아무에게 용기를 불러일으키다

superb
[supə́:rb]
a. 멋진, 일급의

: do a superb job 일을 멋지게 해내다
: syn. splendid, excellent

exclusive
[iksklúsiv]
a. ① 배타적인 ② 독점적인
n. 독점권

: exclusive right 독점권
: exclusive of ~을 제외하고
: exclude ① 제외하다 ② 차단하다, 금지하다

substantial
[səbstǽnʃəl]
a. ① 상당한, 큰 ② 견고한
　③ 실속 있는

: a substantial improvement 상당한 발전
: substantiate 입증하다, 실증하다
: substantially different 현저히 다른
: cf. substantive[sʌ́bstəntiv] 실질적인, 현실의

Biz Tips

⁛ **The company has been in the red** for the last two quarters.
그 회사는 지난 2분기 동안 적자를 보았다

drastic
[drǽstik]
a. 극단적인, 과감한, 철저한

: a drastic measure 극단적인 조치
: make a drastic cut in the staff 대폭 감원하다

crash
[kræʃ]
n. ① 큰 충돌, 사고 ② 충돌음
③ 폭락
a. 속성의

: a plane crash 비행기 추락사고
: crash-land 불시착하다, 동체착륙하다
: the stock market crash 주식 시장의 폭락
: take a crash course 속성 강좌를 듣다
: cf. clash ① 충돌하다 ② 언쟁하다 ③ 어울리지 않다

graft
[græft]
v. ① 접목시키다, 이식하다
② 뇌물을 받다
n. ① 이식 (=implantation)
② 수뢰

: graft new skin 새 피부를 이식하다
: A farmer grafts branches on fruit trees to produce better crops.
농부는 더 좋은 품질의 농작물을 생산하기 위해
과일나무에 가지를 접붙입니다.

steer
[stiər]
v. ① 조종하다
② 이끌고 가다

: steer someone in the right direction
누구를 바르게 인도하다
: steer into ~로 진입해 들어가다
: steering committee 운영 위원회

moreover
[mɔːróuvər]
ad. 더욱이, 게다가, 또한

: syn. furthermore, in addition, on top of that,
besides, as well, not only that,
what's more

criminal
[krímənəl]
n. 범죄자 a. 범죄의, 형사상의

: crime 범죄
: a criminal operation 낙태

Point Tips

▥ in the red 적자인, 적자를 보고 있는

핵심 어휘 따라잡기

sought-after
[sɔ́ːt ǽftər]

a. ① 많이 찾는 ② 염원하는

: a sought-after style 많이 찾는 스타일
: be much sought after 잘 팔리다

immune
[imjúːn]

a. ① 면역의 ② 면제되는

: an immune body 면역체, 항체
: immunity ① 면역 ② 면책
: immunize 면역이 되게 하다, 면역성을 주다

mandate
[mǽndeit]

v. 명령하다, 지시하다
n. 서면 요구, 명령

: be mandated to do ~할 권한이 있다
: mandatory *a.* 의무적인, 강제의 *n.* 명령, 위임
: mandate change 변화를 요구하다

preliminary
[prilímənèri]

a. 예비의, 준비의
n. 예비행위

: preliminary to ~에 앞서
: preliminary negotiations 예비교섭
: preliminary remarks 서언, 서문
: preliminaries 예비행위, 예선전

eligible
[élidʒəbl]

a. ① 적격의, 적임의 ② 알맞은

: eligibility 적임, 적격성
: ineligible *a.* 적격하지 못한 *n.* 부적임자

prior
[práiər]

a. 사전의

: prior to ~보다 이전에
: prior to my arrival 내가 도착하기 전에
: Forty-eight hours prior, sir.
  48시간 이전에 하셔야 됩니다.

troubleshooting
[trʌ́blʃùːtiŋ]

n. 고장의 발견 수리, 분쟁의 해결

: This computer can be accessed by a remote administrator to help in troubleshooting.
문제 해결을 위하여 원격 관리자가 이 컴퓨터에 액세스할 수 있습니다.

Biz Tips

〰 Where **are** you **located** at the present time?
지금 있는 곳의 위치가 어디입니까?

crack down on [kræk daun ɑn]	*phv.* ① ~을 엄중히 단속하다 ② ~을 소탕하다 : crack down on practices of cornering and hoarding 매점매석을 단속하다
referendum [rèfəréndəm]	*n.* 국민투표, 주민투표 : hold referendum 국민투표를 하다
alliance [əláiəns]	*n.* 동맹, 협력, 제휴 : ally 동맹국, 협력자
crooked [krúkid]	*a.* 비뚤어진, 부정직하고 못된 : crookedly 구부러져서; 부정하게
consensus [kənsénsəs]	*n.* 의견의 일치, 합의, 여론 : national consensus 국민적 합의
curfew [kə́:rfju:]	*n.* 통행금지 : curfew hours 통행금지 시간
convention [kənvénʃən]	*n.* ① 집회, 총회 ② 협정 ③ 관습 : a postal convention 우편 협정 : social convention 사회적 관습
wildfire [wáildfàiər]	*n.* 산불 : spread like wildfire 삽시간에 퍼지다
all-terrain [ɔ:l təréin]	*a.* 전 지형(全 地形)의 : terrain 지대, 지형
vegetation [vèdʒətéiʃən]	*n.* ① (집합적) 식물, 초목 ② 무위도식의 생활 : tropical vegetation 열대 식물
seismic [sáizmik]	*a.* 지진의, (정도가) 큰 : seismic activity 지진활동

Point Tips

⁞⁞⁞ be located 위치하다

☐ 엔진 배기량	engine displacement
☐ ~을 대폭 변경하다	make enormous changes in
☐ 무슨 일이 있어도 꼭	rain or shine
☐ 간헐적인 소나기	intermittent rain showers
☐ 귀하의 편지에 대한 답변으로	in response to your letter
☐ 연쇄반응	chain reaction
☐ 상책이다	be in one's best interest
☐ 지휘계통	chain of command
☐ 모든 것을 고려하여	all in all, on balance
☐ 대체로	all in all, by and large
☐ 역경에서	in time of adversity
☐ 대충 추산하다	estimate roughly
☐ 대인관계 기술	interpersonal skills
☐ 업무책임을 다하다	fulfill one's job responsibility
☐ 여건을 충족시키다	fulfill a condition

NOTE

- **displacement** 전위, 치환, 배제
- **for the most part** 대체로
- **enormous** 거대한, 막대한
- **rough** 거친, 가공되지 않은, 대강의

□ 비옥한 땅	fertile land, productive land
□ 추후 통보가 있을 때까지	until further notice
□ 지정된 날짜	designated date
□ ~에 비추어 보면	in light of
□ 목표지향 리더십	achievement-oriented leadership
□ 조화를 이루다	achieve harmony
□ 예전보다 사용하기 쉬운	easier to use than ever before
□ 관대한 부모	lenient parents
□ 시청률	audience ratings, viewership
□ 요점에서 벗어난	beside the point
□ 생산성의 비약적 향상	rapid advances in productivity
□ 보험 가입자	policy holder
□ 첨가물이 들어있지 않은 식품	addictive-free food
□ 도로변 쓰레기 수거	curbside pick-ups
□ 틈새시장	a niche market

NOTE

- **fertile** 비옥한, 다산의   **lenient** 관대한, 자비로운
- **premium** 보험료, 할증 가격, 프리미엄
  [policy 보험증권, 방침, 정책 ㅣ take out a policy on one's life 생명보험에 들다]
- **curbside** 보도 가장자리
  [curb ① 보도의 연석 ② 억제, 제한 ㅣ put a curb on ~을 제한하다]
- **niche** 벽감(壁龕), 시장의 틈새

C 실전 예문 연습하기

01 The _____ don't appear until a few days after you're infected.
감염되고 며칠 지나야 증상이 나타납니다.

A symptoms
B symmetry

---

02 They hoped their marriage would be _____.
그들은 자신들의 결혼생활이 영구적이길 희망했다.

A permeable
B permanent

---

03 An _____ of money into the business saved it from bankruptcy.
돈이 유입되어 그 회사는 파산을 막을 수 있었다.

A infusion
B infringe

---

04 The designer did a _____ job on the artwork for that project.
그 디자이너는 그 프로젝트를 위한 예술 작품 제작에서 뛰어난 일을 해냈다.

A superfluous
B superb

---

05 Our company has the _____ rights to distribute that product.
우리 회사가 그 제품의 유통 독점권을 갖고 있다.

A exclusive
B excessive

---

06 The politician won the election by a _____ number of votes.
그 정치가는 상당히 많은 표차로 당선되었다.

A substantive
B substantial

---

07 We must take _____ steps to stop the disease.
그런 질병을 막기 위해서는 과감한 조치를 취해야 한다.

A dramatic
B drastic

---

08 Bad news always spreads like _____.
나쁜 소식은 언제나 빨리 퍼진다.

A wildlife
B wildfire

Answer
|||| 01 A   02 B   03 A   04 B   05 A   06 B   07 B   08 B

09 Parents try to _____ their children in the right direction by teaching them good manners.
부모는 자식들에게 예절을 가르침으로써 그들을 바르게 이끌려고 노력한다.

A steer
B stare

10 The governor is popular, but not _____ from criticism.
그 주지사는 인기가 있지만, 비판 받는 것을 면할 수는 없다.

A immune
B immense

11 The state _____ that high school students take three years of English.
주에서는 고등학교 학생들이 3년간 영어수업을 받는 것을 의무화하고 있습니다.

A maneuvers
B mandates

12 He is unmarried and has a good job, so he is an _____ bachelor.
그는 미혼에다 좋은 직장을 가지고 있어서 결혼상대로 알맞은 총각이다.

A eligible
B illegible

13 He's been called in by the head office to do some _____.
본사에서 분쟁 조정을 위해 그를 불러들였다.

A troubleshooting
B troublemaker

14 Some cities enforce a 10 p.m. _____ for teenagers.
일부 도시들은 밤 10시 이후 십대들의 통행금지를 실시한다.

A curtail
B curfew

15 The Nobel Prize is a much _____ award; many scholars and artists want it.
노벨상은 많은 사람들이 염원하는 상이다. 많은 학자와 예술가들이 그 싱을 받고 싶어 한다.

A easy-to-follow
B sought-after

▶ 기본 숙어 확인 학습

· It's time for me to **see about** dinner. 저녁이 어떻게 되가는지 살펴볼 시간이군.

· How are you **coming along** with your work?
당신 일은 어떻게 진척되고 있습니까?

· We must **figure out** how to do it. 우리는 그것을 하는 방법을 강구해야만 한다.
　◦ figure out : ① 계산하다　② 이해하다, 생각해내다

· They had to **take turns at** using the computer.
그들은 컴퓨터를 차례로 사용해야 했었다.

▶ '금지하다'를 나타내는 단어

· Smoking in this airplane is **prohibited**.
이 비행기 안에서 흡연은 금지되어 있습니다.

· I **forbade** my son to use my car. 나의 아들이 내 차를 사용하는 것을 금했다.

· Her shyness **inhibits** her social life.
그녀는 수줍음 때문에 사회생활을 하는 데 많은 지장이 있다.

· The government **banned** the meeting of the students.
정부는 학생들의 집회를 금했다.

▶ **para-**는 '근접, 유사'의 뜻과 '방호, 피난'의 의미가 있다.

· **parallel** 평행선; 평행의
· **paratyphoid** 유사 장티푸스
· **parachute** 낙하산
· **paradox** 역설, 패러독스
· **paraphrase** 바꿔 쓰다

· **paramedic** 진료 보조원, 위생병
· **paradigm** 범례, 패러다임
· **parasol** 양산, 파라솔
· **paranoid** 편집성의
· **paramount** 최고의, 최고 권위자

● 은행과 거래하기 1 ●

PART 3 토익 적중 테마별 영단어

- **accrue from** ~에서 이자가 붙다
- **balance** 잔고
- **bank loan** 은행융자
- **bank statement** 은행 거래 기록
- **bankbook** 은행 통장
- **banker** 은행가
- **bounced check** 부도수표
- **by check** 수표로
- **by credit** 카드로
- **capital** 자본금
- **change** 잔돈
- **check** 수표
- **checkbook** 수표책
- **checking account** 당좌예금
- **circulate** 유통되다
- **close an account** 계좌를 해약하다
- **collateral** 담보물
- **compound interest** 복리
- **credit** 입금된 돈
- **creditor** 채권자
- **cumulative interest** 누적된 이자
- **currency** 통화, 유통화폐
- **debit** 나간 돈
- **debit card** 지불카드
- **debt** 빚, 부채
- **default** 체납
- **delinquent** 연체되어 있는
- **denomination** 액면금액
- **deposit** 예금 (하다)
- **devaluate** 평가절하 하다
- **devaluation** 평가절하
- **draw a check** 수표를 발행하다
- **due** 지불기일이 된
- **due date** 지불 만기일
- **endorse** 배서하다
- **endorsement** 배서
- **honor a check** 수표를 받다
- **in cash** 현금으로

A 핵심 어휘 따라잡기

low-fat
[lou fæt]
a. 저지방의

: *cf.* <low->
   low-cost 값싼   low-key 차분한
   low-income 저소득의 low-grade 질이 낮은
   low-pressure 부담 없는 low-lived 미천한

mature
[mətʃúər]
v. ① 만기가 되다 ② 성숙하다
a. ① 성숙한, 익은 ② 만기가 된

: maturity 성숙, 만기
: Human babies mature slowly.
  아기들은 천천히 성장해 간다.

execute
[éksəkjùːt]
v. ① 사형하다 ② 실행하다
  ③ (서명해서) 작성하다

: execute sb. from murder ~을 살인죄로 처형하다
: execution ① 사형 ② 실행, 집행
: executive 경영진, 중역; 행정부의

subsidize
[sʌ́bsədàiz]
v. 보조금을 지급하다

: subsidy 보조금, 기부금
: give someone a subsidy ~에게 보조금을 주다

stratify
[strǽtəfài]
n. ① 층을 이루다 ② 계층화하다

: a wealthier stratum of society 부유한 계층
: stratification 계층화

plummet
[plʌ́mit]
v. 수직으로 (급격히) 떨어지다
n. 측연추(測鉛錘)

: plummet to earth 땅으로 곤두박질하다
: *syn.* nosedive, plunge
: *cf.* pendulum 시계의 추, scale weight 저울의 추

Biz Tips

⫘ The series of plant closings and layoffs have **left** the union
in a weak position.
잇따른 공장 폐쇄와 해고로 인해 조합의 입장이 약화되었습니다.

TOEIC VOCA

핵심 어휘 따라잡기 **A**

P A R T **3** 토익 적중 테마별 영단어

ban
[bæn]
v. 금지하다 n. 금지
: nuclear test ban 핵실험 금지
: *syn.* forbid, prohibit, inhibit

susceptible
[səséptəbl]
a. ① 영향을 받기 쉬운
　② 민감한
: susceptible to colds 감기에 걸리기 쉬운
: be susceptible of ~할 여지가 있다
: a susceptible youth 감수성이 예민한 청년

defy
[difái]
v. ① 반대[거부]하다
　② 할 테면 해 보라고 하다
: defy description 이루 다 말할 수 없다
: defy every criticism 비평의 여지가 없다

heavy-duty
[hévi djú:ti]
a. ① 매우 튼튼한
　② 높은 관세의
　③ 엄숙한
: heavy-duty tires 튼튼한 타이어
: heavy-hearted 마음이 무거운
: heavy-handed 고압적인, 몰인정한
: heavy-armed 중장비의

timely
[táimli]
a. 적시의, 때에 알맞은
: a timely warning 적시의 경고
: in a timely manner 시의 적절한 방법으로
: untimely, mistimed 때 아닌, 시기를 놓친

retain
[ritéin]
v. ① 보유하다
　② (전문가를) 고용하다
: retain one's property 재산을 보유하다
: retainer (변호사의) 수임료
: retention 보유, 감금

Point Tips
▥ leave [put] ~ in a weak [strong] position 입지를 약[강]하게 하다

313

핵심 어휘 따라잡기

indigenous
[indídʒənəs]
a. 토착민의, 고유의

: rural indigenous workers 지방 토착 노동자들
: *cf.* ingenious 영리한, 솜씨 있는
  ingenuous 꾸밈없는, 솔직한

align
[əláin]
v. ① 줄을 맞추다 ② 합치다

: be aligned with ~와 동조하다
: alignment 일렬, 정렬, 제휴, 연대

endorse
[indɔ́:rs]
v. ① 배서하다 ② 보증하다

: endorsement 배서, 보증, 보증광고
: endorse one's paycheck
  급료지불 수표에 이서하다

patronage
[péitrənidʒ]
n. ① 후원 ② 단골거래

: patron 단골손님, 후원자
: under the patronage of ~의 후원 아래

abrasive
[əbréisiv]
a. 거친, 신경을 거슬리는 *n.* 연마제

: an abrasive voice 거슬리는 목소리
: an abrasive manner 거친 태도
: abrasion ① 마모, 침식작용 ② 찰과상

deem
[di:m]
v. 생각하다, 간주하다

: deem highly of ~을 존중하다, 높이 사다
: deem A as B A를 B로 간주하다

streamlined
[strí:mlàind]
a. ① 유선형의 ② 간결한, 합리화된

: a streamlined racing car
  유선형의 경주용 자동차

lubricant
[lú:brəkənt]
n. 윤활유

: lubricate ~에 기름칠을 하다
: Oils lubricate moving parts of engines.
  기름은 엔진의 움직이는 부품들을 부드럽게 한다.

Biz Tips

〃 The man **is lost in** playing golf these days.
그는 요즘 골프 치는 데 몰두해 있습니다.

P
A
R
T
3

토
익
적
중
테
마
별
영
단
어

endangered [indéindʒərd]	a. 멸종위기에 처한 : Stop supporting the hunting of our endangered species. 멸종 위기에 놓인 동물의 사냥을 지원하지 마십시오.
portable [pɔ́:rtəbl]	a. 휴대용의, 운반할 수 있는 : portability 휴대할 수 있음
feed [fi:d]	v. (재료, 연료를) 공급하다 : feed a stove 난로에 연료를 넣다
organized [ɔ́:rgənàizd]	a. (사람에 쓰여) 치밀하고 조직적인 : a well [badly-]-organized party 조직이 든든한 [허술한] 정당
shrewd [ʃru:d]	a. 빈틈없는, 약삭빠른 : a shrewd guess 예리한 추측
jargon [dʒɑ́:rgən]	n. 특수용어, 전문용어 : medical jargon 의학용어
triumphant [traiʌ́mfənt]	a. 의기양양한, 승리를 거둔 : triumphantly 의기양양하여
funeral [fjú:nərəl]	n. 장례식, 장례행렬 : a funeral ceremony [service] 장례식
compost [kámpoust]	n. 퇴비 v. 퇴비를 주다 : compost a paddy field 논에 퇴비를 주다
alloy [ǽlɔi]	n. 합금 v. 합금하다 : joy without alloy 순수한 기쁨
crawl [krɔ:l]	v. 기다, 기어 다니다 : crawl about on all fours [on hands and knees] 네발로 기어 다니다

Point Tips

⁞⁞⁞⁞ be lost in ~에 몰두하다

Collocation 확인하기

□ 두드러진 효과	noticeable effect
□ 목소리를 낮추다	keep one's voice down
□ 논리적 일관성	logical consistency
□ 최초 보고	initial report
□ 최종 보고	final report
□ 서비스 정지	denial of service
□ 일렬번호	serial number
□ 사회 간접자본	social infrastructure
□ 조약을 가조인하다	initial a treaty
□ ~에 대해 칭찬하고 싶다	would like to compliment you on
□ 전화로 말씀드렸듯이	as I told you over the phone
□ 열광적인 환영	enthusiastic[rapturous] welcome
□ 감정을 상하게 하다	hurt one's feeling
□ ~라고 생각해도 좋다	might be considered to be
□ 강매	high-pressure selling
□ 더 이상 지체하지 말고	without further delay

NOTE

- **consistency** 일관성, 모순이 없음 [**consistent** 시종일관된, 일치하는]
- **initial** *a.* 처음의, 초기의 *n.* 머리글자 *v.* 가조인하다
- **rapturous** 기뻐 날뛰는, 열광적인

□ 특별 위원회	ad hoc committee
□ 기술제휴	technical tie-up
□ 의욕이 넘치는	highly motivated
□ 문제를 부각시키다	highlight the issue
□ 매년 이 시기에는	at this time every year
□ 규범을 제정하다	fashion[form] a standard
□ 나중에 안 일이지만	as things turned out
□ 대단치 않은	nothing great
□ 수주 후 ~일 내에	within ~ days of receipt of order
□ 잠시 눕다	go lie down for a while
□ 지불을 유보하다	withhold payment
□ 희망사항	wishful thinking
□ 향후 참조	further reference
□ 이론상은	in theory
□ 모든 가구가 완비된	fully-furnished
□ ~의 여파로	in the wake of
□ 구입 과정에서	in the shopping process

NOTE

- **fashion** v. 만들다 [fashion a theory 이론을 펴다]
- **withhold** 억누르다, 보류하다 • **wake** 배 지나간 자국

01 The bank charges a penalty fee if you withdraw money from a certificate of deposit before its _____ date.

A maturity
B maternity

만기일 전에 양도성 정기 예금에서 돈을 인출하면 은행은 위약금을 부과한다.

02 She has a _____ job and friendly co-workers.

A low-pressure
B low-grade

그녀는 부담 없는 일과 친한 동료들이 있다.

03 We _____ the contract by signing it yesterday.

A excluded
B executed

우리는 어제 계약서에 서명하여 계약서를 작성했다.

04 The City Opera is _____ by individual and corporate donations.

A substituted
B subsidized

그 시립 오페라단은 개인과 단체의 기부금을 받는다.

05 That city is _____ into rich and poor neighborhoods.

A strayed
B stratified

그 도시는 부자들이 사는 지역과 빈민들이 사는 지역으로 나뉘어져 있다.

06 The government put a _____ on the sale of that drug.

A ban
B banish

정부는 그 약품의 판매를 금지시켰다.

07 His _____ manner makes people want to stay away from him.

A abrasive
B aboveboard

그의 거친 태도는 사람들로 하여금 그에게서 떨어져 있고 싶게 만든다.

08 Enrollment at the school has _____ to 25 students.
그 학교의 등록 학생수가 25명으로 급격히 떨어졌다.

A plucked
B plummeted

09 We _____ it our duty to do so.
그렇게 하는 게 우리 의무라 생각한다.

A deem
B doom

10 These calculations are _____ of error.
이 계산들은 오류가 날 가능성이 있다.

A susceptible
B suspicious

11 I _____ you to find anything wrong with this plan.
이 계획에서 잘못된 점을 찾아볼 테면 찾아보시오.

A defy
B defuse

12 Two small political parties _____ themselves.
두 군소 정당은 서로 합당했다.

A alienated
B aligned

13 He _____ his paycheck and deposited it in his bank.
그는 자신의 급료 지불 수표에 이서한 후 은행에 저축했다.

A endowed
B endorsed

14 I put _____ in the garden to make the flowers grow.
나는 꽃들이 자라도록 정원에 퇴비를 주었다.

A compost
B compound

15 She uses a _____ computer when she travel.
그녀는 여행할 때 휴대용 컴퓨터를 사용한다.

A potable
B portable

Answer

||||| 08 B   09 A   10 A   11 A   12 B   13 B   14 A   15 B

▶ **effect**는 '결과, 효과, 취지'의 의미와 복수형으로 '동산, 재산'을 나타낸다.

· In old system of taxation will remain in effect until May.
  이러한 오래된 조세제도는 5월까지 유효할 것이다.

  ◻ remain in effect, hold good, remain valid : 유효하다
  ◻ come into effect : 실시되다, 발효되다
  ◻ bring ~ into effect : ~을 실행하다

· The letter said something to the effect that her job was no longer safe.
  그 편지는 그녀의 직장이 더 이상 안전하지 않다는 취지의 내용이었다.

· in effect 사실; for effect 효과를 노리고; personal effects 개인 소지품;
  special effects 특수효과; effect v. (변화 등을) 가져오다

▶ **-poor**는 접미사로 쓰여, '~이 부족한'이란 의미를 지닌다.

· oxygen-poor 산소가 부족한   · nitrogen-poor 질소가 부족한
· nutrient-poor 영양이 부족한   · resource-poor 자원이 부족한

▶ **post-**는 '後'를, **pre-**는 '前'을 나타낸다.

· post-tax 세금 공제 후의   · posthumous 사후의
· postgraduate 대학원생(의)   · postwar 전후의
· pretax 세금을 포함한   · prehistoric 선사시대의
· preview 예습, 시연, 예고편   · predict 예언하다
· premature 조숙한, 조산의   · premedical (의예과의) 예과의
· preoccupation 걱정, 근심   · preschool 취학 전의
· prescription 처방전   · preside 주재하다, 사회를 보다
· preteen 10대 초반의   · prejudice 편견

● 은행과 거래하기 2 ●

- **indebted** 빚지고 있는
- **insolvent** 지급 불능의
- **interest** 이자
- **interest rate** 이자율
- **liabilities** 빚, 채무
- **liquidity** 유동자산
- **loan** 빌려주다
- **monetary** 화폐의, 통화의
- **mortgage** 주택 저당 융자
- **open an account** 계좌를 개설하다
- **outstanding** 미지불의
- **overdue** 지불기한이 지난
- **past due** 지불기한이 지난
- **payer** 채무자
- **remit** 송금하다
- **remittance** 송금
- **savings** 저축
- **savings account** 보통예금
- **simple interest** 단리
- **surcharge** 연체료, 추징금
- **teller** 은행원
- **utility bill** 공과금 고지서
- **wire** 송금하다
- **withdraw** 인출하다
- **withdrawal** 인출
- **cardholder** 카드 소지자
- **time deposit** 정기 예금
- **forgery** 서류위조
- **proof machine** 조회기
- **payee** 수취인

  - ¤ **cash a check**   수표를 현금으로 바꾸다
  - ¤ **withdrawing money**   예금인출
  - ¤ **foreign exchange rate**   환율
  - ¤ **credit verification officer**   신용조사계원
  - ¤ **check the balance**   잔고를 확인하다

A 핵심 어휘 따라잡기

inclusive
[inklú:siv]
a. ① 포함하는
② 함께 넣어(= along with)

: six inclusive of the driver 운전사 포함하여 6명
: include ① 포함하다 ② 끼우다, 넣다
: inclusion 포함
: *opp.* exclusive of ~을 포함하지 않고

---

entitle
[intáitl]
vt. ① 권리를 주다
② 칭하다, 표제를 붙이다

: be entitled to do ~할 자격이 있다
: entitled with ~란 이름이 붙여진
: have an entitlement to ~의 권리가 있다

---

discredit
[diskrédit]
v. 신빙성[신용]을 잃게 만들다
n. 불신, 불명예

: be discredited 신임을 잃다
: *cf.* credibility 신임, 신용할 수 있음

---

preserve
[prizə́:rv]
v. ① 지키다 ② 유지하다
③ 저장하다

: preserve historical monuments 사적을 보존하다
: preserve one's health 건강을 유지하다
: preserve ① 금렵구 ② 설탕조림 *(pl.)*

---

usher
[ʌ́ʃər]
n. 좌석 안내원 *v.* 안내하다

: usher in ~의 시작을 알리다
: usher someone into 누구를 ~로 안내하다

---

malnutrition
[mælnjuː·tríʃən]
n. 영양실조

: nutrient value 영양가 / key nutrient 주요 영양소
: high in nutrients 영양소가 풍부한
: proper nutrition 적절한 영양섭취

Biz Tips

⫶⫶⫶⫶ We need to **come up with a clear, long-term strategy** to be one of the industry's successful companies.
그 업계에서 성공한 기업 중에 하나가 되기 위해서는 명확하고, 장기적인 전략을 세워야 할 필요가 있습니다.

practical [prǽktikəl] *a.* ① 현실적인 ② 유용한, 편리한 ③ 실용적인	: practicable 실행할 수 있는 : practical joke 짓궂은 장난 : practically ① 거의 ② 실용적으로
inauguration [inɔ̀ːgjuréiʃən] *n.* ① 취임(식) ② 개회식	: inaugurate ① 취임시키다 ② 개회식을 하다 : be inaugurated as professor 교수에 취임하다
era [íərə] *n.* ① 연대, 시대 ② 역사상 획기적인 날	: cold war era 냉전시대 : *cf.* the spirit of times 시대 정신 the computer age 컴퓨터 시대 a rebellious period 반항의 시대
priority [praiɔ́(ː)rəti] *n.* 우선순위	: prioritize 우선순위를 정하다 : according to priority 순서를 따라 : have priority over ~보다 우선권이 있다 : prior to my arrival 내가 도착하기 전에
renovate [rénəvèit] *v.* 새롭게 하다, 수선하다	: renovation 혁신, 수리, 수선 : the renovation of an apartment 아파트의 수리
buyout [báiàut] *n.* 기업인수, 매수	: a good buy 싸게 산 물건 : buy up 사들이다 : management buyout (MBO) 주식을 매입하여 경영권을 인수하는 것

Point Tips

⠀ come up with a clear, long-term strategy
명확하고 장기적인 전략을 세우다

A 핵심 어휘 따라잡기

digit
[dídʒit]
n. 자리 수

: double-digit inflation 두 자리 숫자 인플레
: dial four digits (전화번호의) 4자리 숫자를 돌리다

dimension
[diménʃən]
n. ① 치수 ② 크기, 부피 ③ 차원

: a problem of great dimension 엄청난 문제
: of three dimensions 3차원의

sturdy
[stə́ːrdi]
a. ① 억센, 튼튼한 ② 질긴, 견고한

: on one's sturdy legs 튼튼한 다리로
: a sturdy pair of shoes 질긴 신발

sophisticated
[səfístəkèitid]
a. ① 세련된
② 정교하고 복잡한

: a sophisticated, witty woman
세련되고 재치 있는 여인
: a highly sophisticated technique
매우 정교한 기술

descending
[diséndiŋ]
a. 하향성의, 내려가는
(↔ascending)

: descend 내려가다
: descendant 자손, 후예

ventilate
[véntəlèit]
v. 환기시키다, 통풍시키다

: ventilation 통풍, 환기
: She ventilated the room by opening
a window.
그녀는 창을 하나 열어 방 안 공기를 환기시켰다.

Biz Tips

▥ We may have our differences, but we **are of one mind** on
the subject of business ethics.
의견이 다른 점도 있지만 기업 윤리에 관해서는 생각이 일치하고 있습니다.

prototype [próutoutàip]	n. 원형, 견본 : syn. **sample, specimen**
innocent [ínəsnt]	a. ① 무죄의 ② 순진한 : opp. **guilty** 유죄의
clarification [klæ̀rəfikéiʃən]	n. 정화, 설명 : **clarify** 분명하게 하다, 맑게 하다
tangible [tǽndʒəbl]	a. ① 만져지는, 실재의 ② 만져서 알 수 있는 : **tangible evidence** 물증
indebted [indétid]	a. 신세를 진, 감사하고 있는 : **heavily indebted** 빚이 많은
tenure [ténjuər]	n. ① 재임기간 ② 보유기간 : **during one's tenure of office** 재직 기간 중에
preservative [prizə́:rvətiv]	n. 방부제, 예방법 a. 보존하는 : **No Preservatives** 방부제 쓰지 않음
radiation [rèidiéiʃən]	n. 방사, 발광, 방열 : **a radiation detector** 방사능 측정기
microorganism [màikrouɔ́:rgənìzm]	n. 미생물 : cf. **macroorganism** 육안으로 보이는 생물
antibiotics [æ̀ntibaiátiks]	n. 항생물질, 항생제 : **a tolerance to antibiotics** 항생 물질에 대한 내성
precipitation [prisìpətéiʃən]	n. 강수량, 우량, 낙하 : **a region with a great deal of precipitation** 강수량이 많은 지역

Point Tips

⁝⁝⁝⁝ **be of one mind** 생각이 일치하다

☐ 적자인	in the red
☐ 몽땅	in the lump, in chunks
☐ 기회가 있는 대로	at the first opportunity
☐ 막판에	at the eleventh hour
☐ ～하는 동안에	in the course of
☐ 환전수수료	conversion fees
☐ 상품의 현금화	the conversion of goods into money
☐ 사정에 따라서	as the case may be
☐ 처음에는	in the beginning
☐ 환율	exchange rate
☐ 태도의 변화	a change in attitude
☐ 좋은 전망	high visibility
☐ 서둘러 ～하다	rush to do
☐ 부득이하게	with the greatest reluctance
☐ 극비로	with strict confidence
☐ 고수익	high returns

NOTE

- **convert** 전환하다, 전향시키다, 교환하다 [**conversion** 변환, 개조, 전환]
- **visibility** 선명도, 가시도
- **reluctance** 마음이 내키지 않음 [**reluctant** 꺼리는]

☐ 뛰어난 업무 능력	high quality of one's work
☐ 현금의 유출입	cash flow
☐ 현금 자동지급기	cash dispenser
☐ 고객 한 분 한 분	each and every customer
☐ 재정상태	financial health
☐ 다혈질	sanguine temperament
☐ 언어순화	language purification
☐ 끝내지 못한 일	things left undone
☐ 아무런 조건 없이	with no strings attached to it
☐ 진심어린 바람	all good wishes
☐ 오랜 반목	long-lasting feud
☐ 종교와 관련된 휴일	religious holiday
☐ 영수증 원본	original receipt
☐ 잘 팔리는, 잘 찾는	sought-after
☐ 선택사항을 검토하다	weigh the options
☐ 참고 견디어 나가다	tough out

NOTE

- **dispense** 분배하다, 조제하다
- **ATM (Automated Teller Machine)** 현금 자동지급기
- **sanguine** 다혈질의, 낙관적인
- **temper** 기질, 기분 [temperament 기질, 성미]
- **purify** 순화하다, 정제하다 [purification 순화, 정제]　　• **feud** 불화, 반목

327

01 Send in your application _____ of the application fee.

응시료를 함께 넣어 지원서를 보내십시오.

A inclusive
B inclusion

---

02 That pass _____ you to enter the concert for free.

그 표는 그 콘서트에 무료로 입장하게 해 준다.

A entices
B entitles

---

03 Scientists have _____ many popular beliefs, like the belief the world was flat.

과학자들은 지구가 평평하다는 믿음과 같은 숱한 대중적 믿음들이 신빙성이 없음을 밝혀냈다.

A discriminated
B discredited

---

04 Two countries _____ in a new era of peace by agreeing to stop fighting with each other.

양국은 서로 싸움을 중단하기로 합의함으로써 평화로운 새 시대의 시작을 알렸다.

A urged
B ushered

---

05 He felt that most of what he learned in the course was of no _____ use.

그는 수업에서 배운 것 대부분이 실용적이지 못하다고 느꼈다.

A practical
B practicable

---

06 _____ your house when painting.

집에 페인트칠을 할 때는 환기를 시켜라.

A Ventilate
B Venture

---

07 A car manufacturer built a _____ of an electric car.

한 자동차 제조업체가 전기 자동차의 원형을 제작했다.

A prototype
B protocol

---

08 The year 1492 marks an _____ in the world history.

1942년은 세계 역사상 획기적인 해이다.

A erosion
B era

Answer
IIIII 01 A 　 02 B 　 03 B 　 04 B 　 05 A 　 06 A 　 07 A 　 08 B

09 Studying for the test has _____ over listening to music.
시험에 대비해서 공부하는 것이 음악을 듣는 것보다 먼저다.

A prior
B priority

10 The _____ of our apartment took several months, but when it was finished the apartment looked like new.
우리 아파트의 수리는 여러 달이 걸렸다. 그러나 다 끝마치고 나자 새 아파트처럼 보였다.

A renovation
B renounce

11 The _____ of a room are its length, width, and height.
방의 치수는 길이, 폭, 높이를 잽니다.

A dimension
B dilution

12 My cousins are very _____, since they have lived in Paris and Rome.
내 사촌들은 파리와 로마에 살았기 때문에 매우 세련됐다.

A sophomoric
B sophisticated

13 _____ assets include cash, real estate, and machinery.
유형 재산은 현금, 부동산, 그리고 기계류를 포함한다.

A Tangible
B Tarnish

14 The couple _____ to arguing over even the smallest expenses.
그 부부는 아주 적은 비용에 대해서도 싸울 지경이 되었다.

A ascended
B descended

15 During the mayor's _____ in office, she made many improvements.
시장 재임 기간 동안 그녀는 많은 개선을 했다.

A tentacle
B tenure

Answer

IIIII 09 B 10 A 11 A 12 B 13 A 14 B 15 B

▶ Noun + Noun 복합어 연습

- mountain range 산맥
- blood type 혈액형
- arts critic 미술 비평가
- community group 사회단체
- job application 구직신청
- surprise attack 기습공격
- bonus payment 보너스지급

- tone quality 음색
- intelligence test 지능검사
- average price 평균가격
- credit limits 신용한도
- maternity leave 출산휴가
- certification board 인증기관
- equipment malfunction 장비불량

▶ pro-는 어떤 정책이나 사상에 '찬성하는'의 의미를 갖는다.

- pro-democracy 민주주의 옹호
- pro-feminist 페미니즘 옹호론자
- pro-capitalist 자본주의 옹호론자
- pro-liberal 자유주의 옹호론자

▶ -proof는 '~로부터 막아 주는'이란 뜻을 지니는 접미사로 쓰인다.

- bulletproof 방탄의
- dustproof 방진의
- weatherproof 비바람에 견디는
- fireproof 내화의, 방화의

- childproof 어린애는 다룰 수 없는
- waterproof 방수의
- soundproof 방음의
- rustproof 녹슬지 않는

▶ 기본 숙어 확인 학습

- Every time I **add** these figure **up** I get a different answer.
  나는 이 숫자를 합할 때마다 답이 다르다.

- Everything went **against his expectation**.
  모든 것이 그의 예상과는 어긋났다.

- **As it happens**, I have left the book at home.
  공교롭게도 나는 책을 집에 놔두고 왔습니다.

● 인사부서의 업무 1 ●

- **advance** 승진하다
- **advancement** 승진, 진보
- **allocate** 배치하다
- **allocation** 할당, 배치
- **appoint** 임명하다
- **appointment** 임명
- **appraisal** 평가
- **appraise** 평가하다
- **curtail** 단축하다
- **cut back** 삭감하다
- **cutback** 삭감
- **demote** 강등시키다
- **demotion** 강등
- **designate** 지명하다
- **designation** 지명, 임명
- **dismiss** 해고하다
- **dismissal** 해고
- **dispatch** 파견하다
- **downsize** 규모를 축소하다
- **evaluate** 평가하다
- **evaluation** 평가
- **field** 업종, 분야
- **fire** 해고하다
- **get a promotion** 승진하다
- **human resources** 인적자원
- **incoming** 들어오는
- **incumbent** 현직자; 현직의
- **lay off** 해고하다
- **manpower** 인적자원
- **merit** 공적, 장점, 공로
- **name** 임명하다
- **outgoing** 떠나는
- **overstaffing** 인력과다
- **placement** 인력배치
- **predecessor** 전임자, 선배
- **promote** 승진하다
- **quit** 그만두다
- **reinstate** 복직시키다

A 핵심 어휘 따라잡기

marketability
[mɑ̀ːrkitəbíləti]
n. 시장성

: marketable 시장성이 있는
: marketing ① 장보기 ② 마케팅
: upmarket 고급 소비자를 노린

erratic
[irǽtik]
a. ① 일정하지 않은 ② 별난 n. 괴짜

: The heartbeat is erratic.
심장박동이 불규칙하다.

turnout
[tə́ːrnàut]
n. ① 참석자 수 ② 생산액

: the lowest voter turnout 가장 낮은 투표 참가자수
: a large turnout 대량의 산출고

finding
[fáindiŋ]
n. ① 조사결과, 답신
② 습득물, 발견물 (pl.)

: finder's fee 알선 수수료
: Finders are keepers. 발견한 사람이 임자다.

deflect
[diflékt]
v. ① 빗나가게 하다 ② 진로를 바꾸다

: deflection 비김, 편각, 휨
: deflect from one's principle 주의를 굽히다

winding
[wáindiŋ]
a. 구불구불한 n. 감음, 굴곡

: in winding 휘어져, 굽어
: a winding staircase 나선식 계단

studious
[stjúːdiəs]
a. ① 공부하기를 좋아하는
② ~하고 싶어 하는

: be studious of doing ~하는데 열심이다
: studious care 열심히 보살핌

Biz Tips

The meeting was **moved up to** 9 o'clock.
회의가 9시로 앞당겨졌습니다.

핵심 어휘 따라잡기 **A**

observance
[əbzə́:rvəns]
n. ① 축하(행사) ② 준수

: in observance of ~을 기념하여
: observe ① 관찰하다 ② (의견을) 말하다
         ③ 주목하다 ④ 준수하다
: observant ① 관찰력이 뛰어난 ② 준수하는
: observation ① 관찰 ② 발언
: observatory 천문대 / observer 관찰자, 옵서버

wreck
[rek]
v. ① 파괴하다 ② 부수다
n. ① 파괴된 것 ② 난파선

: in a wreck 파손되어
: a nervous wreck 신경쇠약 (자)
: wreckage 잔해
: wrecker ① 파괴하는 것 ② 견인트럭

entry-level
[éntri lévəl]
a. ① 초보적인 ② 견습적인

: entry ① 들어가기 ② 등록 ③ 표제어
: entry-level workers 신입사원들

meteor
[mí:tiər]
n. 유성, 운석

: meteorology 기상학, 기상 상태
: meteorite 운석
: meteorological satellite 기상위성

reticent
[rétəsənt]
a. ① 과묵한 ② 삼가는, 억제된

: a reticent person 과묵한 사람
: *syn.* reserved, taciturn, quiet

delinquent
[dilíŋkwənt]
a. ① 직무 태만의 ② 비행의
   ③ 연체된

: delinquent accounts 연체된 계좌
: a juvenile delinquent 비행 소년

Point Tips

⫶⫶⫶ be moved up to ~로 앞당겨지다

핵심 어휘 따라잡기

subtle [sʌ́tl] *a.* ① 미묘한 ② 간접적인 ③ 미세한	: a subtle distinction 미묘한 차이 : a subtle difference in temperature 극미한 온도의 차이
portfolio [pɔːrtfóuliòu] *n.* ① 화첩 ② 장관의 직 ③ 유가증권, 투자종목	: a diversified portfolio 분산투자 : a minister without portfolio 무임소 장관
profile [próufail] *n.* ① 옆모습 ② 인물 소개, 개요 *v.* 개요를 쓰다	: keep a low profile 남의 눈에 띄지 않게 조용하게 행동하다, 저자세를 취하다 : high profile 고자세, 명확한 태도
fabricate [fǽbrikèit] *v.* ① 조립하다 ② 날조하다, 위조하다	: fabrication ① 제작 ② 날조 : *cf.* fabric 직물, 천
screen [skriːn] *v.* ① 가리다 ② 체로 치다, 선발하다 *n.* 스크린	: under the screen of night 야음을 틈타서 : The boss screened the new employee by calling her previous boss. 사장은 새 직원의 전 사장에게 전화를 걸어 적임자인지 여부를 조사했다.
pinpoint [pínpɔ̀int] *v.* (위치를) 정확히 지적하다 *n.* 핀 끝	: pinpoint buyer's needs 구매자의 요구 사항들을 정확히 짚어내다
mar [mɑːr] *v.* 상처를 입히다, 손상시키다	: mar one's appearance 외관을 손상시키다 : *syn.* blemish, impair, deface

Biz Tips

〉〉〉〉 I'm glad to **be of service to** you. 당신에게 도움이 되어 기쁩니다.

〉〉〉〉 This rule **is true of** everyone. 이 규칙은 누구에게나 해당됩니다.

upstart [ʌ́pstɑ̀ːrt]	*n.* 벼락부자, 건방진 놈　*a.* 갑자기 출세한 : a mushroom[overnight] millionaire 벼락부자
overlay [òuvərléi]	*v.* 씌우다, 덮다　*n.* 도금, 덮어씌우는 것 : The wood was overlaid with gold. 나무에는 금박(金箔)이 씌워져 있었다.
task [tæsk]	*n.* 일, 임무, 과업　*v.* ~에게 무거운 짐을 지우다 : be at one's task 일을 하고 있다
distrustful [distrʌ́stfəl]	*a.* 의심 많은, 의심스러운 : trustful 믿는
ingredient [ingríːdiənt]	*n.* ① 요리의 재료 ② 자질, 요인 : the ingredients for making a cake 과자 만드는 재료
contaminate [kəntǽmənèit]	*v.* 오염시키다 (=pollute) : contamination 오염
soluble [sáljubl]	*a.* ① 용해성의 ② 해결 할 수 있는 : soluble coffee 인스턴트 커피
petroleum [pitróuliəm]	*n.* 석유 : crude[raw] petroleum 원유
recycle [riːsáikl]	*v.* ~을 재생 이용하다　*n.* 재순환 과정 : recycled paper 재생지
relic [rélik]	*n.* 유적, 유물 : relics of antiquity 고대의 유물
configuration [kənfìgjuréiʃən]	*n.* 배치, 배열, 지형 : configure 배열하다
deteriorate [ditíəriərèit]	*v.* 악화하다, 나빠지다 : *opp.* ameliorate 개량하다, 개선하다, 좋아지다

Point Tips

⫽⫽ be of service to ~에게 도움이 되다

⫽⫽ be true of ~에 적용되다

B ● Collocation 확인하기

☐ 마음에 짐이 되다	weigh on one's mind
☐ 합계	altogether, in all, all told
☐ ~에 관해 할 제안	suggestions you have for
☐ 제안함	suggestion box
☐ 촉발되다	trigger off
☐ 싹트는 민주주의	burgeoning democracy
☐ ~에 맞추어 있다	be geared to
☐ 사람을 외모로 판단하다	judge people by appearances
☐ 관심의 고조	surge of interest
☐ 범위가 A에서 B까지이다	range from A to B
☐ 부차적인 혜택	fringe benefit
☐ 장기기증 또는 헌혈	donating organs or blood
☐ 거래를 맺다	strike a bargain
☐ 기내 휴대 수하물	carry-on luggage
☐ 고된 하루를 보내다	have a long day
☐ 조약을 비준하다	ratify a treaty

NOTE
- **trigger** 방아쇠(를 당기다); 촉발시키다
- **surge** 큰 파도, 전류나 전압의 급증
- **ratify** 비준하다
- **burgeon** 싹, 어린 가지; 싹이 트다
- **fringe** (스카프, 숄 등의) 술

□ 계약서 초안	draft contract
□ 빈축을 사다	be frowned upon
□ 선금으로	up front
□ ~할 경우가 종종 있다	there are frequent occasions when
□ 깊은 영향	profound influence
□ 이윤 배당 제도	performance plan
□ 인사고과제도	performance appraisal system
□ 규칙을 따르다	conform[obey, keep, follow] a rule
□ 게으름을 용서하다	forgive one's tardiness
□ 피장파장	tit for tat
□ 여러 가지 잘해 준 것에 대해	for all you have done for me
□ 비행 금지 구역	no-fly zone
□ 영업 이익 목표	profit goal
□ 확인버튼	confirmation button
□ 안절부절못하다	be fidgety, be in a fidget
□ 기밀유지 동의서	confidential agreement
□ 인공호흡	artificial respiration

NOTE

• **profound** 깊은, 심원한, 충심으로부터의
• **appraise** 평가하다, 감정하다 [appraisal 평가, 감정]
• **fidget** 안절부절못하다; 마음을 졸임

실전 예문 연습하기

01 It's an expensive and _____ product.
그것은 비싸고 고급 소비자를 겨냥한 제품이다.

A upmarket
B marketable

02 Police observed him driving _____ and stopped
him.
경찰은 그가 멋대로 운전하는 것을 주시하고 차를 멈추게 했다.

A erroneously
B erratically

03 The _____ for the basketball game was good.
농구 경기의 입장자 수는 상당했다.

A turnover
B turnout

04 The _____ of the Senate committee is that
the program should not be continued.
상원 위원회의 답신은 그 계획이 계속되어서는 안 된다는 것이다.

A finding
B founding

05 The _____ of Independence Day includes
fireworks and patriotic speeches.
독립 기념일 경축 행사에는 불꽃놀이와 애국적인 연설이 포함되어 있다.

A Observation
B Observance

06 He _____ criticism from himself by blaming
others.
그는 다른 사람들을 비난함으로써 자기에게 쏟아지는 비판을 빗나가게 했다.

A deflated
B deflected

07 That new computer is highly _____ because
there are no competing products for it.
그 새 컴퓨터는 경쟁 제품이 없기 때문에 시장성이 매우 높다.

A marketing
B marketable

08 The firm has too many _____ customers.
그 회사에는 체납 고객이 너무 많다.

A delinquent
B delirium

Answer
||||| 01 A   02 B   03 B   04 A   05 B   06 B   07 B   08 A

09 I see a _____ young woman in the library every day.
나는 매일 도서관에서 열심히 공부하는 어떤 젊은 여자를 봅니다.

A studious
B stewardess

10 The _____ of houses and cars after the storm was everywhere.
폭풍이 지나간 다음 주택과 자동차들의 잔해가 사방에 널려 있었다.

A wreckage
B wrench

11 Jobs that require the least experience are called _____ positions.
최소한의 경험을 요구하는 일자리를 견습직이라고 한다.

A enzyme
B entry-level

12 John always was more _____ than his sister.
존은 항상 그의 누이보다 더 과묵했다.

A reticent
B retinue

13 Turning off all the lights is a _____ way of saying, "Don't waste electricity.".
전깃불을 모두 끄는 것은 "전기를 낭비하지 마라."고 간접적으로 말하는 방식이다.

A subtract
B subtle

14 The witness's statement to the police was _____.
그 목격자가 경찰에 한 진술은 날조된 것이었다.

A facilitated
B fabricated

15 Imagination and hard work are the key _____ of success.
상상력과 일을 열심히 하는 것이 성공의 주된 요인이다

A ingredients
B inhabitants

▶ -related는 '~와 관련된'이란 의미다.

- **tobacco-related advertising** 담배와 관련된 광고
- **smoking-related cancers** 담배와 관련된 암
- **drug-related crimes** 마약과 관련된 범죄
- **job-related travel** 업무와 관련된 여행
- **drink-related road accidents** 음주와 관련된 도로 교통사고

▶ -rich는 '풍부한, 많은'이란 의미를 가지고 있다.

- **fiber-rich** 섬유질이 풍부한
- **cash-rich** 현금이 풍부한
- **sugar-rich** 당분이 풍부한
- **vitamin-rich** 비타민이 풍부한

▶ Noun + Noun 복합어 연습

- **market survey** 시장조사
- **income statement** 손익계산서
- **brain injury** 뇌손상
- **potato production** 감자 생산량
- **assembly line** 조립공정
- **exchange rate** 환율
- **construction site** 건설부지
- **expansion project** 확장 사업
- **interest rate** 이자율
- **labor dispute** 노동분쟁
- **maintenance check** 관리점검
- **travel agent** 여행사 직원

▶ 기본 숙어 확인 학습

- I'd like a job where I could **put** my degree in language **to good use**.
  나는 어학학위를 잘 이용할 수 있는 직업을 원합니다.

- I **left out** the important point. 나는 중요한 점을 빠뜨렸다.

- **Make sure** that you get here by one o'clock.
  한 시까지 꼭 오도록 하시오.

Toeic Voca Box 36

● 인사부서의 업무 2 ●

- **relocate** 재배치시키다
- **reshuffle** 인사이동(을 하다)
- **resignation** 사임, 사표
- **retiree** 퇴직자
- **station** 배치하다
- **transfer** 전출시키다
- **unproductive** 비생산적인
- **workforce** 노동인구

- **replacement** 후임자, 교대자
- **resign** 사임하다
- **retire** 은퇴하다
- **staffing** 직원배치
- **successor** 후임자
- **unemployment** 실업
- **unprofitable** 이익이 없는

- **performance appraisal**   직무수행평가
- **reducing workforce**   인력 감축

회화에 강해지는 Idiom

- **in hot water** 어려움에 처한
- **out of order** 고장이 난
- **for the time being** 당분간
- **in other words** 다른 말로 하면
- **get in touch with** 연락하다
- **at any rate** 여하튼, 하여간

- **call off** 취소하다
- **run out of** 다 떨어지다
- **look after** 돌보다
- **catch a cold** 감기에 걸리다
- **on purpose** 고의로
- **make ends meet** 수지를 맞추다

A 핵심 어휘 따라잡기

paperwork
[péipərwəːrk]

n. ① 서류 (= papers) ② 문서 업무

: paperwork to fill out 작성해야 할 서류들
: a lot of paperwork 많은 서류

---

forward
[fɔ́ːrwərd]

ad. 앞으로
a. 앞의, 대담한
v. 발송하다, 운송하다

: move forward 전진하다
: put forward 제출하다, 내놓다
: be forward in -ing 뻔뻔스럽게 ~하다
: forwardly 주제넘게, 오지랖 넓게
: forwarding 운송, 운송업
: forwarding address 이사 간 주소
: forwarder 운송업(회사)

---

potent
[póutənt]

a. ① 강력한, 영향력을 가진
② 효능 있는

: a potent drug 효험 있는 약
: potential *a.* 가능성이 있는 *n.* 잠재력, 가능성
: impotent 무력한, 무기력한

---

supportive
[səpɔ́ːrtiv]

a. 지원하는, 협력하는

: support *v.* 지탱[부양, 후원, 지지] 하다
  n. 버팀목, 지지, 부양금, 후원
: give one lots of support
  ~에게 많은 후원을 해 주다
: support group 친목회, 상조회
: support one's family 가족을 부양하다

---

derive
[diráiv]

v. ① 얻다 ② ~에서 유래하다

: derivative *n.* 파생물 *a.* 모방한
: derive one's income from ~로 수입을 얻다

Biz Tips

〰 All employees **are well advised to** stay in the building until the thunder and lightning subsides.
직원들은 모두 천둥과 번개가 그칠 때까지 건물에 머물러 계십시오.

stick
[stik]

v. ① 찔러 꽂다
② 움직이지 않게 되다

: get stuck in the mud 진흙에서 꼼짝 못하다
: stick to ① ~에 달라붙다 ② ~을 고수하다
: sticky 끈적끈적한, 들러붙는
: stick-in-the-mud 고루한 사람

---

stint
[stint]

n. 일정기간의 일, 할당량
v. 줄이다, 절약하다

: do one's daily stint 매일 할당된 일을 하다
: stint on food and clothing 음식과 옷을 절약하다

---

exposition
[èkspəzíʃən]

n. ① 박람회, 전람회
② 설명, 해설

: expose 노출시키다, 지연하다
: overexpose 과다 노출시키다
: be exposed to ~에 노출되다
: a house with southern exposure 남향집
: exposure to nuclear radiation 핵 방사에 쐼

---

trickle
[tríkl]

v. 똑똑 떨어지다
n. 소수, 소량

: trickle down 조금씩 흐르다
: slow to a trickle 눈곱만큼으로 줄어들다
: trickle up (돈이) 빈민층에서 부유층으로 옮아가다

---

receptive
[riséptiv]

a. (계획, 사상 등을) 잘 받아들이는

: receptacle 그릇, 용기
: receivable 받을 어음, 예상 수취금액

---

follow-up
[fálou ʌp]

n. a. 후속 (의), 추가조치 (의)

: follow-up survey 추적조사
: follow-up call 확인 전화

Point
Tips

‖‖ **be well advised to do** ~하는 것이 현명하다

instrumental
[ìnstrəméntl]
a. ① 도움이 되는 ② 악기의

: be instrumental in ~하는데 도움이 되다
: instrumental music 기악
: instrument ① 기구 ② 악기

imitate
[ímitèit]
v. ① 흉내 내다 ② 모방하다

: imitation 모방, 모조품
: in imitation of ~을 흉내 내어

slash
[slæʃ]
v. 획 베다, 삭감하다
n. 획 벰, 삭감, 사선

: slash prices 가격을 낮추다
: be slashed by two-thirds ⅔까지 삭감되다

engrave
[ingréiv]
v. ① 새겨 넣다 ② 명심하다

: engraver 조각가
: engraved on one's memory 뇌리에 새겨진

expire
[ikspáiər]
v. 만료되다, 유효기간이 끝나다

: expiration (계약, 임기 등의) 만료
: the expiration of one's passport 여권의 만료
: at the expiration of ~의 만기와 동시에

fickle
[fíkl]
a. 변덕스러운

: a fickle woman 변덕스런 여자
: *syn.* capricious, inconstant, volatile,
　　　　whimsical

unavoidably
[ʌ̀nəvɔ́idəbli]
ad. 부득이, 불가피하게

: an unavoidable delay 불가피한 연기
: avoidance ① 회피 ② 도피 ③ 자제, 삼가

Biz Tips

〰 He **is** really **tied up** now. 그분 지금 매우 바쁜데요.

〰 I **was told** he stepped out for a moment.
그가 잠깐 나갔다고 들었습니다.

supercilious [sùːpərsíliəs]	*a.* 거만한, 거드름피우는 : a supercilious smile 거만한 미소
incentive [inséntiv]	*n.* 자극, 동기, 장려금　*a.* 장려하는, 자극하는 : incentive wage system 장려 임금 제도
interrupted [ìntərʌ́ptid]	*a.* 중단된, 가로막힌 : interruption 방해, 중지
undervalued [ʌ̀ndərvǽljuːd]	*a.* 저평가된 : We generally tend to overvalue money and undervalue art. 우리는 일반적으로 돈을 과대평가하고 예술을 과소평가하는 경향이 있다.
utmost [ʌ́tmòust]	*a.* 최대한도의, 극도의, 가장 먼　*n.* 최대한도, 극한 : a matter of the utmost importance 최고로 중요한 문제
discontinue [dìskəntínjuː]	*v.* 그만두다, 중지하다 : *opp.* continue 지속하다
subcontract [sʌ̀bkántrækt]	*v.* 하청을 주다　*n.* 하청 : subcontractor 하청업자
clause [klɔːz]	*n.* ① 조항, 조목 ② 절 : a rent clause 임대 조항
amenity [əménəti]	*n.* ① 오락시설, 부대시설 ② 예의 *(pl.)* : exchange amenities 정중한 인사를 나누다
commonplace [kámənplèis]	*a.* 평범한, 진부한　*n.* 평범한 일(물건) : a commonplace remark 진부한 말 [의견]

Point Tips

▥ be tied up 바쁘다, 시간에 매어 있다

▥ be told ~라고 듣다

Collocation 확인하기

□ 직원 채용 현황	staffing situation
□ 비공식 회의	unofficial[off-the-record] session
□ 직원 이직률	staff turnover
□ 예명	professional[stage] name
□ 회의장	conference hall
□ 박탈당하다	suffer deprivation
□ 관할 정부	prefectural government
□ 도착했을 때부터 결함이 있는	defective upon arrival
□ 아직 신통치 않다	so far so bad
□ ~이기는커녕	so far from
□ 작년으로 거슬러 올라가	as far back as last year
□ 제가 아는 한은	as far as I know, as I understand it
□ 어느 정도 해결된	half solved
□ ~을 못 본 체하다	turn a blind eye to
□ 실험을 하다	conduct an experiment
□ 여론조사를 하다	conduct a poll

NOTE

- **deprive A of B** A에게 B를 박탈하다 　• **prefecture** 관할지
- **conduct** 행동하다, 처리[경영, 관리]하다, 지휘하다

☐ ~에 대한 최소한의 관리를 하다	exert minimal control over
☐ 자유분방한 작가	freewheeling writer
☐ 민첩한 기업	shrewd company
☐ 비자를 갱신하다	renew a visa
☐ 안전요원	safety guard
☐ 유전자 조작의	genetically engineered
☐ 유전공학	genetic engineering
☐ ~한 예감이 들다	something tells me that
☐ 장기간의 사용으로 보증된	time-tested
☐ 공연한 걱정을 하다	meet trouble halfway
☐ 규격에 맞다	meet the standards
☐ 설정된 목표를 달성하다	meet established goals and objectives
☐ 예산을 편성하다	set up a budget
☐ 가장 강한 어조로	in the strongest possible terms
☐ 필요악	necessary evil
☐ 건강증진	physical fitness
☐ 앞을 내다본 결정	foresighted decision

NOTE

- **exert** 발휘하다, 행사하다
- **freewheeling** 자유분방한
- **shrewd** 빈틈없는, 약빠른
- **physical fitness equipment** 건강증진을 위한 설비

실전 예문 연습하기

01 She stayed up late to go through _____ that she had brought home from the office.

그녀는 사무실에서 집으로 가져온 문서 업무를 검토하느라고 늦게까지 잠을 자지 않았다.

A paperweight
B paperwork

---

02 While we are away in the summer, our neighbor _____ our mail to us.

우리가 여름에 집을 떠나 있는 동안, 우리 이웃이 우편물을 우리에게 전송해 줍니다.

A forwards
B fosters

---

03 The senator is a _____ force in her political party.

그 상원 의원은 그녀의 정당 내의 실세이다.

A potent
B potential

---

04 Divorced parents can find _____ groups to help them cope with being a single parent.

이혼한 부모들은 친목회에서 홀 부모로 살아가는 데 대한 도움을 받을 수 있다.

A supply
B support

---

05 We attended a computer _____ at the trade center.

우리는 무역 센터에서 열리는 컴퓨터 전시회에 참가했다.

A exposition
B exposure

---

06 Investment and food aid so far amount to a _____.

지금까지 투자와 식량의 원조는 적은 양이다.

A trickle
B tickle

---

07 I gave my customer some ideas and have to do a _____ call to find out what he thinks about them.

나는 고객에게 아이디어를 말했고, 그가 그것에 대해서 어떻게 생각하는 지를 알아내기 위해서 확인 전화를 해야만 했다.

A following
B follow-up

Answer
IIIII **01** B **02** A **03** A **04** B **05** A **06** A **07** B

08 He _____ his character from his father.
그는 성격을 아버지로부터 이어 받고 있다.

A derides
B derives

---

09 Her good grades were _____ in getting her
a scholarship to Harvard.
좋은 학점 덕분에 그녀는 하버드 대학에서 장학금을 받을 수 있었다.

A insufficient
B instrumental

---

10 That manufacturer _____ the designs of
a competitor.
그 제조업자는 경쟁사의 디자인을 모방한다.

A immigrates
B imitates

---

11 Congress has _____ the budget for programs
to help poor families.
가난한 세대를 돕기 위한 프로그램 예산을 국회가 삭감했습니다.

A slashed
B slushed

---

12 She _____ a winter scene on a copper plate for
printing.
그녀는 인쇄용 구리판에 겨울 풍경을 새겨 넣었다.

A engrossed
B engraved

---

13 Upon its _____ the contract will be renewed
every three years subject to agreement of both
parties.
계약이 만료되면 쌍방의 합의에 따라 3년마다 갱신됩니다.

A expiration
B expertise

---

14 The airplane maker agreed to provide a finished
aircraft, but _____ the engines and tires to other
companies.
그 항공기 제조업체는 완성된 비행기를 제공하겠다고 합의했으나, 엔진과
바퀴는 다른 회사들에게 하청을 주었다.

A subdued
B subcontracted

Answer

| IIIII 08 B | 09 B | 10 B | 11 A | 12 B | 13 A | 14 B |

D 어휘 개념 파악하기

▶ **-scape**는 명사 뒤에 사용되어 '풍경'을 나타내는 뜻으로 쓰인다.

- **cityscape** 도시 풍경
- **skyscape** 하늘의 경치
- **waterscape** 물가의 풍경
- **landscape** 풍경, 조망

▶ **self-**는 '자기, 스스로'를 뜻한다.

- **self-control** 자제(심), 극기
- **self-taught** 독학의
- **self-criticism** 자기비판
- **self-interest** 사리사욕
- **self-knowledge** 자각
- **self-defence** 자기방어
- **self-government** 자치
- **self-analysis** 자기분석

▶ 기본 숙어 연습

- The TV news helps me **keep up with** the world.
  TV 뉴스는 내가 세상 돌아가는 것을 알게 해준다.

  ▫ **keep up with** ~에 뒤떨어지지 않다

- He is **not much of a** scholar. 그는 대단한 학자는 아니다.

- I didn't know you **had in mind** becoming a teacher in the future.
  네가 장차 교사가 되고 싶어 한다는 것을 몰랐다.

  ▫ **have ~ in mind** ~하고 싶어 하다, ~을 계획하다

▶ **rough** : ① 거친 ② 가공되지 않은 ③ 대강의

- a rough road 울퉁불퉁한 길

- Can you give me a rough idea? 대략적인 생각을 말해 줄 수 있어요?

- rough and tough 튼튼한, 다부진

Toeic Voca Box 37

일기예보

■ **barometer** 기압계	■ **blizzard** 눈보라
■ **climate** 기후	■ **downpour** 폭우
■ **drought** 가뭄	■ **dryness** 건조 (함)
■ **hail** 우박	■ **humid** 습한
■ **humidity** 습도	■ **inclement** 혹독한
■ **overflow** 범람하다	■ **precipitation** 강우 (량)
■ **rainfall** 강수 (량)	■ **temperature** 온도, 기온
■ **thermometer** 온도계	■ **torrential** 급류의
■ **weather forecast** 일기예보	■ **weather satellite** 기상위성
■ **weatherman** 일기 예보자	

회화에 강해지는 Idiom

■ **tell apart** 구별하다, 구분하다	■ **as a rule** 대체로, 일반적으로
■ **run into** 우연히 만나다	■ **fall in love with** ~와 사랑에 빠지다
■ **throw up** 토하다	■ **little by little** 조금씩
■ **all day long** 하루 종일	■ **step down** 물러나다, 사퇴하다
■ **point out** 지적하다	■ **take turns** 교대하다
■ **call it a day** 일과를 마치다	■ **go fifty-fifty** 절반으로 나누다

A 핵심 어휘 따라잡기

overwhelm
[òuvərhwélm]
v. ① (정신적으로) 압도하다
② 제압하다

: overwhelm A with B B로 A를 압도하다
: by an overwhelming majority 압도적인 다수로
: overwhelmingly 압도적으로

rotate
[róuteit]
v. ① 회전[순환]하다
② 교대하다

: rotation 회전, 자전
: the earth's revolution and rotation 지구의 공전과 자전
: in rotation 차례로

deride
[diráid]
v. 비웃다

: in derision of ~을 조롱하여
: derisive comments 조롱적인 비평

tally
[tǽli]
v. ① 세다 ② 부합하다
n. 득점, 총계

: the tally of goods 물품의 총계
: calculate the tally of goods 상품의 총계를 계산하다

spill
[spil]
v. ① 흘리다, 엎지르다
② 한꺼번에 나가다

: spill-resistant 누출을 방지하는
: spill the beans 비밀을 누설하다
: corrosion-resistant material 방부제 (=antiseptic, preservative)

handle
[hǽndl]
v. ① 다루다, 조정하다 ② 처리하다
n. 손잡이

: handle some business 업무를 처리하다
: get a handle on ~을 파악하다, 이해하다

Biz Tips

It's **up to** you, but I think now is an excellent time to buy.
결정은 당신이 하는 것이지만 지금이 절호의 매입 시기라고 생각해요.

wrap [ræp] v. ① 싸다, 포장하다 ② 마치다 ③ 따뜻하게 입다	: wrapped up in ~에 완전히 열중하다 : wrapper 포장지 / wrap-up 요약, 최종검토 : This wraps up interview. 이것으로 인터뷰는 끝입니다. : wrap up well 따뜻하게 입다
recall [rikɔ́ːl] v. ① ~을 기억해 내다 ② 리콜하다 n. 기억력, 리콜	: have a wonderful recall of ~을 놀라울 정도로 잘 기억하다 : beyond recall 생각해 낼 수 없는; 돌이킬 수 없는
deduct [didʌ́kt] v. 공제하다	: deduct 10% from the salary 급료에서 1할을 공제하다 : deduction ① 공제, 차감 ② 추론 : cf. deduce 연역하다, 추론하다
lucrative [lúːkrətiv] a. 수지맞는, 돈이 되는	: syn. profitable, gainful : cf. well-paying 급료가 좋은 　　unprofitable 수지맞지 않는
placement [pléismənt] n. ① 놓기, 배치 ② 배정 ③ 취직 알선	: a placement agency 직업소개소 : replace ① 갈다 ② ~를 대신하다 : replacement ① 후임자 ② 대체물
ferret out [férit aut] phv. 찾아내다, 캐내다	: ferret 흰 족제비; 흰 족제비로 사냥하다 : ferret out the truth 진실을 밝혀내다

Point Tips

〰 **be up to** ~에 달려 있다

premise
[prémis]
n. ① 영내, 구내(*pl.*) ② 전제

: on the premise that ~라는 전제 하에
: keep off the premises 구내출입금지
: make a premise 전제를 달다
: a major premise 대전제

intricate
[íntrəkit]
a. ① 복잡한 ② 난해한

: an intricate design 복잡한 디자인
: an intricate plot 난해한 줄거리
: *cf.* intrigue[intríːg] 음모

voice
[vɔis]
v. 말로 나타내다, 표명하다

: voice one's concern 우려를 표명하다
: voice call 인터넷 전화
: voice one's opinions about
  ~에 대해 자신의 견해를 말하다

confer
[kənfə́ːr]
v. ① 협의하다 ② 수여하다

: confer A on B B에게 A를 수여하다
: He's in conference now.
  지금 그는 회의 중입니다.

encircle
[insə́ːrkl]
v. 에워싸다

: encirclement 둘러쌈, 포위
: be encircled by ~에 둘러싸여 있다
: draw a circle 원을 그리다

waver
[wéivər]
v. 동요하다, 망설이다

: unwavering 동요하지 않는
: waver in belief 신념이 흔들리다
: *cf.* weaver 베짜는 사람

Biz Tips

▥ Why are you so far **behind in your work**?
왜 그렇게 일이 밀려 있습니까?

litigate [lítigèit]	v. 소송하다 : litigation 소송, 기소
impede [impí:d]	v. 방해하다 : impediment 방해, 장애, 언어 장애
proficiency [prəfíʃənsi]	n. 숙달, 능숙 : proficient 숙달된, 능숙한
elongate [ilɔ́:ŋgeit]	v. 잡아 늘이다, 연장하다 : The cells elongate as they take in water. 그 세포는 물을 흡수함에 따라 늘어난다.
apprehensive [æ̀prihénsiv]	a. 염려[걱정]하는 : apprehension 걱정, 두려움
appoint [əpɔ́int]	v. 지명하다, 임명하다 : appointment 임명, 약속
compile [kəmpáil]	v. 편찬하다, 집계하다 : compilation 편집, 편찬물
assess [əsés]	v. 평가하다, 감정하다 : assessment 사정, 평가
console [kənsóul]	v. 위로하다, 달래다 n. 콘솔, 제어반 : console one's grief 슬픔을 달래다
walkout [wɔ́:kàut]	n. 작업 중단, 파업 : hold a walkout 파업을 하다
trustee [trʌstí:]	n. ① 이사 ② 신탁관리자 : trustful 신뢰하는

Point Tips

▥ behind in one's work 일이 밀려 있는

Collocation 확인하기

☐ 예상매출	sales projection
☐ 자산과 부채	assets and liabilities
☐ 서류정리	paperwork
☐ 홍보활동	advertising campaign
☐ 신문에 광고를 내다	run an advertisement in the paper
☐ 전문적인 지식	expertise
☐ 고등교육	tertiary education
☐ 그럼에도 불구하고	nevertheless, having said that
☐ ~에 대한 연구조사를 하다	undertake a study of
☐ 접대비용	entertainment expenses
☐ 끊임없는 문제 거리	a persistent problem
☐ 계산상의 착오	an error made in calculating
☐ 출산 휴가	maternity leave
☐ 외부 자문	external consultant
☐ 진정한 변화를 겪다	undergo a real transformation
☐ 신흥 시장	emerging market

NOTE

- **projection** ① 돌출부 ② (영화) 영사 ③ 발사 ④ 예상, 예측
- **tertiary** 제3의, 3차의

   [secondary education 중등교육 ｜ primary education 초등교육]
- **persistent** 고집하는, 영속하는, 끊임없는   • **emerge** 나타나다

□ 물증	material evidence
□ 비상착륙	emergency landing
□ 설득력 있는 주장	powerful argument
□ 피상적인 지식	superficial knowledge
□ 오랫동안 타격을 입은	long-battered
□ 당신이 내 입장이라면	if you were in my place
□ 소문자	lowercase (↔ uppercase)
□ 컴퓨터로 생산한	computer-generated
□ 장례행렬	funeral procession
□ 총회	general assembly, plenary session
□ 축하를 보내다	offer[extend] congratulations
□ 진행 중에 있는	under way (or underway)
□ 다른 조건이 같다면	other things being equal
□ ~라는 잘못된 인상으로	under the mistaken impression that
□ ~의 비용을 충당하다	cover the cost of
□ 야음을 틈타서	under the cloak of night
□ ~의 협찬으로	under the auspices of

NOTE

- firm belief 심증   · funeral 장례식 (의)
- plenary 정식의 (↔ summary 요약의)   · cloak 외투, 망토
- auspice 전조 [auspices 후원, 보호 | *syn.* patronage]

실전 예문 연습하기

01 I was _____ by their generosity.
나는 그들의 관대함에 완전히 압도되었다.

A overwhelmed
B overstepped

02 I had the tires on my car _____ so they would wear evenly.
나는 차의 타이어들이 골고루 닳도록 교대로 바꿔 주었다.

A rotated
B rotation

03 He _____ between buying stocks and keeping his money in the bank.
그는 주식을 살지 은행에 돈을 맡길지 망설였다.

A wavered
B weaved

04 That newspaper columnist _____ the mayor whenever she can.
그 신문 칼럼니스트는 기회만 있으면 시장을 조롱한다.

A derives
B derides

05 Her tax figures don't _____ with the accountant's.
그녀의 세금 계산은 회계사의 것과 일치하지 않는다.

A tally
B tame

06 We _____ out onto the dance floor when the band started playing.
악단이 연주를 시작하자, 우리는 한꺼번에 무도장으로 쏟아져 들어갔다.

A spoiled
B spilled

07 At last they have a _____ on what caused the power failure.
드디어 그들은 정전의 원인을 파악하기 시작했다.

A handle
B handout

08 I _____ how much it would cost to build a new house.
나는 새 집을 짓는 데 돈이 얼마나 들지 평가해 보았다.

A assigned
B assessed

Answer
||||| 01 A   02 A   03 A   04 B   05 A   06 B   07 A   08 B

09 The mirror was curved so that it _____ my image,
make me look tall and thin.
거울에 굴곡이 있어서 나의 상이 길게 늘어나, 키가 크고 날씬하게 보였다.

A enlarged
B elongated

10 The business of selling luxury goods, such as
furs and fancy cars, can be quite _____ when
the economy is strong.
모피나 비싼 자동차 등의 사치품을 파는 사업은 경기가 좋을 때에는 제법 수지가
맞는다.

A lucrative
B ludicrous

11 The company _____ a product because it was
not safe.
그 회사는 상품이 안전하지 않다는 이유로 리콜을 실시했다.

A rebuked
B recalled

12 She was a specialist in _____ for recent college
graduates.
그녀는 최근 대학 졸업자들의 취직 알선 전문가였다.

A replacement
B placement

13 His major _____ for arguing there is life after
death is that people also have souls.
사후에 삶이 존재한다고 그가 주장하는 주요 전제는 사람들이 정신도 가지고
있다는 점이다.

A prejudice
B premise

14 The mystery novel has an _____ plot.
그 추리 소설은 난해한 줄거리를 다룬다.

A intricate
B intrigue

15 The parents were filled with _____ about letting
their 19-year-old daughter drive across country
alone. 그 부모는 열아홉 살 된 딸이 국토를 횡단하여 혼자 운전하도록
허락한 거에 대해 걱정이 가득했다.

A apprehension
B apprentice

Answer

IIIII 09 B   10 A   11 B   12 B   13 B   14 A   15 A

359

▶ 기본 단어 확인 학습

- **verbal** 말의, 구두의
- **spread** 펴다, 퍼지다
- **foremost** 맨 먼저의, 일류의
- **correction** 정정, 교정
- **vessel** 선박, 그릇
- **instructive** 교육적인
- **litter** 쓰레기, 잡동사니
- **glue** 접착제, 풀
- **lounge** 빈둥거리다; 로비
- **envelope** 봉투
- **trivial** 사소한
- **textile** 옷감; 직물의
- **shallow** 얕은
- **nap** 낮잠
- **vast** 거대한

- **rare** 드문, 진기한, 희박한
- **ceremony** 의식, 의례
- **dormitory** 기숙사
- **resort** 유흥지, 자주 다님, 의지
- **last** 지속되다
- **put out** (불을) 끄다
- **tutorial** 개인교사의, 개별지도
- **founder** 설립자, 창립자
- **reunion** 재결합, 친목회, 동창회
- **envelop** 싸다, 봉하다, 포위하다
- **jinx** 불운, 징크스
- **wizard** 마법사, 귀재
- **chaos** 혼돈, 무질서
- **cease** 중단하다
- **flee** 도망가다

▶ 기본 숙어 연습

- I'm always **ill at ease** in my father's company.
  나는 아버지와 같이 있으면 항상 거북하다.

- I am all thumbs **when it comes to** making things.
  나는 뭘 만드는 것이라면 영 재주가 없다.
    - **when it comes to** : ~할 때면, ~에 관한한

- He **dwelt on** the importance of time. 그는 시간의 중요성을 길게 얘기했다.
    - **dwell on** : ① 곰곰이 생각하다 ② 길게 설명하다
    - **dwell in one's mind** : 마음속에 남아있다

- This event is **of moment** to all the countries in Asia.
  이 사건은 아시아 모든 나라에 중요하다.

● 일반적인 회사 업무활동 1 ●

- **accomplish** 이루다, 완성하다
- **alert** 경계태세
- **alter** 바꾸다
- **appropriate** 적절한
- **assign** 할당하다
- **assignment** 할당, 임무
- **bin** 저장통, 쓰레기통
- **come off** 성공하다
- **consult** 상담하다
- **consultation** 상담, 자문
- **container** 용기, 컨테이너
- **contract** 계약(을 맺다)
- **demanding** 지나치게 요구하는
- **depository** 창고, 저장소
- **depot** 저장소, 창고
- **document** 서류, 문서
- **draft** 초안
- **dress code** 복장에 대한 규정
- **earliest reply** 조속한 회답
- **examine** 검사하다
- **expiration** 만료, 만기
- **expire** 만료되다
- **feel out** 타진하다
- **fire alarm** 화재경보기
- **for confirmation** 확인을 위해
- **fulfill** 이행[완수]하다
- **go-ahead** 승낙
- **have a hand in** ~에 관여하다
- **hold out for** ~을 가지고 버티다
- **implement** 이행하다; 도구
- **implementation** 이행, 실행
- **improve** 개선하다
- **inspect** 검사하다
- **inspection** 조사, 검사
- **irrelevant** 관계가 없는
- **lifetime guarantee** 평생보증
- **maintenance** 유지, 보수
- **manage** 경영하다

A 핵심 어휘 따라잡기

manifest
[mǽnəfèst]
v. 나타나다, 도래하다
n. 승객명단, 적하목록

: a passenger's manifest 승객명단
: manifestation 조짐, 상징, 표시
: cf. manifesto 성명서(를 발표하다)

tackle
[tǽkəl]
v. (일과) 씨름하다, 적극적으로 해결하다
n. 도구

: tackle the problem of 문제와 씨름하다
: fishing tackle 낚시 도구

stun
[stʌn]
v. ① 잠깐 기절하다
② 놀라서 말을 잃게 하다

: be amazed at the stunning progress
엄청난 발전에 놀라다
: stunning ① 굉장히 아름다운 ② 엄청난

up to potential
[ʌp tu: pouténʃəl]
phr. 잠재능력까지, 젖 먹던 힘까지

: up to now/this time 지금까지
: up to one's expectations
누구의 기대에 부응하여
: up to a point 전부는 아니고 어느 정도까지

tense
[tens]
a. ① 긴장한 ② 긴박한
v. 긴장하다

: in a tense situation 긴박한 상황에서
: tension ① 긴장 ② 팽창력, 장력
: ease the tension 긴장을 완화시키다
: the tension in steel cables 강철 케이블의 장력

deflate
[difléit]
v. ① 공기를 빼다 ② 풀죽게 하다
③ 하락시키다

: deflation 물가하락 (↔ inflation)
: a deflator of oil prices 물가 하락의 요인

Biz Tips

▥▥▥ That's **beside the point**. We want accuracy, not speed.
요점은 그게 아닙니다. 우리가 원하는 것은 정확성이지 속도가 아닙니다.

win big
[win big]
phr. 크게 이기다, 크게 인기를 끌다

: talk big 허풍 치다
: make it big 대성공하다
: think big 야심적으로 생각하다

stir
[stə:r]
v. ① 휘젓다 ② 부추기다, 선동하다
n. 휘젓기

: stir up the crowd 군중을 자극하다
: hard to stir 잘 섞이지 않는
: stir up one's desire 욕망을 북돋우다

throttle
[θrátl]
n. ① 공기 조절판 ② 도로의 병목
v. ① 목을 조르다 ② 흐름을 막다

: at full throttle 전속력으로
: close the throttle 속력을 낮추다
: A murderer throttled his victim.
　살인자가 피해자의 목을 졸랐다.

pension
[pénʃən]
n. ① 연금, 보조금
　② (유럽에서) 하숙집

: pensioner 연금 수령자
: draw one's pension 연금을 타다
: live on a pension 연금으로 생활하다

hands-on
[hǽndz án]
a. ① 적극적인
　② 실습 위주

: a hands-on manager 적극적인 경영자
: a hands-on workshop 실습위주의 워크숍
: *cf.* hands-off 불간섭의

piracy
[páiərəsi]
n. ① 해적질
　② 저작권 침해, 표절

: pirate 해적, 표절자; 표절하다
: a pirated edition 해적판, 위조출판물
: literary piracy 표절자; 표절하다

Point Tips

‖‖ beside the point 요점에서 벗어난

tailor
[téilər]

v. ① 옷을 짓다 ② 요구에 맞추다
n. 재단사

: be tailored to ~에 맞추어져 있다
: tailor clothes 옷을 짓다

---

gadget
[gǽdʒit]

n. 간단한 기계 장치, 잘 고안된 도구

: electronic gadgets 전기 기구들
: gadgetry 소도구류
: syn. gismo, gizmo

---

implicate
[ímpləkèit]

v. 연루[관련]시키다

: implication ① 연루 ② 함축
: make implications that S + V ~함을 넌지시 비추다
: cf. imply 암시하다, 넌지시 알리다

---

irreplaceable
[ìripléisəbl]

a. (무엇과도) 바꿀 수 없는
너무 특별한

: replace A with/by B A를 B로 바꾸다
: cf. <ir-> : 반대를 나타내는 접두사
    irrational 비이성적인 / irreconcilable 화해할 수 없는
    irrefutable 반박할 수 없는 / irregular 불규칙적인
    irrelevant 상관없는 / irreparable 수리할 수 없는
    irresistible 거절하기 힘든 / irrespective 상관없는
    irresponsible 무책임한

---

still
[stil]

a. ① 정지한, 고요한
    ② 침묵의, 조용한
ad. ① 가만히 ② 아직 ③ 그럼에도
    ④ 더욱, 더
v. ① 조용하게 하다 ② 갈아 앉히다
    ③ 증류하다
n. ① 증류기 ② 스틸 사진

: still someone's fears 두려움을 달래다
: stand still 가만히 서있다
: Still waters run deep. 빈 수레가 요란하다.
: need still more time 더 많은 시간이 필요하다
: She was still asleep when I went to work.
  내가 일하러 나갈 때 그녀는 아직도 자고 있었다.

Biz Tips

▥ The task **is too much for** me. 그 일은 저에게 너무 힘겹습니다.

▥ From nails and bolts to posts for your fences, everything **is under one huge roof.** 울타리에 필요한 못과 볼트에서 말뚝에 이르기까지 모든 것이 대형 매장 한 곳에 있습니다.

insulation [ìnsəléiʃən]	*n.* 격리, 고립, 절연체 : insulate ① 절연하다 ② 분리하다
underway [ʌ̀ndərwéi]	*a.* ① 움직이고 있는 ② 진행 중인 : An inquiry into her charges is now underway. 그녀의 혐의에 대한 조사가 지금 진행 중이다.
imperfection [ìmpərfékʃən]	*n.* 결함, 결점 : perfection 완벽, 완성
amend [əménd]	*v.* 수정하다, 개정하다 : amendment 개정, 수정
administer [ædmínəstər]	*v.* ① 운영 [관리] 하다 ② (약 등을) 투여하다 : administer financial affairs 재무를 관리 [담당] 하다
consignment [kənsáinmənt]	*n.* 위탁, 위탁판매 : on consignment 위탁으로
competent [kámpətənt]	*a.* 적임의, 유능한, 역량이 있는, 소관의 : a competent man 유능한 사람
anonymous [ənánəməs]	*a.* 익명의 : an anonymous author 익명 작가
arguable [ɑ́ːrgjuəbl]	*a.* 논의의 여지가 있는 : argument 논의, 논쟁
ballot [bǽlət]	*n.* 무기명 투표 *v.* 투표하다 : cast a ballot 투표하다
assemble [əsémbl]	*v.* 모으다, 조립하다 : assembled 조립된, 결합된

Point Tips

ⅢⅢ be too much for ~에 힘겹다

ⅢⅢ be under one huge roof 거대한 매장 한 곳에 다 있다

☐ ~가 아닐까 염려하여	under the apprehension that
☐ 추천장	letter of commendation
☐ 위임장	letter of authorization
☐ 더 이상의 어떤 의무도 없는	under no further obligation
☐ ~한 점에서 ~와 다르다	differ from ~ in that
☐ 첨부된 주문 양식	attached order form
☐ ~에 대한 설명을 드리다	offer explanation for
☐ 논의 중인	under discussion
☐ 자선모금행사	charity fund raiser
☐ 요구를 받으면	if required
☐ ~라는 사실을 받아들이다	accept the fact that
☐ ~에 대한 비난을 인정하다	accept the blame for
☐ 재고상황	inventory status
☐ ~에 대해 전적으로 옳다	be entirely right about
☐ 잠재수요	potential demand
☐ 특허법	patent law

NOTE

- **apprehension** 염려, 체포
- **commend** 추천하다, 칭찬하다, 맡기다 [commendation 칭찬, 위탁, 추천]
- **inventory** 물품 명세서, 재고 목록, 재고품　· **patent** 특허권

□ 긴급회의	urgent meeting
□ 최근의 불법행위	recent irregularities
□ 빈틈없는 경영	astute management
□ ~에 대한 폭넓은 경험	extensive experience with
□ 누가 ~하는 비용	expenses for someone to do
□ 기발한 생각	ingenious idea
□ 벌어지는 격차	widening gap
□ 활기차고 헌신적인 사람	an energetic and committed person
□ ~에 따라 다르다	depend on
□ 근처에 오면	when you are in the neighborhood
□ ~에 관한 한	when it comes to
□ 일정이 확정되면	when I get a definite date
□ 모든 것이 완결되면	when everything is set
□ 임시직원	a temporary worker[employee]
□ 자영업	self-employed business
□ 조립공정	assembly line
□ 낌새를 채다	smell a rat

NOTE

- **irregularity** 불규칙, 불법 행위 • **astute** 영악한, 빈틈없는
- **ingenious** 재간 있는, 영리한

　　　[**ingenuity** 재주, 창의력 | **ingenuous** 솔직한, 순진한]

실전 예문 연습하기

01 The illness _____ itself with a high fever and
a cough.
그 병은 고열과 기침으로 증세가 나타났다.

A manifesto
B manifested

---

02 A task force was formed to _____ New York's
rising crime rate.
뉴욕의 증가하는 범죄를 적극적으로 해결하기 위해 기동대가 만들어졌다.

A tickle
B tackle

---

03 The news of your friends's death _____ me.
네 친구가 죽었다는 말에 나는 할 말을 잃었다.

A stunned
B stumbled

---

04 Opposing countries are threatening war in
a _____ situation.
대립하는 국가들이 긴박한 상황에서 전쟁을 일으킬 위기에 있다.

A tense
B tentative

---

05 The economic recession has _____ prices.
경기 침체로 물가가 하락했다.

A deflected
B deflated

---

06 The weather was hot, but we _____ our friends
into taking a drive to the beach.
날씨가 더웠지만, 우리는 친구들을 부추겨서 해변으로 차를 몰고 갔다.

A stitched
B stirred

---

07 The government is attempting to _____
the uprising before it spreads.
정부는 폭동이 퍼지기 전에 제압하려고 하고 있습니다.

A throttle
B throb

---

08 He is a _____ manager; he pays close attention to
every part of his business.
그는 적극적인 경영자이다. 그는 자기 사업의 모든 부분에 세밀한 관심을 기울인다.

A hands-on
B hands-off

Answer
Ⅲ **01** B   **02** B   **03** A   **04** A   **05** B   **06** B   **07** A   **08** A

09 She is 70 years old and receives a _____ from her former employer.
그녀는 70세이며 전 직장에서 연금을 받는다.

A tension
B pension

---

10 My books was copied illegally and sold by _____ in another country.
내 책은 다른 나라의 저작권 침해자들에 의해 불법으로 복제되어 팔렸다.

A pirates
B piracy

---

11 Treatment is _____ to the needs of each patient.
각각의 환자의 요구에 맞게 치료가 행해집니다.

A tailed
B tailored

---

12 She has many electronic _____ in her house, from computers to an electric toothbrush.
그녀는 집에 컴퓨터부터 전동 칫솔에 이르기까지 여러 전기 기구들을 가지고 있다.

A gadgets
B digits

---

13 The drug addict _____ the man who sold her the cocaine.
그 마약 중독자는 자기에게 코카인을 팔았던 남자를 연루시켰다.

A implied
B implicated

---

14 He has his faults, _____ I love him.
그는 결점이 있지만, 그럼에도 나는 그를 사랑한다.

A though
B still

---

15 Our company shipped 12 chairs on _____ to a store; the store will pay us after the chairs are sold.
우리 회사는 한 상점에 위탁 판매할 의자 12개를 선적했다 그 상점은 의자가 팔리면 값을 지불할 것이다.

A consignment
B consolation

Answer

|||| 09 B 10 A 11 A 12 A 13 B 14 B 15 A

D 어휘 개념 파악하기

▶ 기본 숙어 확인 학습

· The same causes **give rise to** the same effects.
같은 원인은 같은 결과를 낳는다.

· The garage had been **made over into** a play room.
차고가 오락실로 개조되었다.

· You **threw away the chance of** a good job by your stupidity.
너는 어리석어서 좋은 일자리를 얻을 기회를 잃고 말았다.

▶ Noun + Noun 복합어 연습

· multi-year marketing contract 다년간의 판매 계약
· photography exhibit 사진 전시회
· interoffice envelopes 사내용 봉투
· advance reservation 사전 예약
· confidentiality agreement 기밀유지 동의서
· energy efficiency 에너지 효율성
· one-hour layover 1시간의 중간 기착
· additional performances 추가공연
· travel reimbursement 여행경비 변제

▶ -ship는 '① 신분, 상태 ② 기술 ③ 관계 ④ 배, 차량'을 의미한다.

· authorship 저작자임
· ownership 소유자임, 소유권
· censorship 검열
· craftsmanship 장인의 솜씨
· salesmanship 판매술
· friendship 우정
· companionship 교우관계
· gunship 무장헬리콥터

· leadership 지도력
· membership 회원자격, 회원총수
· hardship 고난, 곤경
· marksmanship 사격술
· workmanship 솜씨, 세공
· relationship 친족관계, 연고관계
· partnership 협력, 제휴
· battleship 전함

● 일반적인 회사 업무활동 2 ●

- **markup** 이윤; 가격인상
- **monitor** 감시하다
- **negotiable** 협상할 수 있는
- **no later than** 늦어도
- **off the mark** 빗나간
- **off-limits** 출입금지 (구역) 의
- **on schedule** 예정대로
- **oversee** 감독하다
- **proper** 적합한
- **provision** 공급; 규정, 조항
- **receptacle** 용기, 저장소
- **relevant** 관계가 있는
- **renew** 갱신하다
- **repository** 저장소, 창고
- **review** 재검토하다
- **routine** 일상적인 일
- **safety code** 안전수칙
- **scrutinize** 자세히 조사하다
- **security** 안전, 보안
- **set out to do** ~을 착수하다
- **sign a contract** 계약을 체결하다
- **smoke detector** 연기 탐지기
- **spark off** 유발시키다
- **stipulation** 계약조건, 약정
- **streamline** 간소화하다
- **supervise** 감독하다
- **supply room** 비품실
- **take on** 일을 떠맡다
- **terminate** 종결시키다
- **time-consuming** 시간을 낭비하는
- **transact** 거래하다
- **transaction** 거래, 처리
- **undertake** 떠맡다, 착수하다
- **warehouse** 창고, 저장소

- **assume the responsibility for** ~에 대한 책임을 맡다
- **draw up a contract** 계약서를 작성하다
- **meet the deadline** 마감시간에 맞추다

핵심 어휘 따라잡기

tip
[tip]

n. ① 뾰족한 끝 ② 충고, 조언
   ③ 사례금

: tip-off 귀띔
: give sb. a tip on ~에게 ~에 대한 정보를 주다
: from tip to toe 머리끝에서 발끝까지, 철두철미하게
: on the tip of one's tongue
  ① 하마터면 말이 나올 뻔하여
  ② 말이 입 끝에서 뱅뱅 돌 뿐 생각이 안나

---

ecosystem
[íːkousìstum]

n. 생태계

: equilibrium of ecosystem 생태계의 평형
: ecology 생태학

---

prejudice
[prédʒudis]

n. ① 편견 ② 침해
v. ① 편견을 갖게 하다
   ② 손상시키다

: to the prejudice of ~에 침해가 되도록
: without prejudice 편견 없이, 침해하지 않고
: a person of strong prejudice 편견이 강한 사람

---

devastate
[dévəstèit]

v. ① 황폐케 하다
   ② (감정, 금전) 타격을 주다

: devastating charm 넋을 잃게 할 정도의 매력
: have a devastating effect on
  ~에 파괴적인 영향을 주다
: bring devastation to ~를 황폐케 하다

---

denomination
[dinὰmənéiʃən]

n. ① 종파 ② 화폐 단위 금액

: money of small denominations 소액 화폐
: denominate ~라고 일컫다
: common denominator 공통분모
: clergy of all denominations 모든 종파의 성직자

Biz Tips

〉〉〉〉 John **came under fire for** his handling of the negotiations.
존이 한 협상에 대한 처리가 비난을 받았습니다.

TOEIC VOCA

applicant
[金plikənt]
n. 지원자, 응모자

: apply 적용[응용]하다
: application 지원[신청]서
: applicable ① ~에 해당하는 ② 의미 있는
: applied science 응용과학
: apply oneself to ~에 열중하다

agenda
[ədʒéndə]
n. 안건, 의제

: be high on the agenda 아주 중요한 과제다
: be on the agenda 회의 안건으로 상정되다
: a long agenda 많은 안건

interfere
[ìntərfíər]
v. ① 간섭하다(in)
     ② 방해하다(with)

: interference 방해, 간섭, 무전의 혼신
: There's some interference. 혼선이 되는군요.
: interfere in another's life 남의 생활에 간섭하다

viable
[váiəbl]
a. ① 실행 가능한
     ② 살아 갈 수 있는

: a viable alternative 실행 가능한 대안
: economically viable 경제적으로 생존 가능한
: viability 생존능력, 성공 가능성

utility
[ju:tíləti]
n. ① 공익 시설
     ② 공익사업체
     ③ 유용

: of little utility 거의 쓸모없는
: utilize 이용하다
    syn. make use of, turn ~ to account
          take advantage of, put ~ to use
          take ~ into account, avail oneself of
: utilization 이용, 활용
: utilizer 사용자, 이용자

Point Tips

|||| come[be] under fire for ~에 대해 비난을 받다

373

A 핵심 어휘 따라잡기

earmark
[íərmɑ̀ːrk]
v. 따로 책정하다
n. ① 귀표 ② 특성, 표시
③ 책 모서리의 접힌 부분

: have the earmark of ~의 특징을 갖추다
: The city has earmarked funds for street repairs. 시는 거리 보수를 위한 기금을 따로 지정했다.

---

probation
[proubéiʃən]
n. ① 견습기간
② 집행유예, 보호관찰

: the probation system 집행유예[보호관찰] 제도
: on probation 견습으로, 집행유예로
: during one's probation period 견습기간 중에

---

segregate
[ségrəgèit]
v. ① 분리시키다, 격리하다
② 차별하다

: segregate A from B A를 B로부터 분리시키다
: *a.* [ségrəgit] 분리된, 격리된
: segregation 분리, 인종차별 (↔ integration)

---

package
[pǽkidʒ]
n. ① 꾸러미, 소포
② 일괄, 종합정책

: a package of health services 종합적 의료서비스
: package deal 일괄거래 (상품)
: package store 주류소매점
: packing 포장, 포장 용기
: be packed with ~로 꽉 차다

---

faculty
[fǽkəlti]
n. 능력, 기능, 대학의 학부, 교수단
교직원

: one's faculty of observation 관찰력
: the faculty to express oneself well
자기의 의견을 잘 나타낼 수 있는 능력
: The university has an excellent faculty.
그 대학은 훌륭한 교수진을 보유하고 있다.

Biz Tips

Although inspecting each order three times before shipping may seem excessive, it's always **better to be safe than sorry**.
발송에 앞서 3번이나 주문을 확인하는 것은 지나친 것처럼 보일지 모르지만 나중에 후회하느니 주의를 기울이는 게 좋다.

subsequent [sʌ́bsikwənt]	*a.* 그 후의, 잇따르는 : subsequently 계속해서
periodical [pìəriádikəl]	*n.* 정기 간행물 : periodic 정기적인, 간헐적인
embezzle [imbézl]	*v.* 횡령하다 : embezzlement 횡령, 착복, 횡령죄
more or less [mɔ́ːr ɔːr les]	*phr.* ① 거의(= almost) ② 대략 : be more or less ailing (병이) 그만저만하다
enroll [inróul]	*v.* 등록하다, 입학하다 : enrollment 등록 (인원)
intake [íntèik]	*n.* 흡입, 섭취량 : food intake 음식물 섭취
overhead [óuvərhèd]	*n.* 경상비, 기본경비 *ad.* 머리 위로 : an overhead walkway 보도 육교
invisible [invízəbl]	*a.* 눈에 보이지 않는, 확실하지 않은 (↔ visible) : invisible to the naked eye 육안으로는 보이지 않는
scheme [skiːm]	*n.* ① 배치, 계획 ② 음모 ③ 실행 계획안 : adopt a scheme 계획을 채택하다
invoke [invóuk]	*v.* ① 호소하다 ② 실시하다 : invoke God's mercy 신의 자비를 기원하다
void [vɔid]	*v.* ① 무효로 하다 ② 비우다 *n.* 공허감 : an aching void (in one's heart) 안타까운 공허감

Point Tips

IIII **better to be safe than sorry**
나중에 후회하기보다는 미리 주의하는 것이 더 나은

Collocation 확인하기

☐ 지울 수 없는 기억	indelible memory
☐ 부주의한 사용	careless use
☐ ~에 대한 반응이 있다	receive feedback on
☐ ~로부터 제안을 받다	receive an offer from
☐ 미수금 계정	account receivable
☐ 비교 검토하다, 저울질 해 보다	weigh up
☐ 애증관계	love-hate relationship
☐ 유지비 걱정 없는	carefree upkeep
☐ 몰아내다	squeeze out
☐ 더 좋은 조건을 제시하다	sweeten a deal
☐ 전면적인 개편	sweeping[full scale] reform
☐ 근무 태만인	asleep at the switch[on the job]
☐ 단점을 보충하는 장점	redeeming feature
☐ 돈에 쪼들리다	feel pinched[be hard up] for money
☐ ~에 대한 감각이 붙다	get a feel for
☐ 생산목표를 초과하다	exceed the production target

NOTE

- **indelible** 지울 수 없는
- **squeeze** 짜내다, 압착하다
- **redeem** 되찾다, 회복하다, 벌충하다
- **account payable** 지불계정
- **sweeten** 달게 하다, ~의 환심을 사다
- **cash-strapped** 돈에 쪼들리는

□ ~의 권한 밖이다	exceed one's authorized power
□ 필요하다면	if need be, if necessary
□ 경험에서 나온 추측	educated guess
□ 표현과 집회의 자유	freedom of experience and assembly
□ 유전병	hereditary disease
□ 직속상관	immediate supervisor
□ ~보다 한발 앞서 가다	have an edge on
□ 박차를 가하다	speed up
□ 집단 이기주의	collective[group] egoism
□ 효과적인 방법	effective way
□ 기대 수익	expected return
□ 직행 편	direct flight
□ 수신자 요금 부담 전화	collect cal, toll-free number
□ 경제전망	economic outlook, economic forecast
□ 결정을 뒤엎다	reverse a decision
□ 도움을 청하다	appeal to you for help
□ 갈증을 풀다	quench[slake] thirst

NOTE

- **hereditary** 부모한데 물려받은, 유전의
- **collective** 집합적, 집단적
- **quench** (불 따위를) 끄다, (갈증을) 풀다
- **slake** 갈증을 풀다, (욕망 등을) 채우다, (불을) 끄다

377

실전 예문 연습하기

01 Give me a _____ if anything drastic should happen there. 무슨 급격한 상황이 있으면 귀띔 좀 해 주세요.

A tip-off
B tip-top

02 These factors will destroy the _____ .
이러한 공장들이 생태계를 파괴할 것이다.

A ecstasy
B ecosystem

03 He _____ his co-workers against the new manager by telling them he was very strict.
그는 신임 지배인이 매우 깐깐하다고 말해서 동료들에게 그에 대한 편견을 심어 주었다.

A prejudiced
B precluded

04 She is so _____ she's taken to her bed.
그녀는 망연자실한 나머지 몸져누웠다.

A devoted
B devastated

05 Within Christianity, there are many _____ such as Roman Catholics, Protestants, and the Eastern Orthodox Church.
기독교 안에는 로마 가톨릭, 신교, 동방 정교회 등과 같은 여러 종파들이 있다.

A denominations
B deodorants

06 His earlier comments were not _____ to our later discussion.
그가 전에 한 말은 우리가 이후에 한 토론에는 의미가 없었다.

A applicable
B applicant

07 _____ on the telephone line was caused by a storm. 전화의 혼선은 폭풍에 의해 야기되었다.

A Interim
B Interference

08 We have a _____ for finishing the job by Friday.
우리는 금요일까지 그 일을 끝마칠 계획이다.

A scheme
B schism

Answer
|||| 01 A   02 B   03 A   04 B   05 A   06 A   07 B   08 A

09 Our _____ are shut off for repair, so we can't bathe.

A utilities
B utilization

수리하느라 공공시설이 끊겨서 우리는 목욕을 할 수 없다.

---

10 I'm going to _____ most of my income for studying abroad.

A eavesdrop
B earmark

나는 외국 유학을 위해 수입의 대부분을 따로 떼어둘 작정입니다.

---

11 That company puts all new employees on a three-month _____.

A probation
B procedure

그 회사는 모든 신입 사원에게 3개월간의 수습 기간을 거치게 한다.

---

12 In my city in the 1950s, the law _____ whites and blacks.

A integrated
B segregated

1950년대 내 고향에서는 법으로 백인과 흑인을 분리시켰다.

---

13 He _____ company funds to pay for his vacation in Europe.

A embezzled
B emboldened

그는 회사 자금을 횡령하여 유럽 휴가에 사용했다.

---

14 Music is _____; we can hear it and feel it, but not see it.

A invulnerable
B invisible

음악은 눈에 보이지 않는다. 우리는 그것을 듣고 느낄 수는 있으나 볼 수는 없다.

---

15 There are still doubts whether the electric car is commercially _____.

A vibrant
B viable

전기차가 상업적으로 성공할 수 있는 지에 대해서 여전히 의문이 있다.

▶ **-some** : ① ~하는 경향이 있는 ② ~을 생기게 하는 ③ **group**

- quarrelsome 싸우길 좋아하는
- bothersome 성가신, 귀찮은
- awesome 두려운, 무서운
- worrisome 골치 아픈
- twosome 둘이서 하는
- meddlesome 간섭하기 좋아하는
- loathsome 싫은, 지긋지긋한
- fearsome 무서운, 무시무시한
- tiresome 지루한, 성가신
- threesome 3인조의

▶ **-speak**는 '전문 용어'나 '~식의 어휘'를 나타낸다.

- computer-speak 컴퓨터 언어
- lawyer-speak 법률 용어
- media-speak 매스컴 용어
- marketing-speak 마케팅 용어

▶ 기본 숙어 연습

- He is trying to **cut down on** cigarettes and beer.
  그는 담배와 맥주를 줄이려고 애쓴다.

- My son **is hard on** shoes. These were new a month ago.
  내 아들은 신발을 심하게 다룬다. 한 달 전에는 새 것이었다.

- Howard wants a scholarship to Harvard but he doesn't
  stand a chance of getting one.
  하워드는 장학금을 받고 하버드로 가기를 원하나 장학금을 받을 가능성은 없다.

▶ **home**이 부사로 쓰여 '① 정통하여 ② 깊이, 뼈저리게' 등의 의미를 갖는다.

- be at home in[with] ~에 정통하다
- come home to ~에게 뼈저리다
- bring ~ home to ~을 절실히 느끼게 하다
  - We should bring home to children the value of reading.
    우리는 아이들에게 독서의 가치를 절실히 느끼게 해 주어야 한다.

● 전화로 통화하기 ●

- **acquaintance** 아는 사람
- **an outgoing call** 외부전화

- **be back shortly** 곧 들어오다
- **be crossed** 혼선되다

- **by that name** 그런 이름을 가진
- **change phones** 다른 전화로 받다

- **connection** 연결 상태
- **eavesdrop on** ~의 말을 엿듣다

- **extension** 구내전화
- **get cut off** 끊기다

- **get hold of** ~와 통화하다
- **get the phone** 전화를 받다

- **go dead** 먹통이 되다
- **in person** 몸소, 직접

- **in the rush** 바빠서
- **inquire about** ~에 대해 문의하다

- **interference** 혼선
- **mishear** 잘못 듣다

- **on the phone** 전화로
- **out of order** 고장이 난

- **put on hold** 대기상태로 두다
- **speak up** 크게 말하다

- **the right person** 담당자
- **track down** 찾아보다

- **accept the charge**   요금을 부담하다
- **become disconnected**   전화가 끊어지다
- **get in touch with**   ~와 연락을 취하다
- **get ~ on the phone**   ~한테 전화를 받으라고 하다
- **get through to**   ~와 통화가 되다
- **halfway through dialing**   다이얼을 돌리는 중에
- **in private**   사람들이 없는 데서
- **go on and off**   들렸다 안 들렸다 하다
- **sound a lot alike**   목소리가 흡사하다
- **speak clearly**   확실하게 이야기하다
- **the person in charge**   담당자

A 핵심 어휘 따라잡기

upkeep
[ʌ́pkìːp]
n. 유지(비)

: the cost of upkeep 유지비
: the upkeep on the car 자동차 유지비
  cf. **upbeat** 열정적인, **uptime** 가동시간, **upturn** 호전,
    uplift ① 융기되다 ② 기운을 돋우다

forbid
[fərbíd]
v. 금지하다, 허락하지 않다

: forbid A to do A가 ~하는 것을 금하다
: forbidden 금지된
: forbidding 으스스한, 무서운

gear
[giər]
v. ① 설치하다 ② 맞게 조정하다
  ③ 준비하다
n. ① 톱니바퀴 ② 기어
  ③ 장비, 기구

: gear A to B A를 B에 맞추다
: gear up for 준비가 다 되다
: gear down (활동, 생산을) 억제하다, 감소하다
: be geared up for ~할 준비가 되다

withhold
[wiðhóuld]
v. ① 보류하다 ② 공제하다

: withholding tax 원천과세
: *cf.* **withdraw** ① 물러서다 ② 인출하다 ③ 취소하다
    withstand 견디다, 참다

faint
[feint]
a. ① 희미한, 미약한 ② 어지러운
v. 졸도하다

: a faint effort 내키지 않는 노력
: feel faint 어지럽다
: fall into a faint 기절하다
: a faint resistance 무기력한 저항
: a faint light 희미한 빛
: in a dead faint 기절하다

Biz Tips

▐▐▐▐ He **is prone to** forgetting his car keys.
그는 자동차 열쇠 챙기는 걸 잘 잊어버린다.

▐▐▐▐ The state government **is puzzled with** financing problems.
주 정부는 재정문제로 부심하고 있습니다.

refer	: refer A to B ① A를 B로 보내다
[rifə́:r]	② A를 B의 탓으로 돌리다
v. ① ~을 ~로 보내다	: refer to ~을 언급하다, 참고하다
② 언급하다	: refer to A as B A를 B로 일컫다
③ 참고하다	: reference 문의, 참조, 조회, 관련

resolve	: resolution 해결, 결단, [컴] 해상도
[rizálv]	: New Year's resolution 새해 결심
v. ① 결심하다 ② 해결하다	

sustain	: sustain a large family 대가족을 부양하다
[səstéin]	: sustained efforts 부단한 노력
v. ① 부양하다 ② 지속하다	: sustain severe wound 부상을 입다
③ 당하다	: sustenance 생계수단, 생명을 유지하는 것

wire	: wire money to someone ~에게 돈을 송금하다
[waiər]	: by wire 전신으로
v. ① 배선 공사를 하다	: down to the wire 마지막 순간까지
② 송금하다	: under the wire 마감직전에
n. 철사, 전선	

momentum	: gain momentum 점점 힘을 받다, 가속하다
[mouméntəm]	: lose momentum 점점 힘을 잃다
n. 운동량, 힘, 탄력, 속도	

remit	: remittance 송금
[rimít]	: Remit the money at once.
v. ① 되돌려 주다 ② 용서하다	지급으로 송금해 주십시오.

Point Tips

〉〉〉 be prone to ~하는 경향이 있다

〉〉〉 be puzzled with ~로 난감해하다

abrupt
[əbrʌ́pt]

a. ① 퉁명스러운, 무례한
　② 갑작스러운

: in an abrupt manner 퉁명스레
: abrupt death 돌연사
: come to an abrupt end 갑자기 끝나다

---

reluctant
[rilʌ́ktənt]

a. 꺼리는, 주저하는 (= unwilling)

: be reluctant to do ~하기를 꺼리다
: reluctantly 마지못해, 싫어하면서
: reluctance 꺼림, 주저함

---

mediate
[míːdièit]

v. 조정하다, 중재하다

: mediation 중재, 조정, 화해
: mediator 중재인

---

holding
[hóuldiŋ]

n. 소유권, 점유, 소유지
a. 지연시키기 위한

: holding operation 현상유지정책
: hold out for ~을 가지고 버티다
: hold onto ~을 꼭 쥐다
: holdout 타협을 거부하는 사람
: holdover ① 유물 ② 잔류자

---

prospective
[prəspéktiv]

a. ① 장래의, 기대되는 ② 가망 있는

: a prospective customer 팔아 줄 만한 사람
: a prospective mother 곧 엄마가 될 사람
: prospect *n.* 예상, 기대, 가망 *v.* 시굴[탐사]하다

---

prolong
[proulɔ́ːŋ]

v. ① 연기하다 ② 연장하다

: prolongation ① 연기 ② 연장
: *syn.* extend, lengthen, augment, protract

Biz Tips

‖‖ Companies that have performed well for a very long time are called **blue chip** companies.
오랫동안 운영을 잘해 온 회사들은 일류기업이라고 불린다.

finesse [finés]	v. 섬세한 기술, 능숙함 : exceptional diplomatic finesse 뛰어난 외교 수완
abundant [əbʌ́ndənt]	a. 풍부한, 충분하고도 남는 : abundantly 풍부하게
texture [tékstʃər]	n. ① 직물의 짜임새, 조직 ② 감촉 ③ 성격 : the texture of a society 사회 구조
duplicate [djúːpləkit]	a. 이중의, 복사의 n. 사본 v. 복사하다 : a duplicate copy 부본, 사본; (그림의) 복제품
leak [liːk]	v. 새다, 누설하다 : leakage 누출, 샘
divest [daivést]	v. ① 박탈하다 ② 팔아치우다 : divest a person of his rights ~의 권리를 빼앗다
imperative [impérətiv]	a. 긴급한, 필요한 n. [문법]명령형 : an imperative conception 강박 관념
taciturn [tǽsətə̀ːrn]	a. 과묵한, 언짢은 : a taciturn expression 언짢은 표정
in the vicinity of [in ðə visínəti ɑv]	phr. ~의 부근에 (= in the neighborhood of) : in the vicinity of the market 시장 부근에
victim [víktim]	n. 희생자, 피해자 : victimize 속이다, 이용하다

Point Tips

|||| **blue chip** 우량주의, 일류의

PART 3 토익 적중 테마별 영단어

Collocation 확인하기

□ 갑작스러운 감소	sudden decrease
□ 축제를 벌이다	hold [keep, make] a festival
□ 무료 증정본	free[complimentary] copy
□ 전적으로 책임지다	take[assume] full responsibility
□ ~에 대해 사과하다	owe you an apology for
□ 현재 ~을 아직 받지 못하고 있다	have yet to receive ~ as of today
□ ~해 주면 감사하겠습니다	We would appreciate it if
□ 아주 성공적이다	come off quite well
□ ~에 역점을 두다	give weight to
□ 해결책을 내놓다	come up with a solution
□ 기대에 부응하다	come up to one's expectation
□ 연락이 끊어지다	lose touch with
□ 합의에 이르다	come to[reach] an agreement
□ ~을 위한 길을 열다	pave the way for
□ 필요한 조치를 취하다	take the necessary steps
□ 장기적으로 보다	take the long view
□ ~을 알리게 되어 영광입니다	have the honor of announcing

NOTE

- **complimentary** 칭찬의, 무료의
- **pave** 포장하다
- **assume** 사실이라고 보다; 책임 등을 지다, 맡다

☐ ~에 있어서 솔선하다	take the initiative in
☐ 승낙을 하다	give the go-ahead
☐ 편법만을 찾다	take the easy way out
☐ 결과에 대해 책임을 지다	take the consequences
☐ 덤터기를 쓰다	take the blame for
☐ ~란 사실을 유의하길 바라다	note that
☐ 가격표	price tag
☐ 겉과 속이 다르다	have a double standard
☐ 무엇을 재고로 가지고 있다	have something in stock
☐ 여기저기 안내해 주다	take someone to so many places
☐ 많은 핑계를 대며 애먹이다	give someone a lot of runaround
☐ 구체화 되다	take shape
☐ 뿌리를 내리다	take root, strike root
☐ ~할 겸해서	with a double purpose of
☐ 이번 일만 잘되면	if we pull this off
☐ 적절한 조치를 취하다	take proper measures
☐ 동시상영 프로	a double-feature program

NOTE

- initiative 주도, 솔선, 진취적 기상
- runaround 발뺌, 핑계
- pull off 잘 해내다, 잡아떼다, 도망치다

01 Old houses are inexpensive to buy, but the cost of _____ can be tremendous.

A upturn
B upkeep

낡은 집은 살 때는 싸지만 유지비가 엄청날 수도 있다.

---

02 The law _____ selling alcohol to anyone under the age of twenty-one.

A forbids
B forbears

그 법은 21세 이하의 사람에게 술을 파는 것을 금지하고 있다.

---

03 Educational program should be _____ to the ages of children who watch them.

A geared
B gazed

교육 프로그램은 그것을 지켜보는 아이들의 나이에 맞게 조정되어야 한다.

---

04 She _____ approval of the plan until she understood it completely.

A withstood
B withheld

그녀는 그 계획을 완전히 이해할 때까지 승인하는 것을 보류했다.

---

05 Do you think we can _____ our committment to delivering the papers on time?

A suspend
B sustain

우리가 신문을 제시간에 배달하겠다는 약속을 지켜 나갈 수 있다고 생각하니?

---

06 He is _____ to spend much money because he thinks he may lose his job.

A reliant
B reluctant

실직의 가능성을 염두에 두기 때문에 그는 돈을 많이 쓰는 것을 꺼린다.

---

07 I _____ money to my daughter in San Francisco.

A wired
B withered

나는 샌프란시스코에 있는 딸에게 전신으로 송금했다.

Answer
|||| 01 B　　02 A　　03 A　　04 B　　05 B　　06 B　　07 A

08 The radio signal is too _____ to be heard clearly.
라디오의 음이 너무 미약해 분명히 들리지 않는다.

A faint
B fade

09 The big ship started to move, then gradually reached full _____.
큰 배가 움직이기 시작한 후 서서히 최고 속도에 이르렀다.

A moment
B momentum

10 He talks to everyone in an _____ manner.
그는 누구에게나 퉁명스러운 태도로 말한다.

A abrupt
B absolute

11 Food is in _____ supply in this country.
이 나라에는 식량이 풍족하게 공급된다.

A abusive
B abundant

12 The mayor _____ in a salary dispute between the teachers' union and the board of education.
시장은 교원 노조와 교육 위원회 사이에서 봉급 분쟁을 중재했다.

A mediated
B meditated

13 The businessman formed a _____ company to control all his assets.
그 사업가는 자신의 모든 재산을 관리하기 위해 지주 회사를 세웠다.

A holdover
B holding

14 A _____ from inside the government spread the news of the President's decision.
정부 내부로부터 비밀이 새어 나가 대통령의 결정에 관한 소식이 퍼졌다.

A leak
B leap

Answer

▶ **-stricken**은 '～에 휩싸인, ～에 사로잡힌'을 의미한다.

· terror-stricken 공포에 휩싸인   · panic-stricken 공황에 휩싸인
· famine-stricken 기아에 찌든   · poverty-stricken 가난에 찌든
· grief-stricken 슬픔에 젖은   · fear-stricken 두려움에 휩싸인

▶ 기본 숙어 연습

· You have to learn how to **cut corners**.
  너는 절약하는 법을 배워야 한다.

· Do you think I'd **be better off** quitting my present job and going to New York?
  내가 현재의 직업을 그만두고 뉴욕으로 가는 것이 앞으로 더 나을 거라고 생각하십니까?

· People are nice to me if we are nice to them. That **stands to reason**.
  우리가 사람에게 친절하면 그들도 친절합니다. 이것은 당연한 이치입니다.

▶ 부가(더욱이, 게다가)를 나타내는 문장부사

· in addition, moreover, not only that, furthermore
· what is more, on top of that, as well as that, besides that

▶ 무관사로 쓰인 어구들

· on hand 수중에   · from place to place 이리저리
· by trade 직업으로는   · go to market 장보러 가다
· in theory 이론상   · in place 올바른 곳에
· with child 임신하여   · on time 정각에
· on purpose 고의로   · in black 검은 복장으로
· die of cancer 암으로 죽다   · under repair 수리 중

● 자연과 환경 ●

- **acid rain** 산성비
- **biodegradable** 미생물 분해성의
- **contamination** 오염
- **crude oil** 원유
- **crude** 가공하지 않은
- **depollute** 오염을 제거하다
- **drainage** 배수
- **ecology** 생태계
- **environmental** 환경의
- **erosion** 침식
- **extract** 추출[채취]하다
- **forestry** 임업, 삼림지
- **geyser**[gáizər] 간헐천
- **glacier** 빙하
- **ground water** 지하수
- **habitat** 서식지
- **iceberg** 빙산
- **industrial discharge** 산업 폐기물
- **inhabitant** 서식동물, 거주자
- **iron ore** 철광석
- **litter** 쓰레기(를 버리다)
- **mine** 광산; 채굴하다
- **miner** 광부
- **natural resources** 천연자원
- **ore** 광석
- **ozone layer** 오존층
- **percolate** 여과하다
- **percolation** 여과
- **pollution-free** 무공해의
- **purification** 정화
- **purify** 정화하다
- **recyclable** 재활용이 가능한
- **recycle** 재활용하다
- **recycling** 재활용
- **sewage** 하수
- **swamp** 늪지대
- **timber** 목재, 수목
- **waste** 쓰레기

PART **3** 토익 적중 테마별 영단어

A 핵심 어휘 따라잡기

habitat
[hǽbitæt]
n. 서식지, 번식지

: chosen habitat 천혜의 서식처
: habitation ① 거주 ② 사는 곳, 거주지
: a habitable cabin 살기에 적당한 오두막

---

numerous
[njúːmərəs]
a. 다수의, 많은

: make numerous efforts to do
  ~하기 위해 많은 노력을 하다
: the numerous voices of the people 여론

---

intermission
[intərmíʃən]
n. 휴식시간, 막간

: during intermission 휴식시간에, 막간에
: intermittent 간헐적인
: cf. interim ① 얼마간의 기간 ② 잠정적 조치

---

grudge
[grʌdʒ]
v. 원한, 유감

: grudging ① 앙심을 품은 ② 인색한
: have/hold a grudge against
  ~에 원한을 품고 있다

---

tardy
[táːrdi]
a. ① 지체한, 더딘
   ② 마지못해 하는

: a tardy repentance 때늦은 뉘우침
: a tardy consent 마지못해 하는 승낙
: tardiness 지각, 더딤

---

lean
[liːn]
v. ① 기대다 ② 허리를 굽히다
a. ① 마른 ② 기름기가 적은
   ③ 인색한

: lean on/upon ~의 도움에 의존하다
: lean toward ~을 선호하다
: lean and mean 기를 쓰고 있는
: leaning 선호, 기울기
: the Leaning Tower of Pisa 피사의 사탑

Biz Tips

‖‖‖ When you add up th money at the bottom of the page,
carry the total **over** onto the next page.
이 페이지의 제일 밑에 있는 금액을 합계해서 총계를 다음 페이지로 이월시키십시오.

TOEIC VOCA

stall
[stɔːl]
v. ① 지연시키다 ② (엔진이) 멎다
n. ① 지연 ② 외양간
　　③ 칸막이 화장실

: be stalled 교착상태에 빠지다
: stall for time 지연 전술을 쓴다
: He led the horse out of the stall.
　그는 마구간에서 말을 끌어냈다.

---

merchandise
[mə́ːrtʃəndàiz]
n. 상품　*v.* 판촉하다

: merchandising 상품화 계획; 판매촉진의
: general merchandise 잡화

---

probe
[proub]
n. ① 탐침 ② 우주 탐사
　　③ 철저한 조사
v. 엄밀히 조사하다, 탐사하다

: probing *n.* 엄밀한 조사　*a.* 엄밀한, 철저한
: *cf.* probation 집행유예, 보호관찰
: The doctor probed inside my ear to see if it
　was infected. 의사는 내 귀가 감염되었는지 확인하기
　위해 귀의 내부를 정밀검사했다.

---

skeptical
[sképtikəl]
a. 회의적인

: be skeptical about ~을 의심하다
: skeptic 회의론자
: skepticism 회의주의

---

hygiene
[háidʒiːn]
n. 위생, 건강법

: hygienist 위생사, 위생학자
: *syn.* sanitation 공중위생, 위생 설비
: *cf.* hygiene [컴] 바이러스 예방조처

---

bring in
[briŋ in]
phv. ① 체포하다 ② 돈을 벌다
　　③ 판결을 내리다

: bring in a suspect 용의자를 체포하다
: bring in $50 a week 1주일에 50달러를 벌다
: bring in a verdict of guilty 유죄 판결을 내리다
: *cf.* bring up a problem 문제를 제기하다

Point Tips

‖‖‖ **carry over** 이월하다, 넘겨주다

fold [fould] *v.* ① 접다, 포개다 ② 그만두다 *n.* ① 접힌 부분 ② 양 떼 ③ 교회의 신도들	: return to the fold 이전 가족(교회, 친구, 신념 등으로) 복귀하다 : fold ~ in half ~을 반으로 접다 : fold one's arms 팔짱을 끼다
scrutinize [skrú:tənàiz] *v.* 자세히 조사하다	: scrutinizingly 유심히, 꼼꼼히 : scrutiny 정밀조사 : *cf.* scrupulous ① 꼼꼼한 ② 양심적인
supplement [sʌ́pləmənt] *n.* ① 보충, 보완 ② 추가(물) *v.* 보충하다	: a supplemental income 추가수입 : take supplementary action 임시 조치를 취하다 : a newspaper supplement 신문의 증보물
transaction [trænsǽkʃən] *n.* 업무 처리, 거래, 교섭	: cash transaction 현금거래 : the transaction of business 사무처리
miscellaneous [mìsəléiniəs] *a.* 잡다한, 갖가지의	: miscellany 잡동사니, 문집 : all sorts of miscellaneous items 잡다한 물건들
famine [fǽmin] *n.* 굶주림, 기아, 흉작	: famished 무지 배고픈 : water famine 물기근 : die of famine 굶어 죽다

Biz Tips

▬ I want to **brush up on** English language.
영어를 연마하고 싶습니다.

▬ Today he **is off**.
그는 오늘 근무하지 않습니다.

flaw [flɔː]	n. 결함 v. ~에 흠을 내다 : flawed 흠이 있는
heal [hiːl]	v. ① 치료하다 ② 회복하다 : healing 치료, 회복
hospitality [hɑ̀spitǽləti]	n. 환대, 호의적인 수락 : hospitalities 친절
faction [fǽkʃən]	n. 당파, 파벌 : factional 당파적인
infraction [infrǽkʃən]	n. 위반 (행위) : syn. infringement 위반, 침해
exile [égzail]	n. 망명, 추방, 유배 v. 추방하다 : live in exile 망명 생활을 하다
verification [vèrəfikéiʃən]	n. 확인, 조회, 증명 : verify 확인하다
segment [ségmənt]	n. 단편, 조각 v. 분할하다 : n. segmentation
impulse [ímpʌls]	n. 충동, 자극 : impulse buying 충동구매
prestigious [prestídʒəs]	a. 명망[명성]이 있는 : prestige 명성, 위신

Point Tips

॥॥ brush up on ~을 연마하다, 갈고닦다

॥॥ be off 근무하지 않다

Collocation 확인하기

☐ 생산성을 향상시키다	raise productivity
☐ ~에게 정보를 알려주다	keep one posted
☐ 임금 동결 정책	a wage-freeze policy
☐ 고용동결	hiring freeze
☐ ~을 통지하게 되어 기쁘다	take pleasure in announcing
☐ ~의 후임이 되다	take over one's place
☐ 보험을 들다	take out insurance
☐ 가능성을 배제하다	rule out[exclude] a possibility
☐ 다음 주까지 시간을 주다	give one until next week
☐ ~에 대한 입장을 밝히다	give one's position on
☐ ~을 전폭적으로 지지하다	give one's full support to
☐ ~와 정면대결을 하다	take on ~ head to head
☐ 투자수익률	rate of return
☐ 구입일자	date of purchase
☐ ~라는 것을 통지하다	give notice that
☐ 사의를 표하다	give notice of one's resignation
☐ 곧 ~하다	lose no time in -ing
☐ ~을 할 수밖에 없다	have no other option but to do
☐ ~은 ~의 소관이 아니다	have no control over

□ 가격의 다양화	price lining
□ 닥치는 대로 아무 일이나 하다	take jobs that come along
□ 그것에 대해 생각 좀 해 보다	give it some thought
□ 재고조사를 하다	take inventory
□ 고려하다	take into account
□ 틀린 정보	false information
□ ~와 공통점이 있다	have in common with
□ 와서 한번 사용해보세요	come in and try
□ 성장 가능성이 있다	have growth potential
□ 기반을 잃다	lose ground
□ 시간편성	time framework
□ 가격변동	price fluctuation
□ 체면을 살리다	save face
□ 비상사태가 발생했을 경우	in the event of an emergency
□ 병에 걸리다	come down with
□ ~일 이내에 답장이 없으면	if we do not hear from you within ~ days

NOTE

- inventory 물품 명세서, 재고품 (조사)
- framework 뼈대, 구성, 체제
- fluctuation 파동, 오르내림

01 You will study dolphins and sea turtles in their
chosen _____.
천혜의 서식지에서 돌고래와 바다거북들을 관찰하게 될 것입니다.

A habitat
B habitation

02 We did not buy the product for reasons too _____
to mention.
언급할 수 없을 만큼 많은 이유로 해서 우리는 그 제품을 사지 않았다.

A numerous
B numerical

03 There will be _____ rain showers today in
Los Angeles.
오늘 로스앤젤레스에는 간헐적인 소나기가 올 것이다.

A interim
B intermittent

04 He holds a _____ against his former boss for
firing him.
그는 자신을 해고한 전 사장에게 원한을 품고 있다.

A gruesome
B grudge

05 We apologize for our _____ response to your
letter. 귀하의 편지에 대한 늦은 답장에 사과를 드립니다.

A tardy
B tart

06 The police are _____ the cause of the train wreck.
경찰이 열차사고의 원인을 면밀히 조사하고 있다.

A probing
B professing

07 Personal _____ includes cleanliness, eating
healthy foods, and exercising.
개인 건강법은 청결, 건강식품 먹기 및 운동을 포함한다.

A hygiene
B hybrid

08 She has a _____ toward vacationing in Europe
this summer.
그녀는 이번 여름에 유럽에서 휴가를 보내는 쪽으로 마음이 기울어져 있다.

A leaping
B leaning

Answer
||||| 01 A   02 A   03 B   04 B   05 A   06 A   07 A   08 B

09 Department stores _____ clothes by advertising them in newspapers.
백화점들은 신문 광고를 통해 의류를 판매한다.

A mercantile
B merchandise

10 If he works for our institute, his research will _____ in $60 a week.
만약 그가 우리 연구소에 일한다면 그의 연구는 일주일에 60달러의 수입을 가져올 것이다.

A take
B bring

11 It can be easily _____ into a space about half its size.
이것은 반 정도 크기로 쉽게 접을 수 있습니다.

A folded
B bolted

12 Pollsters _____ 1,000 families on their preferences in TV programs.
여론조사 기관은 텔레비전 프로그램 선호도에 관해 천 가구를 대상으로 여론조사를 실시했다.

A polled
B tolled

13 He parked his car in a no-parking zone and had to pay a fine for the _____.
그는 주차 금지 지역에 주차를 하여 그 위반 행위에 대한 벌금을 내야 했다.

A infringe
B infraction

14 He _____ his income by taking a night job.
그는 야근하는 직업으로 수입을 보충했다.

A supplemented
B supported

15 I _____ the store's address by calling to check it.
나는 전화를 걸어서 그 가게의 주소를 확인했다.

A verified
B verbalized

▶ **sub-**는 '아래, 하위, 종속'을 의미하는 접두사로 쓰인다.

- subcontractor 하청업자
- subtotal 소계
- submarine 바다 속의, 잠수함
- subtitle 부제
- subdue 복종[억제] 시키다
- submit 복종하다, 제출하다
- subconscious 잠재의식의
- subsidiary 보조의; 자회사
- subversive 전복하는

- subcommittee 소위원회
- subagent 부 대리인
- submerge 잠기다; 물에 담그다
- sub-zero 영하의
- subnormal 저능의
- subordinate 예하의, 종속의
- subsidize 보조금을 주다
- subscribe 기부하다; 구독하다
- submissive 복종적인, 순종하는

▶ 기본 숙어 연습

- Pay the bill. Then you'll **be in the clear**.
  그 요금을 지불해라. 그러면 끝날 것이다.
    - in the clear : (의심, 비난, 의무 등에서) 벗어난

- You **have no business** using my car without asking me first.
  나에게 묻지 않고 내 차를 사용할 권리는 없습니다.

- He bought it **at a good bargain**. 그는 그것을 아주 싸게 샀다.

▶ '깨다, 부수다'와 관련한 단어

- **break into pieces** 산산조각이 나다
- **burst into fragments** 산산조각으로 터지다
- **be crushed flat** 납작하게 뭉개지다
- **smash a window open** 창을 부수고 열다
- **shattered hopes** 산산이 깨어진 희망
- **split a log into two** 통나무를 둘로 쪼개다
- **Human bones are easily fractured.** 사람 뼈는 쉽게 부서진다.

●주장과 의견 그리고 협상 1●

■ **accommodate** (분쟁을) 조정하다	■ **agenda** 안건, 의사일정
■ **all in all** 대체로	■ **approval** 승인, 허가
■ **approve** 승인하다	■ **argue** 논박[언쟁] 하다
■ **argument** 논쟁; 언쟁	■ **as far as it goes** 그것에 관한 한
■ **assert** 단언하다	■ **assertive** 단정적인
■ **back out of** ~서 손을 떼다	■ **be no object** 문제가 안 되다
■ **be of one mind** 생각이 일치하다	■ **beside the point** 요점에서 벗어난
■ **brainstorming** 브레인스토밍	■ **branch out** 다각화 하다
■ **breakthrough** 돌파, 타개	■ **clash** 의견충돌
■ **coherent** 시종일관된	■ **come up with** (의견을) 내놓다
■ **compromise** 타협하다	■ **concede** 양보하다
■ **concession** 양보	■ **conclude** 결론짓다
■ **conclusion** 결론; 체결	■ **consensus** 일치, 합의, 여론
■ **consent** 동의[승인] 하다	■ **convention** 회의, 집회
■ **convince** 확신시키다	■ **deadlock** 교착상태
■ **debate** 토의[논의] 하다	■ **decision-making** 의사결정
■ **disapproval** 불찬성, 반대의견	■ **disapprove** 승인하지 않다
■ **dispute** 논쟁 (하다)	■ **double-check** 철저히 확인하다
■ **feedback** 의견, 소감	■ **hit upon** (생각이) 떠오르다

Part 4

New 토익 핵심 영단어

　　중점적으로 공부할 필요가 있거나, 앞의 파트에서 빠졌지만 중요한 어휘들을 정리했으며, 다의어들을 선별하여 여러 가지 의미를 체계적으로 공부할 수 있게 했다. 그리고 어려운 단어지만 문맥을 통해서 의미를 유추해낼 수 있도록 문장을 만들어 제시했고, 듣기, 말하기, 쓰기에서 필요한 단어들을 우리말을 통해 훈련할 수 있게 했다.

A **핵심 어휘 따라잡기**

balance
[bǽləns]

n. ① 균형 ② 저울
③ 차액, 잔고, 나머지 기간

: the balance at bank 은행 잔고
: a spring balance 용수철저울
: the balance of international payments
국제수지
: swing the balance 어떤 결과에 영향을 주다
: balance the books 장부를 결산하다

command
[kəmǽnd]

v. ① 명령하다
② 지배하다, 구사하다
③ (경치 등을) 전망하다
④ ~을 받을 만한 가치가 있다
n. ① 명령, 지휘 ② 사령부
③ 구사력

: a good command of English 훌륭한 영어구사력
: command a fine view 전망이 좋다
: command a high price 높은 가격을 받을 만하다
: give a command to ~에게 명령을 내리다
: command a great deal of respect
많은 존경을 받을 만하다

company
[kʌ́mpəni]

n. ① 동료, 친구 ② 동석, 같이 있음
③ 회사 ④ 단원
⑤ 손님들, 방문자들
⑥ [군대] 중대

: a dance company 댄스 단원
: keep one company ~와 동행하다
: keep company with ~와 어울리다
: in one's company ~와 같이 있으면

word
[wəːrd]

n. ① 단어 ② 말
③ 약속 ④ 전언

: a man of few words 말이 적은 사람
: keep one's word 약속을 지키다
: put one's feelings into words
감정을 말로 표현하다

Biz Tips

〉〉〉 Buy it then, but don't **blame me** when it breaks down.
그러면 그걸 사, 그러나 고장 나도 책임 안 져.

●핵심 어휘 따라잡기

sight [sait] *n.* ① 보기, 일견 ② 시력 ③ 시야, 시계 ④ 명소*(pl.)*	: at the sight of ~을 볼 때 : the sights of Paris 파리의 명소 : a sight for sore eyes 보기만 해도 기쁜 것 : out of one's sight 더 이상 보이지 않는
charge [tʃɑːrdʒ] *n.* ① 요금 ② 외상 ③ 충전 ④ 책임 ⑤ 비난 ⑥ 고소, 고발 ⑦ 공격 ⑧ 맡겨진 사람	: on a charge of murder 살인 혐의로 : be in charge of ~을 책임지고 있다 : on charge 충전 중 : the charge that S + V ~라는 비난 : become one's charge ~에게 맡겨지다 : the person in charge 담당자
right [rait] *n.* ① 권리 ② 소유권 ③ 옳음 ④ 오른쪽 *a.* ① 옳은, 정당한 ② 꼭 맞는 ③ 우익의	: have no right to do ~할 권리가 없다 : the right man for the job 그 일에 딱 맞는 사람 : in one's right mind 제정신인, 정상적인 : in one's own right 스스로도 : by rights 당연히, 공정하게
character [kǽriktər] *n.* ① 성격 ② 특성 ③ 인격 ④ 등장인물 ⑤ 문자	: a man of strong character 강한 사람 : He has a lot of character. 그녀는 높은 인격의 소유자다. : out of one's character 그 사람답지 않은 : Chinese characters 한자
sentence [séntəns] *n.* ① 문장 ② 판결, 형벌 *v.* (형량 등을) 선고 하다	: life sentence 종신형 : death sentence 사형선고 : He was sentenced to three years in prison. 그는 징역 3년을 선고받았다

Point Tips

▥ blame someone ~에게 책임을 묻다

fine
[fain]

n. 벌금 *v.* 벌금을 부과하다
a. ① 맑은, 화창한 ② 훌륭한
　　③ 섬세한, 미세한

: pay 100 $ fine 100달러의 벌금을 내다
: the fine print (작은 글씨로 씌어진) 세부사항
: The court fined the company for dumping illegally. 법원은 폐기물 불법 투척으로 그 회사에 벌금을 부과했다.

---

draw
[drɔ:]

n. ① 무승부 ② 제비뽑기, 추첨
　　③ 이목을 끄는 것

: be ended in a draw 무승부로 끝나다
: on the first draw 첫 번째 추첨에서
: a big draw for tourists 관광객들의 관심을 끄는 곳

---

spring
[spriŋ]

n. ① 용수철 ② 도약 ③ 샘 ④ 봄
v. ① 뛰어오르다, 도약하다
　　② 놀라게 하다

: a hot spring 온천
: the spring of a kangaroo 캥거루의 도약
: spring into action 즉각 행동을 개시하다
: spring st. on sb. ~를 ~로 놀라게 하다
: spring at ~로 향해 달려들다

---

count
[kaunt]

v. ① 계산하다 ② 중요하다
　　③ 고려하다 ④ 의존하다
n. ① 총계 ② (기소장의) 기소조항
　　③ 백작

: count to three 셋까지 세다
: count on someone 누구를 믿다
: Having money counts.
　돈이 있다는 것은 중요하다.
: count up (=add up) 합계하다
: count A as B : A를 B로 생각하다
: What's true counts and what's not true doesn't count.
　중요한 것은 진실이고, 진실이 아닌 것은 중요하지 않아요.

Biz Tips

||||| We **were snowed in** for three days.
지난겨울 우리는 3일 동안 폭설에 갇혔다.

lot [lɑt] *n.* ① 터 ② 운명 ③ 제비뽑기	: a parking lot 주차장 : by lot 제비뽑기로 : on an empty lot 공터에서
book [buk] *v.* ① 예약하다 ② 입건하다 *n.* ① 장부(*pl.*) ② 규정	: keep the books 회계장부를 기록하다 : by the book 규정에 따라 : be booked on a charge of ~의 혐의로 입건되다
short [ʃɔːrt] *n.* 짧은 바지(*pl.*) *a.* ① 간결한 ② 부족한 　　③ 무뚝뚝한 *ad.* 갑자기 *v.* 주문한 것보다 적은 양을 　 배달하다	: in short, to be short 요컨대, 간단히 말하면 : for short 줄여서 : stop short 갑자기 멈추다 : run short of ~이 떨어지다 : short and to the point 간결하고 적절한 : in short order 곧, 금새 : shorthanded 일손이 부족한
stake [steik] *n.* ① 말뚝 　　② (재정적) 관심, 이해관계 　　③ 위험 *v.* ① (위험을 무릅쓰고) 걸다 　　② 자금을 대다	: a stake in the ground 땅에 박힌 말뚝 : be at stake 위태롭다 : have a stake in ~에 관심이 있다 : stake one's life on ~에 목숨을 걸다 : stake a factory 공장에 투자를 하다 : go to the stake 결사적인 각오로 임하다 : play for high stakes 큰 도박을 하다 : stake out (혐의자를) 감시하다 : stake one's claim to ~에 대한 권리를 주장하다

Point Tips

⫼ be snowed in 폭설에 갇히다

Collocation 확인하기

☐ 이치에 맞다	stand to reason
☐ 인종차별	racial discrimination
☐ ~에 대한 비용을 부담하다	bear the expense of
☐ ~을 명심하다	bear ~ in mind
☐ 어떤 조건을 충족시키다	meet certain conditions
☐ 자연적인 우물	a natural well
☐ 한 떼의 고래들	a school of whales
☐ 분수에 넘치는	beyond one's means
☐ 비열한 속임수	a mean trick
☐ 평균 머무는 기간	the mean length of stay
☐ 교통수단	means of transportation
☐ 짝수	an even number
☐ 평평한 도로상에서	on an even road
☐ 일정한 온도에서	at an even temperature
☐ 대등한 조건으로	on even terms
☐ 쉬운 말로, 솔직히 말해서	in plain words

NOTE

- **discriminate** 구별하다, 차별 대우하다 [discrimination 구별, 차별(대우)]
- **well** *n.* 우물 *v.* 솟아 나오다 *a.* 건강한 *ad.* 잘, 유복하게
- **mean** *a.* 비열한, 평균의 *v.* 의미하다, ~할 작정이다

□ 누구의 우정을 얻다	win one's friendship
□ 임시열차를 운행하다	run an extra train
□ 장기 흥행	a long run
□ 행복의 장애	a bar to happiness
□ 사법시험에 합격하다	pass the bar exam
□ ~에서 제외되다	be barred from
□ 고장 난	out of order
□ 안녕과 질서	peace and order
□ 질서를 유지하다	keep order
□ 예의바른 태도	proper behavior
□ 인간에게 특유한	proper to mankind
□ 중국 본토	China proper
□ 4분의 3	three quarters
□ 주택지구	the residential quarters
□ 불과 몇 달 안에	in a matter of months
□ 젠체하다	put[assume] on airs
□ 미결정의	up in the air

NOTE

- **order** ① 명령 ② 질서 ③ 순서 ④ 주문
- **proper** ① 적당한 ② 고유의 ③ 예의바른
- **quarter** ① 1/4 ② 지구, 지역 　· **a matter of** ① ~의 문제 ② 몇 ③ 약, 대충

01 Each month the company _____ the books.
그 회사는 매월 재정 기록을 해놓는다.

A balances
B strikes

02 She _____ a broad knowledge of history.
그녀는 역사에 대한 폭 넓은 지식을 갖고 있다.

A commands
B commends

03 He likes her _____.
그는 그녀와 함께 있는 것을 좋아한다.

A companion
B company

04 I gave my _____ to my friend that I would help him. 나는 친구에게 그를 돕겠다고 약속했다.

A wording
B word

05 I like the _____ of fresh snow in the winter.
나는 겨울에 막 내린 눈의 모습을 좋아한다.

A sight
B slight

06 She _____ him with watching the children while she was gone.
그녀는 자기가 없는 동안 그에게 아이들을 봐 달라고 했다.

A took
B charged

07 Because her house was insured against fire, she had a _____ to collect payment after it burned down.
그녀의 집은 화재 보험에 들었기 때문에 집이 불타고 나서 보상금을 받을 정당한 권리가 있었다.

A right
B duty

08 "Success" is a word with seven _____.
'success'는 일곱 글자로 된 단어이다.

A charters
B characters

09 She was _____ with drunken driving.
그녀는 음주 운전으로 고발당했다.

A charged
B chargeable

Answer
ⅠⅠⅠⅠ 01 A   02 A   03 B   04 B   05 A   06 B   07 A   08 B   09 A

410

10 The judge _____ the criminal to 20 years in jail.
그 판사는 그 범인에게 20년 징역형을 선고했다.

A sentenced
B decided

---

11 He arrives late, leaves early, and his work is full of mistakes, so _____ your own conclusions about his future at this job.
그는 늦게 출근하고 일찍 퇴근하는 데다 일도 실수투성이다. 그러니까 이 직장에서 그의 미래에 대해 너 나름의 결론을 내려 봐라.

A draw
B lead

---

12 The car is so well built that it _____ a very high price.
저 차는 무척 잘 만들어져 높은 가격을 받을 만하다.

A commercializes
B commands

---

13 When the boss offered her a business trip, she _____ at the chance to go.
상사가 그녀에게 출장 갈 것을 제의했을 때, 그녀는 흔쾌히 가겠다고 말했다.

A jumped
B sprang

---

14 Having money _____ because you can't do much without it.
돈이 있다는 것은 중요하다. 왜냐하면 돈이 없이는 할 수 있는 것이 별로 없기 때문이다.

A counts
B accounts

---

15 We draw _____ to decide who would go first, second, and third.
우리는 제비뽑기를 해서 첫 번째, 두 번째, 세 번째로 갈 사람을 결정했다.

A lots
B lottery

---

16 Our warehouse _____ him two.
우리 창고에서 그에게 2개를 덜 배달한 것이다.

A shortened
B shorted

Answer

IIIII 10 A   11 A   12 B   13 B   14 A   15 A   16 B

▶ super-, sur-는 '초과, 위'를 나타낸다.

- superabundant 과다한
- superficial 피상적인
- superfluous 남는, 여분의
- supervise 관리[감독]하다
- surplus 나머지, 잉여
- surmount 극복하다

- supersonic 초음파의
- supercilious 사람을 깔보는
- supersede 경질[대치]시키다
- superstition 미신
- surcharge 과중, 부당청구
- surreal 초현실적인

▶ sym-, syn-은 'together'를 뜻한다.

- synthetic 합성의
- symbiosis 공생(共生)
- symphony 교향곡

- sympathy 동정, 공감
- symmetrical 대칭의
- syndicate 기업연합, 신디케이트

▶ 기본 숙어 연습

- I'm too fat. **From now on** I'm not going to eat so much.
  나는 너무 뚱뚱해. 지금부터는 그렇게 많이 먹지 않을 거야.

  　from + 시간 + on : ~이후로는 죽

- That's a practice that should be **done away with**.
  그것은 없어져야 할 습관이다.

- They **faced up to** their difficulties.　그들은 어려움에 과감히 맞섰다.

▶ be + 형용사 + of의 형태로 타동사의 기능을 갖는 것

- be ignorant of ~을 모르다
- be fond of ~을 좋아하다
- be assured of ~을 확신하다

- be convinced of ~을 확신하다
- be afraid of ~을 두려워하다
- be aware of ~을 알아차리다

● 주장과 의견 그리고 협상 2 ●

▪ **humble opinion** 소견	▪ **in light of** ~에 비추어
▪ **in one's place** 누구의 입장에서	▪ **in theory** 이론상은
▪ **insinuate** 빗대어 말하다	▪ **meet halfway** 타협하다
▪ **minutes** 회의록	▪ **moderate** 사회를 보다
▪ **motion** 제의, 동의	▪ **move** 제의하다
▪ **mutually** 상호간에	▪ **negotiable** 협상할 수 있는
▪ **negotiate** 협상하다	▪ **negotiation** 협상, 교섭
▪ **oppose** ~에 반대하다	▪ **opposition** 반대
▪ **persuade** 설득 [납득] 시키다	▪ **persuasive** 설득력 있는
▪ **preside over** ~의 사회를 보다	▪ **proponent** 제안자, 발의자
▪ **proposal** 신청, 제안	▪ **refute** ~에 반박하다
▪ **ring a bell** 생각나다	▪ **rundown** 요약; 감원, 쇠퇴
▪ **second** 지지 [찬성] 하다	▪ **shift the blame** 책임을 전가하다
▪ **sketch out** 대충 정리하다	▪ **straighten up** 분명히 해두다
▪ **submission** 제출, 제안	▪ **submit** 제출 [제안] 하다
▪ **take a firm line** 강경책을 취하다	▪ **think over** 숙고하다
▪ **tip-off** 귀띔	▪ **unanimous** 만장일치의
▪ **withstand** ~에 저항하다	

PART **4** NEW 토익 핵심 영단어

핵심 어휘 따라잡기

become
[bikΛm]
v. ① ~이 되다 ② ~에 어울리다

: becoming 어울리는
: The new shirt becomes you.
  새 셔츠는 네게 어울린다.

---

race
[reis]
n. ① 경주 ② 인종, 민족 ③ 품종

: on the grounds of color or race
  피부색이나 인종이란 이유로
: a better race of cattle 더 나은 품종의 소

---

waste
[weist]
v. ① 낭비하다 ② 황폐케 하다
   ③ 약화시키다
n. ① 낭비 ② 쓰레기
   ③ 황무지 (pl.)

: waste away 쇠약해지다
: polluted by waste 쓰레기로 오염된
: a waste of time 시간의 낭비
: household waste 가정 쓰레기
: go to waste 낭비되다

---

age
[eidʒ]
n. ① 나이 ② 시대 ③ 성년
   ④ 수명
v. ① 나이를 먹다
   ② 숙성하다

: the Iron Age 철기시대
: for one's age 나이에 비해
: come of age 성년이 되다
: under age 나이가 미달되는
: with age 나이가 먹음에 따라
: of all ages 모든 시대[연령]의
: the aged (=the old, old people) 노인들
: for ages (=for years) 오랫동안

Biz Tips

▥ They decided it was time to **branch out** into other kinds of business. 그들은 다른 종류의 사업으로 다각화할 때라고 결정했다.

▥ We need information about your **credit standing**.
우리는 귀사의 신용 상태에 관한 정보가 필요합니다.

TOEIC VOCA

life [laif] *n.* ① 인생 ② 생명 ③ 생명체 ④ 생활 ⑤ 삶 ⑥ 수명 ⑦ 전기 ⑧ 실물	: all one's life 평생 : save one's life 생명을 구하다 : married life 결혼생활 : a easy life 안락한 삶 : average life 평균수명 : Life of Lincoln 링컨의 전기 : larger than life 실물보다 큰
force [fɔːrs] *n.* ① 힘, 완력 ② 군대 *(pl.)* *v.* ① 힘으로 ~하게 하다 ② 강요하다 ③ 억지로 열다	: by sheer force of will 순전한 의지력으로 : armed forces 군대 : in force 시행되고 있는 : Poverty forced her into a crime. 　가난 때문에 그녀는 범죄를 저질렀다. : force one's voice 억지로 소리를 내다 : a forced landing 불시착 : sound forced 억지스럽게 들리다
desperate [déspərit] *a.* ① 몹시 필요한 ② 필사적인	: desperate for food 식량이 몹시 필요한 : in a desperate state 절망적인 상태의 : a desperate criminal 물불을 가리지 않는 범인 : a desperate illness 가망 없는 병 : a desperate situation 절망적 상황 : make a desperate effort 피나는 노력을 하다 : desperate poverty 극빈 : I was desperate for a glass of water. 　물 한 잔 마시고 싶어서 죽을 지경이었다.

Point Tips

▥ **branch out** 다각화하다

▥ **credit standing** 신용 상태

A 핵심 어휘 따라잡기

stand
[stænd]

v. ① 서다, 세우다
② (어떤 상태나 입장에) 있다
③ 참다 ④ 변함없다

: a standing committee 상임 위원회
: I cannot stand this hot weather.
  나는 이러한 더위를 참을 수 없다.
: stand together 함께 서다, 힘을 합치다

odd
[ɑd]

a. ① 이상한 ② 잡다한
③ 홀수의 ④ ~남짓의

: odd numbers 홀수
: odd socks 짝이 안 맞는 양말
: It's odd that S + V ~라는 것은 이상하다
: do odd jobs 잡다한 일을 하다
: 20-odd people 20여명의 사람들
: at odd times 가끔
: odd man out 혼자만 다르게 보이는 사람

strike
[straik]

v. ① 치다, 때리다
② 갑자기 생각나다
③ 발견하다
④ ~에게 인상을 주다
⑤ 지우다 ⑥ 타협하다

: strike by surprise 기습 공격하다
: an idea strike someone 아이디어가 생각나다
: striking 파업 중인, 두드러진, 주목할 만한
: strike a bargain[deal] 협상하다
: strike a balance 균형을 잡히게 하다
: strike out ① 지우다 ② 출발하다 ③ 독립해서 시작하다

abuse
[əbjúːz]

v. ① 학대하다 ② 악용하다
③ 혹사하다
n. ① 학대 ② 부정, 부패 ③ 욕설

: abuse one's power 권력을 남용하다
: abuse one's wife 아내를 학대하다
: a victim of abuse 학대의 피해자
: shout abuse at ~에 욕설을 하다
: be abusive of ~을 착취하다

Biz Tips

〰 We should **get across to** them the importance of our project.
우리 계획의 중요성을 그들에게 이해시켜야 합니다.

A

drive [draiv] *n.* ① 몰아냄 ② 정력 ③ 조직적인 운동 ④ 구동장치 *v.* ① (어떤 방향으로) 몰다 ② 강요하다	: drive home one's point 　자신의 요점을 충분히 이해시키다 : drive mad 미치게 하다 : hold a blood drive 헌혈운동을 벌이다 : drive someone to do 누구를 ~하게 내몰다
trial [tráiəl] *n.* ① 시도, 시험 ② 시련 ③ 재판, 공판	: trial and error 시행착오 : a trial version 시험 판 : a murder trial 살인 사건의 공판 : a time of trial 시련의 시간
break [breik] *n.* ① 갈라진 틈 ② 새벽 ③ 잠시의 휴식 ④ 기회 *v.* ① 깨다 ② (약속, 법규 등을) 어기다 ③ 길들이다	: break the news 소식을 전하다 : break the ice 서먹한 분위기를 깨다 : break a promise 약속을 어기다 : Give me a break! 한 번만 더 기회를 달라! : take a ten-minute break 10분간의 휴식을 갖다
meet [miːt] *v.* ① 응하다, 충족시키다 ② 결제하다	: meet the deadline 마감시간에 맞추다 : meet the need 요구를 충족시키다 : meet expenses 비용을 치르다 : meet up with 　① (약속하여) 만나다 ② 경험하다 : meet a person in the face 　~와 우연히 만나다

Point Tips

‖‖ get across to ~를 이해시키다

☐ 순간적으로 화가 폭발하여	in a fit of rage
☐ 잘 맞다	fit fine
☐ 에어백이 장착되어 있다.	An air bag is fitted.
☐ 시대정신	the spirit of the age
☐ 풀이 죽어	out of spirits
☐ 마음은 젊은	young in spirit
☐ 판단력이 부족하다	want for judgement
☐ 즉석에서	at a moment's notice
☐ 그다지 중요하지 않은	of little moment
☐ 차를 수리하다	get a car fixed
☐ 이해관계자	a party interested
☐ 일행이 몇 분이세요?	How large is your party?
☐ 연속 5경기	five successive games
☐ 건강이 좋지 않은	in a poor state of health
☐ 2,000명의 무장 병력	2,000 men in arms
☐ ~때문에 해고되다	be fired because of
☐ 불만을 품다	bear complaint
☐ 5부의 이자가 생기다	bear 5% interest

NOTE

• rage 격노
• complaint 불평

• bear ① 부담하다 ② 낳다 ③ 견디다 ④ 품다

418

□ 흉터를 지니고 있다	bear a scar
□ 무게를 지탱하다	bear weight
□ ~할 수 있는 능력을 갖추다	build the capacity to do
□ 현장 테스트	field test
□ 끈질기게 행하는 판매	hard sell
□ ~을 가지고 버티다	hold out for
□ ~의 본을 따르다	follow the lead of
□ ~할 필요가 없었다	need not have done
□ 착수금	seed money
□ 불가항력	force majeure
□ 강경책을 취하다	take a hard[firm, hawkish] line
□ 온건노선을 취하다	take a soft[moderate] line
□ 높이 평가된	held in high regard
□ 궁지	blind corner
□ 아주 싸게 산 물건	good buy
□ 숨을 참다	hold breathing
□ 훌륭한 평가제도	good appraisal system

NOTE

- scar 흉터
- hawkish 매 같은, 매파적인
- force majeure [fɔːrs məʒɔ́ːr] 불가항력
- appraisal 평가, 감정, 사정

01 The police _____ a confession from a suspect.
경찰은 한 용의자에게 자백을 강요했다.

A forced
B forbore

---

02 She does _____ jobs such as painting rooms and fixing cars.
그녀는 방에 칠을 하거나 차를 수리하는 것과 같은 잡다한 일을 한다.

A even
B odd

---

03 We made the rules last year and they still _____.
우리는 그 규칙들을 작년에 만들었는데 그것들은 아직도 유효하다.

A do
B stand

---

04 A good idea _____ me as I was reading the newspapers.
나는 신문을 읽다가 갑자기 좋은 생각이 떠올랐다.

A hit
B stuck

---

05 That new dress is very _____ on you.
그 새 옷은 너한테 아주 잘 어울린다.

A becoming
B proper

---

06 He is too difficult, so dealing with him is a _____ of time.
그는 매우 까다로운 사람이어서 그를 상대하는 것은 시간 낭비이다.

A attrition
B waste

---

07 Wine _____ in barrels before it is put into bottles.
포도주는 병에 담기 전에 술통 속에서 숙성한다.

A ages
B matures

---

08 He _____ his job by coming to work late and leaving early.
그는 늦게 출근하고 일찍 퇴근함으로써 직업을 악용한다.

A abuses
B utilizes

Answer
||||| 01 A   02 B   03 B   04 B   05 A   06 B   07 A   08 A

09 **The refugees are _____ for food.**
피난민들은 식량을 몹시 필요로 한다.

A desperado
B desperate

---

10 **The doctor _____ home the importance of good nutrition.**
의사는 영양섭취를 제대로 하는 것이 중요하다고 충분히 납득시켰다.

A forced
B drove

---

11 **The murder _____ caused a sensation.**
그 살인 사건의 공판은 세상을 떠들썩하게 만들었다.

A trial
B tribune

---

12 **There was a _____ in the hot weather yesterday.**
어제는 무더운 날씨가 잠시 주춤하였다.

A breadth
B break

---

13 **He couldn't _____ all of the expense of a large house.**
그는 큰 집의 모든 비용을 지급할 수가 없었다.

A meet
B satisfy

---

14 **The _____ of the Civil War lives on in many southern states.**
남북 전쟁의 분위기가 남부의 여러 주에 아직도 감돌고 있다.

A spirit
B spit

---

15 **The _____ of truth came when the jury gave its verdict.**
배심원이 평결을 내리는 결정적인 순간이 다가왔다.

A momentum
B moment

---

16 **Each _____ in the deal had its own goals and interests.**
각각의 거래 당사자들은 나름의 목표와 이해관계를 가지고 있다.

A party
B partition

Answer
||||| 09 B   10 B   11 A   12 B   13 A   14 A   15 B   16 A

D 어휘 개념 파악하기

▶ **tel-, tele-, telo-는 '원거리'를 의미한다.**

- telecommunication 통신
- telecommuter 재택근무자
- telegram 전보, 전신
- telepathy 텔레파시
- telescope 망원경
- televise TV방송하다

▶ **-to-be는 명사 뒤에서 '미래 ~이 되려고 하는'이란 의미를 지닌다.**

- birde-to-be 예비 신부
- husband-to-be 예비 신랑
- wife-to-be 아내가 될 사람
- mother-to-be 곧 엄마가 될 사람

▶ **over의 여러 의미**

- We had a chat over a glass of wine. (~하면서)
  우리는 와인 한 잔 하면서 잡담을 나누었다.
- I stayed with my cousin over the weekend. (~동안)
  나는 주말 동안 사촌의 집에 머물렀다.
- I have to talk over the matter with my parents. (~에 관하여)
  그 일에 관하여 부모님들과 의논해 봐야겠습니다.
- The disease spread over the whole country. (도처에)
  그 병은 전국 곳곳에 퍼졌다.
- She was over sixty. (~이상)
  그녀는 예순이 넘었습니다.

▶ **'속이다'와 관련한 단어**

- cheat someone of money 속여 돈을 사취하다
- be deceived by appearance 외관 때문에 속다
- be defrauded of ~을 사취당하다
- swindle someone of 누구를 속여 ~을 사취하다
- cozen someone into -ing 속여서 누구를 ~하게 하다

Toeic Voca Box 44

제조와 설비

- **apparatus** 장치, 기구
- **assembly line** 조립라인
- **conveyor** 컨베이어벨트
- **device** 장치
- **devise** 고안하다
- **equipment** 장비, 설비, 비품
- **instrument** 도구, 기구
- **manufacture** 제조하다
- **manufacturer** 제조업자
- **output** 생산 (량)
- **outsourcing** 외부 위탁, 외주
- **outturn** 생산고, 산출액
- **process** 처리 [가공] 하다
- **production figure** 생산수치
- **productive** 생산성이 있는
- **productivity** 생산성
- **quality** 질
- **quantity** 양
- **quota** 생산 할당량
- **standardize** 규격화하다
- **subcontract** 하청계약
- **supplier** 납품업자
- **treat** 처리 [가공] 하다
- **update** 최신화하다
- **upgrade** 질을 높이다
- **yield** 산출량

PART 4 NEW 토익 핵심 영단어

회화에 강해지는 Idiom

- **make sure** 확실히 하다
- **in the red** 적자인
- **in the black** 흑자인
- **never mind** 걱정 마
- **short of** 부족한
- **take after** 닮다
- **fill in** 기입하다
- **find out** 알아보다
- **eat out** 외식하다
- **stick to** ~을 고수하다

A 핵심 어휘 따라잡기

- The stock will be sold to liquidate the loan.
  대부금을 청산하기 위해 증권을 팔 것이다.

- The government announced a privatization plan for the remaining nationalized banks.
  정부는 나머지 국영 은행에 대한 민영화 계획을 발표했다.

- I didn't mean to eavesdrop, but I did overhear you.
  엿들을 생각은 없었는데 당신들의 이야기를 들어버렸다.

- My rent check bounced because I'd forgotten to deposit my paycheck in my account.
  내가 계좌에 내 봉급을 입금하는 것을 잊어서 임대료로 써 준 수표가 되돌아 왔다.

- We can't trust foods that touted health claims without any scientific proof.
  어떠한 과학적 증거도 없이 건강에 좋다고 과장 광고를 하는 식품을 우리는 믿을 수 없다.

- The TV commercials for the new car triggered off a buying frenzy.
  그 신차 TV 광고가 폭발적인 구입 붐을 촉발했다.

- The fishing industry is on the wane in this area, and soon will vanish.
  이 지역에서 어업은 쇠퇴하고 있으며 곧 사라질 것이다.

Biz Tips

〉 Isn't he going to **get a transfer** to one of your overseas branches?
그는 해외 지사로 전근되는 것 아닙니까?

- He curries favor with his boss by bringing him coffee.
  그는 상사에게 커피를 가져다줌으로써 그의 환심을 사려고 한다.

- Other things being equal, the lowest priced item will sell the best.
  다른 조건이 같다면 가격을 가장 싸게 책정한 상품이 가장 잘 팔리게 됩니다.

- The man works for a bed-and-breakfast.
  남자는 B&B에서 일합니다. (B&B: 아침식사를 제공하는 민박이나 여관)

- I don't feel up to that.
  그것을 해낼 것 같지 않아요.

- You are not supposed to drive on the left side of the road.
  도로의 왼쪽에서 운전하면 안 된다.

- I'm unaccustomed to this kind of business.
  저는 이런 일에 익숙하지 않습니다.

- Mr. Smith was taken to the hospital last night.
  스미스 씨가 어제 저녁 병원으로 실려 갔습니다.

- We have a number of complex problems to thrash out.
  철저히 의논할 복잡한 문제가 많이 있습니다.

Point Tips

⫶ get a transfer 전근되다

- The inhabitants enjoy good health and longevity.
  그 거주민들은 건강과 장수를 누리고 있습니다.

- The obituary of the famous writer is in today's newspaper.
  오늘 신문에 그 유명한 작가의 사망 기사가 났다.

- He is in a bind for cash because he lost his wallet.
  그는 지갑을 잃어버려 현금이 없는 곤경에 처해 있다.

- Every month, we brainstorm ideas for new products.
  매달 우리는 신상품을 위한 여러 가지 의견들을 논의한다.

- Their work is still far from being finished.
  그들의 일이 끝나려면 아직 멀었어요.

- We will give you live help and automated on-line support.
  우리는 여러분들에게 실질적인 도움과 자동화된 온라인 지원을 해 드릴 것입니다.

- The workload in the accounting department is very heavy.
  경리부의 업무량은 매우 과중합니다.

- It would be better to leave now than tomorrow morning.
  내일 아침에 떠나는 것보다 지금 떠나는 것이 낫습니다.

- We had expected to reach an agreement quickly but negotiations continue to drag on.
  일찍 합의에 이를 거라고 예상하고 있었습니다만 여전히 교섭이 질질 끌어지고 있습니다.

Biz Tips

⫘ The three men **grappled with** the work, and finished it up in a day.
남자 세 명이 달려들어 하루만에 끝냈어요.

- Overall, the weather of Korea is sultry from July to August.
  전반적으로 7월부터 8월까지 한국의 날씨는 후덥지근합니다.

- In case anyone calls me, tell him I'll be back in about thirty minutes. 누가 전화하면 30분 후쯤에 돌아올 거라고 해요.

- He misplaces his glasses with such regularity that aides carry extras.
  그는 빈번히 안경 둔 곳을 잊어버려 보좌관들이 여분으로 갖고 다닙니다.

- He insinuates that you are a liar.
  그는 당신이 거짓말쟁이라고 빗대어 말하더군요.

- Who botched my paper up?
  누가 내 서류를 엉망으로 만들었어?

- These sales projections are based on extensive market research. 이 매출계획은 광범위한 시장조사에 바탕을 두고 있다.

- I hit upon a solution when I was taking a bath.
  목욕하다가 우연히 해결책을 생각해 냈어요.

- Please ship prepaid. We will not accept collect shipments.
  자비로 운송해주십시오. 수취인 부담으로 하는 선적은 받지 않겠습니다.

- Our rival company has infringed our patents.
  우리의 경쟁회사가 우리의 특허권을 침해했습니다.

Point
Tips
||||| grapple with 맞붙어 해결하려고 노력하다

☐ 정기 적금	time deposit
☐ 경쟁에서 살아남다	knock out the competition
☐ 주목의 대상이 되다	take center stage
☐ 자랑스럽게 말할 수 있다	we can point with pride
☐ ~에 근무해오다	have been with
☐ 폭넓은 효용	wide availability
☐ 시간동작 연구	time and motion study
☐ 자극을 주다	give an impetus
☐ ~보다 우세하다	have an edge on
☐ ~에게 악영향을 주다	have an adverse effect on
☐ ~에 대해 소송을 제기하다	take action against
☐ ~와 상의를 하다	have a word with
☐ 다루는 요령을 알다	have a way with
☐ ~에 대해 타당한 이유가 있다	have a valid reason for
☐ 기술을 연마하다	hone a skill
☐ 지름길을 택하다	take a short cut
☐ 발언권을 가지다	have a say

NOTE

- **impetus** 추진력, 기동력, 자극
- **valid** 근거가 확실한, 타당한
- **adverse** 역의, 해로운, 불리한
- **hone** ~을 숫돌에 갈다; 숫돌

☐ 보복조치를 취하다	take a retaliatory measure
☐ 후속조치를 취하다	take follow-up measure
☐ 중립적인 입장을 취하다	take a neutral stance
☐ 성취욕을 갖다	have a need for achievement
☐ 법적 조치를 취하다	take a legal measure[action]
☐ 많은 사상자를 내다	take a heavy toll
☐ ~에 관여하다	have a hand in
☐ 궁지에 빠뜨리다	pose a dilemma
☐ 어려운 상황에 직면하다	face a difficult situation
☐ ~에 상당한 충격을 주다	have a considerable impact on
☐ ~을 상승시키다	give a boost to
☐ 전력을 다하다	give 100%, make an all-out effort
☐ 재고가 있다	have ~ in stock
☐ 재고가 없다	be out of stock
☐ 초기비용	the initial expenditure
☐ ~하는 경향이 강해지고 있다	there's a growing trend toward
☐ 간발의 차	a close shave
☐ ~에 대한 대책을 강구하다	study how to cope with

NOTE

- retaliate 보복하다 [retaliatory 보복의]
- expenditure 지출, 소비

01 The owner _____ his business and retired.
사장은 회사를 청산하고 은퇴했다.

A liquidated
B liberated

02 England has _____ industries by selling them to private owners.
영국은 공기업체를 개인 소유주에게 매각함으로써 민영화했다.

A privatized
B privileged

03 The next table was so close to me that I _____ the conversation of the couple eating there.
옆 테이블이 아주 가까워서 나는 거기서 식사하는 부부의 대화를 우연히 들었다.

A overhauled
B overheard

04 Sidewalk vendors _____ their goods.
거리의 노점상인들이 번드르르한 말로 물건을 팝니다.

A taut
B tout

05 The tax increase _____ a protest by homeowners.
세금 인상은 주택 소유자들의 항의를 불러일으켰다.

A triggered
B trimmed

06 I will _____ myself to studying hard at the university.
나는 대학에서 열심히 공부하는 습관을 들일 것이다.

A acquaint
B accustom

07 We _____ out the details of the contract, then signed it.
우리는 계약서의 세부 사항을 철저히 검토한 다음 서명했다.

A thrashed
B threaded

08 The president's enthusiasm was _____ for Congress to pass the law.
대통령의 열정은 의회가 그 새 법안을 통과시키는 데 자극제가 되었다.

A impetus
B impotence

Answer

IIIII 01 **A**　02 **A**　03 **B**　04 **B**　05 **A**　06 **B**　07 **A**　08 **A**

09 The marine biologist studied the _____ of sea turtles.

A longitude
B longevity

그 해양 생물학자는 바다거북의 수명을 연구했다.

---

10 I just had a _____ about what to make for dinner.

A brainstorm
B brain drain

저녁 식사로 뭘 준비할지 지금 막 생각이 났습니다.

---

11 I _____ my keys somewhere in the house.

A misquoted
B misplaced

나는 열쇠를 집 어딘가에 두고 잊어버렸다.

---

12 Our neighbor's fence _____ on our land.

A infused
B infringed

우리 이웃의 울타리는 우리 땅을 침범하고 있다.

---

13 One worker _____ that another employee was dishonest.

A insinuated
B instigated

한 직원이 다른 직원이 정직하지 못함을 넌지시 비쳤다.

---

14 She _____ her piano playing by practicing eight hours a day.

A honed
B toned

그녀는 하루에 여덟 시간씩 연습하여 피아노 실력을 향상시켰다.

---

15 When the boy broke her toy, the girl _____ by hitting him.

A retaliated
B retarded

소년이 소녀의 장난감을 부수어 버리자 그녀는 그를 때려서 앙갚음했다.

---

16 He really _____ it up.

A bottomed
B botched

그는 정말 그 일을 망쳐버렸다.

▶ **trans-**는 '한 쪽에서 다른 쪽으로의 이동'을 의미한다.

- **transfer** 옮기다, 갈아타다
- **transmit** 발송하다, 전파하다
- **transport** 수송하다
- **transcribe** 베끼다, 복사하다
- **translate** 번역하다
- **transcend** 초월하다
- **transit** 통과, 운송
- **transplant** 이식하다
- **transpose** 위치를 바꾸어 놓다
- **transform** 변형시키다
- **transaction** (업무의) 처리, 취급
- **transfix** 꿰뚫다

▶ **ultra-**는 '극단, 초월'을 의미한다.

- **ultra-secret** 극비의
- **ultrasonic** 초음파(의)
- **ultraviolet** 자외선(의)
- **ultranational** 초국가적인

▶ 기본 숙어 연습

- It's **no wonder** you can't sleep when you eat so much.
  그렇게 많이 먹고 잠을 잘 수 없다는 것은 당연하다.
- My doctor says I must **cut out** smoking.
  의사는 내가 금연을 해야 한다고 말합니다.
- I slept so well that I **feel up to** playing tennis before breakfast.
  잠을 푹 자서 아침식사 전에 테니스를 할 수 있을 것 같습니다.

▶ 뜻을 구별해야 할 형용사

- **credible** 믿을 만한
  credulous 쉽게 믿는
- **successful** 성공한
  successive 연속적인
- **practical** 실용적인
  practicable 실행할 수 있는
- **momentary** 순간의, 일시적인
  momentous 중대한

● 증권과 투자 ●

- **allot** 할당하다
- **allotment** 할당, 분배
- **appreciate** 시세가 오르다
- **appreciation** 가치 [가격] 상승
- **assets** 유동자산, 재산
- **bear market** 내림시세
- **belongings** 소유물, 소지품
- **bond** 채권
- **brokerage** 중개업, 알선업
- **bull market** 상승시세
- **commercial paper** 상업어음
- **corporate bond** 회사채
- **depreciation** 감가상각
- **dividend** 이익배당금
- **equities** 지분
- **finance** 재정, 금융
- **financial institution** 금융기관
- **financial** 재무의, 금융상의
- **investment** 투자
- **legacy** 유산
- **mutual fund** 뮤추얼 펀드
- **portfolio** 유가증권명세표
- **possessions** 소유물, 재산
- **public bond** 공채
- **securities** 유가증권
- **share** 주식
- **stock exchange** 증권거래소
- **stock** 주식, 증권
- **stockholder** 주주
- **trust company** 신탁회사 (은행)

PART **4** NEW 토익 핵심 영단어

회화에 강해지는 **Idiom**

- **on the whole** 대체로
- **on the contrary** 반대로
- **in charge of** ~을 책임지는, ~을 담당하고 있는
- **around the corner** 임박한
- **mess up** 망쳐놓다
- **once in a while** 가끔
- **cut short** 단축하다
- **sooner or later** 조만간
- **take over** 인수하다

핵심 어휘 따라잡기

- It would be better off if you did it right now.
  당장 그것을 하는 것이 나을 텐데요.

- I'm thinking of buying a notebook computer.
  노트북 컴퓨터를 한 대 살까 합니다.

- The film was a box-office hit.
  그 영화는 대 히트였다.

- A group of nations agreed on a moratorium on the sale of nuclear weapons.
  일단의 국가들이 핵무기 판매를 일시적으로 금지하는데 합의했다.

- Irrespective of his strange way of talking, he's an excellent worker.   그의 이상한 말투에 상관없이 그는 뛰어난 사원이다.

- The bad snowstorm had us cooped up in a small apartment for three days.
  심한 눈보라 때문에 우리는 3일 동안 비좁은 아파트에 틀어박혀 지내야 했다.

- They are in the aisle 5 on your left.
  왼쪽 5번 통로에 있습니다.

- The case brought sexual harassment to the public's attention.
  그 사건으로 인해 일반 사람들이 성희롱에 대해 알게 되었다.

Biz Tips

▥ Can you **follow up on** these sales amount?
이 판매량에 대해 더 자세히 알아볼 수 있습니까?

▥ I'm **ahead of** where I'm supposed to be.
일이 계획보다 앞서고 있습니다.

핵심 어휘 따라잡기

- Wonderful costumes and scenery added luster to the performance of the opera.
  멋진 의상과 배경으로 그 오페라 공연은 더욱 빛났다.

- The four-lane road narrows into a bottleneck as you get near the city.
  4차선 도로가 도시에 가까이 가자 아주 좁아졌습니다.

- The corporation restructured from five divisions into two.
  회사는 다섯 개 부서를 두 개로 구조 조정했다.

- Do you provide medical insurance?
  의료보험 혜택을 제공합니까?

- The company is losing money and must have a stringent financial plan to survive.
  그 회사는 적자를 내고 있고 살아남기 위해서는 가혹한 재정계획이 있어야 한다.

- Don't be dejected, take courage.
  낙심 말고 용기를 내세요.

- Upon its expiration the contract will be renewed every three years subject to agreement of both parties.
  계약이 만료되면 쌍방의 합의에 따라 3년마다 갱신됩니다.

PART 4 NEW 토익 핵심 영단어

Point Tips

ⅠⅠⅠⅠ follow up on ~에 대해 더 자세히 알아보다

ⅠⅠⅠⅠ ahead of ~에 앞선

핵심 어휘 따라잡기

- This agreement will pave the way for many more large projects. 이 계약으로 좀 더 많은 대형프로젝트를 착수하기 위한 길이 열리게 됩니다.

- After seven years my wife gave me an ultimatum; either stop drinking or move out.
  7년 후 아내는 나에게 최후통첩을 했다: 술을 끊든지 나가든지 하라고.

- Those customers in the store who have five items or less can check out at the express lane.
  5개 이하를 구매하신 매장 손님들은 신속 계산대에서 계산할 수 있습니다.

- He was feeling below par and went to bed early.
  그는 몸이 좋지 않아 일찍 잠자리에 들었다.

- Gaining weight is inevitable when you eat too much and don't exercise. 과식하고 운동하지 않으면 살이 찌는 것을 피할 수 없다.

- He is rich and it follows that every girl likes him.
  그는 부자입니다. 그러므로 당연히 모든 여자들이 그를 좋아한다는 얘기가 됩니다.

- I was swamped with work.
  일에 몰려 정신이 없었다.

- It's about the same.
  거의 마찬가지인데요.

- Can you make a final version of the schedule we sketched out yesterday. 어제 대충 정리한 일정의 최종안을 만들어 주시겠습니까?

Biz Tips

▥ Making a profit is **the name of the game**.
이익을 내는 것이 중요하다.

- I'll pinch-hit for you.
  제가 당신 대리근무를 해 드리겠습니다.

- The rent is only $50 a month. There is a catch in it somewhere. 집세가 50불 밖에 안 되다니 어딘가 함정이 있다.

- After the earthquake, the Red Cross mobilized many workers to help people.
  지진이 일어나자 적십자사는 사람들을 돕기 위해 많은 봉사자들을 동원했다.

- The weather is changeable at this time of the year.
  일 년 중 이맘때의 일기는 변덕이 심합니다.

- Aqua Pure is tapped directly from the spring and bottled and sealed at the source.
  Aqua Pure는 샘에서 직접 끌어와서 병에 담고 그곳에서 밀봉됩니다.

- He strove to overcome his bad habits.
  그는 나쁜 버릇을 없애려고 노력했다.

- A mechanic overhauled the car's motor with new parts.
  수리공이 자동차의 모터를 철저히 점검하고 새 부품으로 정비했다.

- His dedication to our organization has been an inspiration to all of us.
  조직에 대한 그의 헌신은 우리 모두에게 귀감이 되었습니다.

Point Tips

▥ the name of the game 중요한 것

B Collocation 확인하기

□ ~의 초석을 놓다	lay the groundwork for
□ 무심결에	inadvertently
□ 제품 명세서	product specifications
□ 제품 안내서	product brochure
□ 심각한 부작용을 일으키다	produce severe side effects
□ 실용제안	hands-on[pragmatic] proposal
□ 소형화하여	by downsizing
□ 누구를 무시하다	put someone down
□ 경비를 억제하다	keep costs down
□ 런던에 본사를 둔	London-based company
□ 부담 없이 ~하다	feel free to do
□ 아직 ~하지 않다	have yet to do
□ 말조심하다	bridle[watch, hold] one's tongue
□ 중간 관리자	middle manager
□ 독자적인 방법으로	in one's individual way
□ 신용상태	credit standing

NOTE

- inadvertent 부주의한, 고의가 아닌
- hands-on ① 실제의 ② 손으로 만질 수 있는 · downsize 소형화하다
- bridle 굴레, 속박; ~에 굴레를 씌우다, 구속하다, 방해하다, 협조하지 않다

□ 신용도, 신용등급	credit rating
□ 구속력 있는 규칙	binding rule
□ 현안 문제	pending problem
□ 판례	leading case
□ 화상 진료 기술	medical imaging technology
□ 진단서	medical certificate
□ 필사적으로	in desperation, desperately
□ ~하도록 만들어지다	be designed to do
□ 내부자 거래	insider-trading
□ 발전을 방해하다	hinder[impede] the progress
□ 국경 검문	border control
□ 잠재실업	hidden unemployment
□ 황금 같은 기회	golden opportunity
□ 풍토병	epidemic disease
□ 거래를 체결하다	conclude a deal
□ 무역박람회	trade show, trade fair, trade exhibition
□ 성취감	pride of accomplishment

NOTE

- bind 묶다, 구속하다 · impede 방해하다
- pending a. 미정의, 심리중의 prep. ~사이, ~까지
- epidemic 전염병; 유행성의 [an epidemic of terrorism 다발하는 테러 행위]

01 The _____ of wax made the table shine.
왁스의 광택으로 탁자가 빛났다.

A lush
B luster

---

02 They talked and _____ the differences between the two parties.
그들은 대화를 해서 두 정당 사이의 견해 차이를 좁혔다.

A narrated
B narrowed

---

03 A man with a _____ look sat waiting for a bus.
낙담한 표정을 한 남자가 버스를 기다리며 앉아 있었다.

A dejected
B delirious

---

04 We _____ our magazine subscription.
우리는 잡지 구독 계약을 갱신했다.

A renewed
B renovated

---

05 Early settlers _____ the way for those who arrived later.
초기 정착민들은 나중에 도착한 사람들을 위해 토대를 닦았다.

A paved
B found

---

06 Our new product was so popular that we were _____ with work.
우리 신제품이 반응이 너무 좋아서 우리는 일에 몰려 정신을 못 차렸다.

A swamped
B swapped

---

07 There is a _____ in that contract where you have to pay all the money now, but wait six months for delivery of the product.
저 계약은 지금 대금을 전부 지불하고도 상품이 배달되기까지 6개월을 기다려야 한다는 데 함정이 있다.

A cactus
B catch

---

08 I'm sorry; not inviting you to the party was an _____ mistake.
미안합니다. 당신을 파티에 초대하지 않은 것은 우연한 실수였습니다.

A inadvertent
B inevitable

Answer

||||| 01 B   02 B   03 A   04 A   05 A   06 A   07 B   08 A

09 She _____ for me while I was on vacation.
그녀는 내가 휴가를 간 사이에 나를 대신하였다.

   A pinpointed
   B pinch-hit

---

10 The management _____ the work force from 600 to 250 employees.
경영진은 직원을 600명에서 250명으로 줄였다.

   A downsized
   B downplayed

---

11 She _____ at the idea of spending so much money.
그녀는 그렇게 많은 돈을 지출하자는 의견에 협조하지 않았다.

   A bribed
   B bridled

---

12 Legislation _____ in the Congress must wait until the holidays are over.
의회에 계류되어 있는 법률 제정은 휴가가 끝날 때까지 기다려야 한다.

   A pending
   B pendulous

---

13 She is an _____ musician who has won many prizes.
그녀는 많은 상을 탄 노련한 음악가이다.

   A accompanied
   B accomplished

---

14 There are _____ of influenza nearly every winter.
거의 매년 겨울에 독감이 유행한다.

   A epidemics
   B epidermis

---

15 The weather is very _____ in the spring time.
봄철에는 날씨가 매우 변덕스럽다.

   A changeover
   B changeable

---

16 He became an employee in good _____.
그는 지위가 높은 직원이 되었습니다.

   A standing
   B standpoint

P
A
R
T
4

N
E
W 토익

핵
심

영단어

Answer

⫿⫿⫿⫿ 09 B   10 A   11 B   12 A   13 B   14 A   15 B   16 A

D 어휘 개념 파악하기

▶ un-은 '반대'를 나타내는 의미로 다양한 품사에 쓰인다.

- unable 할 수 없는
- uncomfortable 불쾌한
- unconscious 무의식의
- unemployed 실직한
- untidy 단정치 못한
- undisturbed 방해받지 않은
- uncover 폭로하다, 밝히다
- unbiased 편견이 없는
- uncertain 불명확한
- unemotional 감정적이 아닌
- unpredictable 예언할 수 없는
- unofficial 비공식적인
- undo 원상태로 돌리다
- unplug 플러그를 뽑다

▶ under-는 '불충분한'이나 '아래'를 나타낸다.

- underproduction 저생산
- underweight 중량부족
- under-fives 5세 이하 아동
- underdeveloped 미개발의
- understaffed 인원부족의
- undersize 소형, 보통보다 작음
- underpayment 불충분한 임금지급
- undergraduate 대학 학부 재학생
- understudy 대역
- undersign 서류말미에 서명하다

▶ 기본 숙어 연습

- put off 연기하다
- in advance 미리, 앞서
- make up for 충당하다
- save face 체면을 살리다
- give off 내다, 발산하다
- draw the line 한계를 긋다
- so far 지금까지는
- make a difference 차이를 낳다
- take out 꺼내다, 데리고 나가다
- look out for ~을 주의하다
- on edge 안절부절 못하여
- go in for ~에 큰 관심이 있다

▶ '나이 많은'의 의미를 지닌 단어

- old people 노인들
- elderly 나이가 지긋한
- veteran 노련한
- an aged woman 할머니
- senile 노망난
- the aged 노인들

Toeic Voca Box 46

- 직업과 사람 1

- **accountant** 회계사
- **accounting manger** 경리부장
- **anthropologist** 인류학자
- **apartment manager** 아파트 관리인
- **archeologist** 고고학자
- **architect** 건축가
- **assembler** 조립공
- **astronaut** 우주비행사
- **attendee** 출석자
- **attorney** 변호사
- **audio technician** 음향 기술자
- **auditor** 회계감사관
- **auto mechanic** 자동차 정비공
- **baby-sitter** 보모
- **baker** 제빵사
- **beautician** 미용사
- **blacksmith** 대장장이
- **boatman** 사공
- **bond dealer** 사채업자
- **bookkeeper** 장부계원
- **botanist** 식물학자
- **bricklayer** 벽돌공
- **butcher** 도축업자
- **candidate** 지원자
- **captain** 선장
- **carrier** 신문배달원
- **caseworker** 생활환경 조사원
- **celebrity** 유명인사
- **chairman** 회장
- **chauffeur** 운전사
- **chef** 주방장
- **civil engineer** 토목기사
- **civil servant** 공무원
- **collector** 수금원
- **commuter** 통근자
- **competitor** 경쟁자
- **computer repairman** 컴퓨터 수리공
- **construction worker** 건설공사 인부

PART 4 NEW 토익 핵심 영단어

A 핵심 어휘 따라잡기

corporate
[kɔ́ːrpərit]
a. 법인의, 단체의

: corporation 법인, 주식회사
: incorporated 법인조직의, 유한책임의
　　▫ 약자로는 Inc.로 쓰고 영국에서는 Ltd.라 씀

controversial
[kàntrəvə́ːrʃəl]
a. 논쟁의 여지가 있는

: a controversial decision 물의가 있는 결정
: beyond controversy 논쟁의 여지가 없이

courier
[kúriər]
n. 급사(急使), 배송업체, 여행 안내원

: The invitations were sent by the courier.
　초대장은 급사를 통해 발송되었습니다.

addictive
[ədíktive]
a. 중독성인, 습관성인

: addict *v.* [ədíkt] 중독 시키다 *n.* [ǽdikt] 중독자
: be addicted to ~에 탐닉하다
: *cf.* additive 첨가물

consistency
[kənsístənsi]
n. ① 일관성 ② 농도, 밀도

: be consistent with ~와 일치하다
: inconsistent 일치하지 않는, 모순 된

appalling
[əpɔ́ːliŋ]
a. 소름끼치는, 섬뜩하게 하는

: appalling abuses are being committed
　against ~에 대해 무서운 학대가 자행되고 있다

all but
[ɔːl bʌt]
phr. ① 거의(=almost)
　　 ② ~을 제외하고 모두

: The soldier is all but dead.
　그 병사는 거의 죽은 거나 마찬가지입니다.
: All but Brian came to the party.
　브라이언을 제외한 모두가 파티에 왔습니다.

Biz Tips

||||| We are planning to **tap into** the growing market in Asia.
우리는 성장하고 있는 아시아 시장으로 진입할 계획입니다.

핵심 어휘 따라잡기

asset [ǽset] *n.* 재산, 자산	: assets and liabilities 자산과 부채 : have ~ in assets ~의 자산을 가지고 있다
aptitude [ǽptitùːd] *n.* 적성, 경향, 재능	: have an aptitude for ~에 재능이 있다 : aptitude test 적성검사
alert [ələ́ːrt] *a.* ① 방심 않는, 경계하는 ② 영리한 *n.* 경계	: stay alert 경계를 하고 있다 : alert someone to N/to do ~에게 ~하도록 경고하다
attrition [ətríʃən] *a.* ① 소모 ② (인력의) 자연감소	: a war of attrition 소모전 : through attrition 인력의 자연 감소로 인해
consult [kənsʌ́lt] *v.* ① 상의[상담]하다 ② 참고하다	: consultant 고문, 컨설턴트 : have consultations with ~와 상담하다

artifact
[áːrtəfæ̀kt]
n. ① 유물 ② 인공물, 가공물
	: trace ancient practices through the study
	  of artifacts
	  문화 유물을 연구함으로써 태고의 풍습을 추적하다

affix [əfíks] *v.* 붙이다, 부착하다 *n.* 접미사	: affix blame to a person 책임을 ~에게 씌우다 : *cf.* affixture 부가, 첨부(물)

Point Tips

ꖀꖀꖀ tap into ~로 진입하다

핵심 어휘 따라잡기

back out of [bæk aut ɑv]	*phv.* 손을 떼다 : back out of the deal 거래에서 손을 떼다
conglomerate [kənglámərət]	*n.* 복합기업, 거대한 주식회사 : The conglomerate had to sell several companies in order to stay afloat. 그 재벌기업은 생존을 위해 몇몇 자회사를 매각해야만 했다.
dermatologist [də̀ːrmətálədʒist]	*n.* 피부과 의사 : dermatology 피부병학
afloat [əflóut]	*ad.* ① 곤경에서 벗어난 ② 물에 떠서 : cargo afloat 해상의 화물
audit [ɔ́ːdit]	*n. (v.)* 회계감사(를 하다) : tax audit 세무조사
admissible [ædmísəbl]	*a.* ① 인정될 수 있는 ② 용납할 수 있는 : The court ruled that the evidence was admissible. 법정은 그 증언을 받아들일 수 있다고 판결했다.
memento [miméntou]	*n.* 기념품 (= souvenir) : as mementos of ~의 기념품으로
cosmetic [kɑzmétik]	*a.* ① 미용의 ② 결점을 감추는 : cosmetics 화장품
reappointment [rìːəpɔ́intment]	*n.* 재임용, 복직 (= reinstatement, restoration) : Mr. Kim has been reappointed President of the bank. 은행장에는 김 씨가 연임되었다.

Biz Tips

〃〃 In order to secure a **bridgehead** into U.S. market, the company has set up its subsidiary company in the U.S.
미국 시장 진출의 교두보를 확보하기 위해 그 회사는 미국에 자회사를 설립했다.

at the thought of [æt ðə θɔːt ɑv]	*phr.* ~ 을 생각만 해도, ~을 생각하면
	: blush with shame at the thought of ~을 생각하면 부끄러워 얼굴이 화끈거린다
aide [eid]	*n.* 측근, 조수
	: a nurse's aide 보조 간호사
aspect [æspekt]	*n.* ① 측면, 특징 ② 관점, 고려
	: the aspect of affairs 국면
diagnosis [dàiəgnóusis]	*n.* 진단, 판단
	: *v.* diagnose *a.* diagnostic
artwork [áːrtwə̀ːrk]	*n.* ① 수공예 품 ②삽화
	: craft work 공예품
corridor [kɔ́ːridər]	*n.* 복도, 회랑
	: *cf.* corrode[kəróud] 부식하다
ailment [éilmənt]	*n.* (만성적인) 병
	: *v.* ail ① 아프다 ② 괴롭히다
vaulted [vɔ́ːltid]	*a.* 아치형의 지붕으로 된
	: vault *v.* 뛰어 넘다 *n.* 대형 금고
credentials [kridénʃəlz]	*n.* ① 자격 증명서 ② 신임장
	: credentials committee 자격심사위원회
anesthetist [ənésθətist]	*n.* 마취 전문의, 마취사
	: anesthesia 마취
colleague [káliːg]	*n.* 동료
	: *syn.* fellow worker, associate
promenade [prὰmənéid]	*n.* ① 산책로 ② 산책, 거닐기 *v.* ①슬슬 거닐다
	: promenade about 뽐내며 이리저리 걷다

Point Tips

⫿⫿⫿⫿ bridgehead 교두보

B Collocation 확인하기

□ 동종업계단체	trade association
□ ~에 대한 욕구를 해소시켜주다	address the needs of
□ 조퇴하다	take the rest of the day off
□ 구제역	food-and-mouth disease
□ 억측	wild[random] guess
□ ~하는 것만으로는 부족하다	need to do more than
□ ~하게 되어 영광이다	be honored to do
□ 기자회견을 개최하다	hold a press conference
□ 기록을 세우다	build a record
□ 애들 장난	child's play
□ 집행위원	executive council
□ 법의 집행	execution[enforcement] of law
□ 영장을 집행하다	execute a warrant
□ 전자 자금 이체	electronic funds transfer
□ 경매에 부치다	put up at auction
□ 피임을 하다	practice contraception
□ 지불유예기간	grace period

NOTE

- **random** 닥치는 대로의, 무작위의
- **warrant** 근거, 보증, 영장
- **execute** 실행하다, 수행하다
- **contraception** 피임(법)

448

□ 만만한 사람	tractable person
□ 무관심한 척하다	affect[feign, fake] indifference
□ 할인율	discount rate
□ 할인권	discount certificate
□ 어떤 연줄도 없이	without any connections
□ 최근 의논한 것을 확인하고자	to confirm our recent conversation
□ ~에 한정되다	be confined to
□ 선입견	preconceived notion, prejudice
□ ~보다 강점이 되다	become a competitive advantage over
□ 능력 있고 믿을 만한 간부	competent and reliable executive
□ 감시 위원회	supervisory committee
□ ~로부터 강한 압력을 받고 있다	come under strong pressure from
□ 업무 종료 때까지	by COB
□ 조약을 체결하다	conclude[make] a treaty
□ 계약을 체결하다	conclude an agreement
□ 보수를 위해 문을 닫다	be closed for renovation
□ ~에 대한 책임을 일체지지 않다	disclaim all the responsibility for

NOTE

- tractable 유순한, 다루기 쉬운 · feign ~을 가장하다
- fake 위조하다, ~을 가장하다
- preconceive ~에 선입관을 갖다
  [preconception 선입관 | competent 적임의, 유능한]

449

실전 예문 연습하기

01 Making high quality products in a relaxed, friendly way is central to our company's _____ culture.
편안하고 정다운 분위기에서 고품질의 제품을 만드는 것이 우리 회사 사풍의 핵심이다.

A corporal
B corporate

02 Religion and politics are very personal and _____ subjects.
종교와 정치는 매우 개인적이며 쟁점이 되기 쉬운 주제들이다.

A controversial
B conventional

03 The fax transmission report and _____ receipt are required for negotiation.
팩스 송부자료와 택배 영수증이 협상시 필요합니다.

A courier
B courtier

04 His high performance is _____ day after day.
그의 훌륭한 연기는 매일 변함이 없다.

A conspicuous
B consistent

05 The murder of the child _____ everyone in the city.
유아 살인 사건은 그 도시 사람들 모두를 섬뜩하게 했다.

A appealed
B appalled

06 Ronnie has been a big _____ to the team.
로니는 팀에 큰 재산입니다.

A assessment
B asset

07 A large sign _____ drivers to bad road conditions.
대형 표지판이 운전자들에게 좋지 않은 노면 상태를 경고해 준다.

A alerts
B alienates

08 Mr. Jones is in _____ and cannot be disturbed.
존스 씨는 면담 중이니 방해할 수 없습니다.

A consul
B consultation

Answer
||||| 01 B 02 A 03 A 04 B 05 B 06 B 07 A 08 B

09 The company plans to cut a quarter of its workforce through natural _____.
A attrition
B attribute

회사는 인력의 자연감소를 통해 전종업원 수를 1/4로 감소시킬 계획이다.

---

10 We met several times and are _____.
A faced
B acquainted

우리는 몇 번 만나서 안면이 있습니다.

---

11 Archaeologists dig for _____, such as old pots and bones of ancient peoples.
A artifacts
B artisans

고고학자들은 오래된 단지나 고대인의 뼈 같은 유물들을 발굴한다.

---

12 His business is having difficulty, but it is staying _____.
A afloat
B aflame

그의 사업은 어려움을 겪고 있지만 파산은 하지 않았다.

---

13 The evidence submitted by the prosecution is _____.
A inadvertent
B inadmissible

검찰 측에서 제출한 증거는 채택될 수 없다.

---

14 A wide _____ allows many people to walk at the same time.
A prominence
B promenade

넓은 산책로는 많은 사람들이 동시에 산책할 수 있게 해 준다.

---

15 Lotteries have _____ drawings of numbers to find a winner.
A random
B ransom

복권은 무작위로 번호를 뽑아 당첨자를 가린다.

Answer

IIII 09 A   10 B   11 A   12 A   13 B   14 B   15 A

▶ **up-**은 '위로'나 '증가'의 뜻을 지닌 단어를 만든다.

- upside 윗면, 상승경향
- update 갱신하다
- uproar 소란
- upcoming 다가오는
- upkeep 유지(비)
- uptight 초조해하는
- upstream 상류로; 상류의
- upbeat 오름세의, 경쾌한
- uproot 근절시키다
- upset 전복시키다, 당황케 하다
- upbringing 양육
- uphold 지지하다

▶ **-ure**는 동사를 명사형으로 만드는데 사용된다.

- departure 출발, 이탈
- enclosure 울타리를 침
- failure 실패, 불이행, 파산
- disclosure 드러남, 폭로, 발표
- exposure 노출, 폭로
- seizure 붙잡기, 압류, 점유

▶ 기본 숙어 연습

- If you**'re used to** studying hard, it's so much better.
  네가 공부를 열심히 하는데 익숙하다면 훨씬 더 나을 텐데.
- **In keeping with** tradition, everyone wore black.
  전통에 맞추어 모든 사람은 검은 옷을 입었다.
- He **was bent on** leaving right away.
  그는 당장 떠날 마음을 굳히고 있었다.

▶ '노력하다'와 관련된 단어

- try 시험해보다, 노력하다
- strive 얻으려고 애쓰다
- endeavor 노력하다, 애쓰다
- attempt 시도하다
- struggle 분투하다
- make an effort 노력하다

● 직업과 사람 2 ●

- **consultant** 고문
- **consumer** 소비자
- **contender** 경쟁자
- **contract worker** 계약 노동자
- **counselor** 상담원
- **craftsman** 장인
- **creditor** 채권자
- **curator** 미술관의 관리자
- **currency dealer** 외환 딜러
- **data processor** 정보처리기사
- **debtor** 채무자
- **decorator** 실내장식업자
- **delegate** 대표자, 대의원
- **dentist** 치과의사
- **detective** 탐정
- **dietitian** 영양사
- **distributor** 도매상인
- **district attorney** 지방 검사
- **doorkeeper** 문지기
- **editor** 편집자
- **electrical engineer** 전기 기술자
- **electrician** 전기기사
- **employer** 고용주
- **entertainer** 연예인
- **entrepreneur** 기업가
- **environmentalist** 환경론자
- **examiner** 검사관, 시험관
- **expert** 전문가
- **factory worker** 공원
- **family doctor** 주치의
- **film enthusiast** 영화광
- **film-maker** 영화제작자
- **financial analyst** 재무 분석가
- **fire fighter** 소방관
- **fire marshal** 소방대장
- **fisherman** 어부
- **flight attendant** 비행기 승무원
- **florist** 화초 연구가

PART 4 NEW 토익 핵심 영단어

453

A 핵심 어휘 따라잡기

arrears
[əríərs]
n. ① 체납금 ② 지체

: in arrears 체불되어, 미불로
: fall into arrears 지체하다
: make up arrears of work 밀린 일을 만회하다

acquaint
[əkwéint]
v. ① 친하게 하다
　 ② 숙지시키다, 알려주다

: be acquainted 안면이 있다
: acquaint oneself with ~에 정통하다
: acquaint A with B : A에게 B를 소개하다 [알리다]
: This is just an acquaintance of Mr. Kim's.
　그냥 김 선생님과 아는 사람입니다.

courteous
[kə́ːrtiəs]
a. 예의 바른, 정중한

: courtesy 예절바름, 공손함 (↔ discourtesy)
: do one a courtesy ~의 부탁을 들어주다

accompany
[əkʌ́mpəni]
v. ① ~를 따라가다 ② 반주하다

: be accompanied by ~를 동반하다
: accompaniment 부속물, 반주
: accompanist 반주자

article
[áːrtikl]
n. ① 기사
　 ② (계약, 조약 등의) 조항
　 ③ 품목

: the article on ~에 관한 기사
: just a few articles of clothing 단지 몇 벌의 옷
: article 1 of the contract 계약서의 제 1 조항

poll
[poul]
n. ① 여론조사
　 ② 투표소 (the polls)

: conduct a poll 여론조사를 실시하다
: go to the polls 투표하다
: *cf.* pollster 여론조사 기관
: *cf.* toll 통행세, 장거리 전화료, 희생자

Biz Tips

▦ If we **use up** the three minutes, I'll call back.
3분이 다 되면 다시 전화를 걸게요.

핵심 어휘 따라잡기

counsel
[káunsəl]

n. ① 충고, 조언 ② 변호사
v. 조언하다

: cf. **council** [káunsəl] 자문 위원회, 협의회
consul [kάnsəl] 영사
console [kənsóul] 위로하다

---

except
[iksépt]

pre. conj. ~을 제외하고
v. 제외하다

: **except for** ~을 제외하면, ~이 없었더라면
: **no body excepted** 한 사람도 예외 없이
: **excepting** ~을 제외하고, ~을 빼고
: **exception to the rule** 예외, 특례
: **exceptional** 예외적인, 아주 뛰어난

---

vibrant
[váibrənt]

a. ① 활기찬, 생기 있는 ② 강렬한

: **vibrate** 진동하다
: **vibration** ① 진동 ② 느낌

---

unprecedented
[ʌnprésədèntid]

a. 전례 없는, 미증유의

: syn. **unheard-of, unexampled, unparalleled,**
record-breaking, phenomenal

---

limited-access
[límitid-ǽkses]

n. 한정된 접근

: **limitation** ① 제한, 한도 ② 한계
: **to the limit** 최대한
: **That's the limit.** 더 이상 참을 수 없다.

---

keynote
[kí:nòut]

n. 으뜸음, 요지

: **keynote address** 기조연설
: **give the keynote address** 기조연설을 하다

---

inhibition
[ìnhəbíʃən]

n. 금지, 억제

: **inhibit** 방해하다, 억제하다
: **Her shyness inhibits her social life.**
그녀는 수줍음 때문에 사회생활에 어려움이 있다.

Point Tips

▥▥▥ **use up** 다 써버리다

resent [rizént]	v. ~에 분개하다 : resentful 분개한
routine [ru:tí:n]	n. 일과 a. 일상적인 : routine checkup 정기검진
underdeveloped [ʌndərdivéləpt]	a. ① 미숙한 ② 저개발의 : an underdeveloped country 후진국
inquire [inkwáiər]	v. 묻다, 문의하다 : inquiry 문의, 조사, 연구
unrivaled [ʌnráivəld]	a. 상대가 없는, 무적의 : In this respect he is unrivaled. (He is second to none in this respect.) 이 점에서는 그보다 나은 사람이 없다.
preferable [préfərəbl]	a. 더 나은 : preferential 우선권의, 특혜의
chew [tʃu:]	v. ① 씹다 ② 호되게 꾸짖다 ③ 깊이 생각하다 : chew on one's future 장래 일을 곰곰이 생각하다
remedy [rémədi]	n. 치료, 구제책, 해결방법 v. 고치다, 치료하다 : as a remedy for poor sales 부진한 판매의 개선책으로
format [fɔ́:rmæt]	n. 체제, 구성, 서식 : formatting 형식, 서식

Biz Tips

▥▥ **In light of** this new information, I think it's necessary that
we revise our previous estimates.
새로운 자료에 비추어 생각하면 종전의 견적을 변경할 필요가 있다고 생각한다.

▥▥ Let's **run through** the major points of the contract before
we discuss the specifics.
세부 항목을 검토하기 전에 계약의 주요사항들을 대충 훑어봅시다.

stuffy [stʌfi]	*a.* (실내 공기가) 탁한, (생각 등이) 케케묵은 : stuffy odor 곰팡내
elsewhere [elshwɛ̀ər]	*ad.* 다른 곳에서 : His mind was elsewhere. 그의 마음은 딴 곳에 있었다.
extinguish [ikstíŋgwiʃ]	*v.* 끄다, 진화하다 : extinguisher 소화기
send off [send ɔːf]	*phv.* 발송하다 : send off an SOS 조난 신호를 보내다
floppy [flápi]	*a.* ① 헐렁한, 늘어진 ② 쉽게 휘는 : become floppy 휘주근해지다 (축 늘어지다)
collegiate [kəlíːdʒiət]	*a.* 대학생의, 대학 정도의 : *cf.* college의 형용사
abundant [əbʌ́ndənt]	*a.* 풍부한 : be abundant in ~이 풍부하다
counterclockwise [kàuntərklákwàiz]	*a. ad.* 시계 반대 방향의[으로] : a counterclockwise rotation 좌회전
circumvent [sə̀ːrkəmvént]	*v.* ① 모면하다 ② 교묘히 피해 가다 : circumvent the real issues 실질적인 문제를 회피하다
downtrodden [dáuntràdn]	*a.* 탄압받는, 짓밟힌 : the downtrodden 피압박민
biennial [baiéniəl]	*a.* 격년의 : *cf.* biannual 연 2회의
counterpart [káuntərpàːrt]	*n.* 상대방, 대응자, 대응물 : make a counterpart 대응이 되다

Point Tips

▥ **in light of** ~에 비추어

▥ **run through** 대충 훑어보다

PART 4 NEW 토익 핵심 영단어

□ (전자상거래의) 결재화면	check-out screen
□ 폭죽을 터뜨리다	set off firecracker
□ 침체된 경기	slack[sluggish] business
□ 충격요법	shock therapy
□ 박리다매	small profits and quick returns
□ 건강이 빨리 회복되길	quick return to health
□ 실적	track record
□ 발암성 물질	carcinogenic substance
□ 악법을 철폐하다	rescind evil laws
□ ~을 전문으로 하다	specialize in
□ 공식제안	official proposal
□ 시대착오적인 생각	anachronistic thinking
□ 구매력	purchasing power
□ 책임을 완수하다	discharge one's responsibility
□ 책임을 전가하다	shift the blame on (to)
□ ~에게 책임을 전가하다	pass the buck to

NOTE

- slack 느슨한, 정체된
- sluggish 게으른, 완만한, 불경기의
- carcinogenic 발암성의
- rescind (법률이나 행위 등을) 폐지하다
- discharge ① 짐을 내리다 ② 면제하다
  ③ 이행하다 ④ 해임[해고] 하다, 퇴원시키다, 제대시키다

☐ 의구심을 받다	be challenged
☐ 정말 누가 유감스럽게도	much to one's regret
☐ ~의 이목을 끌다	catch the imagination of
☐ ~라는 예감이 들다	have a hunch that
☐ 약점을 건드리다	touch one's weak point
☐ 계약서에 조건을 달다	attach a condition to the contract
☐ 엉망으로 일을 처리하다	botch up
☐ 성과급 제도	piecework system
☐ 주력 사업에 전념하다	concentrate on one's main business
☐ 부당이익	obscene profits
☐ 치열한 경쟁	fierce[severe] competition
☐ 우주왕복선	space shuttle
☐ ~에 걸어보다	take a chance on
☐ ~에 점점 더 압력을 가하다	place increasing pressure on
☐ 사무용품	office appliances[supply]
☐ ~에 심각한 손상을 야기시키다	cause severe damage to
☐ 필요한 경우	in case of need

NOTE

- **hunch** ① 군살, 혹 ② 예감
- **obscene** 외설스러운, 역겨운

01 The payments on that car loan are in _____ by three months.

A arrays
B arrears

저 차의 대출금 지불이 3개월이나 밀려 있다.

---

02 Please do me the _____ of calling my office to say I'll be late.

A courtesy
B coarse

사무실에 전화해서 제가 늦을 거라고 얘기 좀 해 주세요.

---

03 The earthquake was _____ with an epidemic.

A accompanied
B accommodated

지진은 전염병을 동반하였다.

---

04 _____ 1 of the U.S. Constitution guarantees freedom of religion.

A Artifice
B Article

미국 헌법 제1항은 종교의 자유를 보장한다.

---

05 My lawyer _____ me not to start a lawsuit over my car accident.

A construed
B counseled

변호사는 차 사고에 대해 소송을 걸지 말라고 조언해 주었다.

---

06 Hong Kong is a _____, fascinating city.

A vibrant
B viable

홍콩은 활기차고 매력적인 도시다.

---

07 Creating jobs was the _____ of his campaign.

A keynote
B keystone

일자리 창출이 그의 캠페인의 핵심이었다.

---

08 The company was going bankrupt and the owner _____ the problem by getting a bank loan.

A circulated
B circumvented

회사가 부도날 지경이었는데 사장이 은행 대출을 받아서 이 문제를 모면했다.

Answer

|||| 01 B   02 A   03 A   04 B   05 B   06 A   07 A   08 B

09 The governor was elected for an _____ fourth time.
주지사는 전례 없이 네 번째 당선 되었다.

A unprejudiced
B unprecedented

10 I was looking for a way out of the monotonous _____ at the factory.
나는 공장에서의 단조롭고 판에 박힌 생활로부터 벗어나는 방법을 찾고 있었다.

A route
B routine

11 She has an _____ sense of right and wrong.
그녀는 옳고 그름을 판단하는 분별력이 미숙하다.

A undervalued
B underdeveloped

12 He has an _____ ability to speak English.
그는 영어 회화에 있어서 누구도 따를 수 없는 실력을 가지고 있다.

A unrivaled
B unraveled

13 It's getting _____ in here - do you mind if I open the window?
여기 안에는 공기가 탁해지고 있어요, 창문을 좀 열까요?

A stuffy
B stupefy

14 Prices continue to rise in Moscow and _____ in the country.
물가가 모스크바와 그 나라 다른 지역에서 계속 오르고 있다.

A anywhere
B elsewhere

15 Could you _____ off this package by noon?
정오까지 이 소포를 발송해 주시겠습니까?

A send
B draw

16 There is a _____ art exhibition in Venice.
격년제의 미술 박람회가 베니스에서 개최되고 있다.

A biannual
B biennial

Answer

||||| 09 B 10 B 11 B 12 A 13 A 14 B 15 A 16 B

어휘 개념 파악하기

▶ **vice-**는 관직에 붙여 '부(副), 대리, 차(次)'를 의미한다.

- vice-president 부통령
- vice-governor 부지사
- vice-chairman 부회장
- vice-minister 차관

▶ **-ward, -wards**는 방향을 나타내어, '~쪽으로'란 뜻을 지닌다.

- backward 뒤로, 거꾸로
- westward 서쪽으로
- skyward 하늘 쪽으로
- seaward 바다 쪽으로
  □ -ward는 미국식이고 -wards는 영국식이다.

▶ **기본 숙어 연습**

- bring about 초래하다
- go off 폭발하다
- run into 우연히 만나다
- stick to ~을 고수하다
- quite a few 많은
- see eye to eye 동의하다
- take ~ into account 고려하다
- read up on ~에 대해 많이 읽다
- go along with ~와 사이좋게 지내다
- be out for ~을 얻으려 애쓰다

- Don't **wait up for** me. I shall be coming home very late.
  자지 않고 날 기다리지 마. 아주 늦을 거야.

- I've an important matter to **talk over with** you.
  당신과 상의할 중요한 문제가 있어요.

▶ **'피하다'와 관련된 단어**

- avoid punishment 처벌을 피하다
- escape observation 남의 눈에 띄지 않게 하다
- elude the law 법망을 뚫다
- evade taxes 탈세하다
- shun society 사람의 접촉을 피하다

직업과 사람 3

- **franchisee** 독점판매업자
- **fund manager** 신탁자금 운영자
- **futurologist** 미래학자
- **garbage collector** 청소부
- **gardener** 정원사
- **general manager** 총지배인
- **geologist** 지질학자
- **greeter** 영접인
- **ground crew** 지상 정비원
- **guard** 경비원
- **handyman** 잡역부
- **hawker** 잡상인
- **highway patrol** 고속도로 순찰대
- **historian** 사학자
- **hotel clerk** 호텔 직원
- **hygienist** 위생사
- **inspector** 검열관
- **intern** 인턴사원
- **interviewee** 인터뷰 받는 사람
- **interviewer** 인터뷰 하는 사람
- **janitor** 건물 관리인
- **job applicant** 구직자
- **landlord** 집주인
- **librarian** 사서
- **loan shark** 고리대금업자
- **logger** 벌목꾼
- **maid** 호텔 청소부
- **maintenance crew** 보수반원
- **makeup artist** 메이크업 아티스트
- **marshal** 법원 경찰관
- **mason** 석공
- **mechanic** 기계공
- **migrant** 이주자
- **minister** 목사
- **mortician** 장의사
- **motorist** 운전자
- **mover** 이삿짐 운송업자
- **navigator** 항법사

PART 4 NEW 토익 핵심 영단어

463

A 핵심 어휘 따라잡기

pledge [pledʒ] *n.* 서약, 언질 *v.* ① 서약하다 ② 저당 잡히다	: under the pledge of secrecy 비밀을 지킨다는 맹세 아래 : pledge support[loyalty] 지원[충성]을 맹세하다
medication [mèdəkéiʃən] *n.* 약물, 약물치료	: take medication for ~에 대해 약물치료를 받다 : *cf.* medicinal [medísənəl] 의학의, 의술의
facilitate [fəsílətèit] *v.* ~을 쉽게 하다 ~을 편리하게 해 주다	: facility ① 쉬움, 용이함 ② 편의, 시설 : facile ① 유려한 ② 술술 말하는, 유창한 : with facility 쉽게, 수월하게
implement [ímpləmənt] *n.* ① 도구, 용구 ② 수단 *v.* 이행하다, 실행하다	: implemental 도구가 되는, 도움이 되는 : agricultural implements 농기구 : implement campaign promise 공약을 실행하다
dependable [dipéndəbl] *a.* 신뢰할 수 있는	: depend on 신뢰하다, 의존하다, 좌우되다 : dependent on ① ~에 의존하는 ② ~에 달려 있는 : dependence ① 의존, 의지 ② 중독 : have three dependents 3명의 부양가족이 있다 : independent of ~로부터 독립한 : She has a dependence on alcohol. 그녀는 알코올 중독이다.

Biz Tips

▪ His company **reimburses** him for hotel, meal, and other travel expenses.
그의 회사는 그에게 호텔비, 식사비, 그리고 그 밖의 다른 여행 경비를 변제해 준다.

핵심 어휘 따라잡기

venture
[véntʃər]

v. 위험을 무릅쓰고 ~하다
n. 모험, 모험적 사업

: venture capital 창업 대부금
: joint venture 공동투자 기업

---

grueling
[grúəliŋ]

a. 녹초로 만드는, 혹독한

: cf. **groggy** 비틀거리는, 그로기 상태의
　　gruesome 으스스한, 섬뜩한
　　gruel 오트밀 죽

---

leverage
[lévəridʒ]

n. ① 지렛대의 작용 ② 수단, 권력
v. ① 강제 수단으로 사용하다
　 ② 빌린 돈으로 투자하다

: leverage a wage increase
　임금인상이란 수단을 사용하다
: lever n. 지렛대, 레버 v. 지레로 움직이다
: lever the rock out of the ground
　지렛대를 사용하여 바위를 땅에서 파내다

---

phase
[feiz]

n. ① 시기, 단계
　 ② 국면, 상(相), 위상
v. 단계적으로 ~을 실행하다

: phase down 단계적으로 축소하다
: phase in / out 단계적으로 도입 / 폐지하다
: They phased the project in three sections.
　그들은 사업을 단계적으로 세 부분으로 계획하였다.

---

allowance
[əláuəns]

n. ① 용돈 ② 예비비

: give allowance 깎아주다
: make allowances for ~을 고려하다
: allow ①허락하다 ②인정하다, 시인하다
: The witness allowed that he had not told
　the complete truth.
　증인은 자기가 모든 사실을 다 말하지 않았음을 시인했다.

Point Tips

‖‖ **reimburse** 상환하다, 변제하다

핵심 어휘 따라잡기

induce
[indjúːs]

v. ① 꾀어 ~하게 하다
   ② 유발시키다

: inducement 동기, 유인책
: as an inducement to do ~하기 위한 유인책으로
: induce a lower fever 열이 내리게 하다

direct
[dirékt]

v. ① 지시[지도]하다
   ② 감독하다 ③ 통솔하다
   ④ 명령하다 ⑤ 파견하다
a. ① 직행의 ② 진솔한
   ③ 직접적인

: direct action 직접행동
: directions ① 지시 ② 안내
: sense of direction 방향감각
: director ① 총책임자 ② 지휘자 ③ 중역, 이사
: direct aid to ~에 원조를 보내다

involve
[inválv]

v. ① 수반하다 ② 연루시키다

: involved ① 복잡한 ② 사귀는 ③ 연루된
: involvement 포함, 관련, 연루
: Are you two involved? 두 사람은 사귑니까?

stereotype
[stériətàip]

n. ① 전형 ② 고정관념

: stereotyped 판에 박은, 진부한
: the ethnic stereotype 민족 고유의 고정관념
: adhere to one's stereotype
  고정관념에 사로잡히다

relieve
[rilíːv]

v. ① 경감시키다 ② 안도하다
   ③ 교대하다

: relief ① 경감 ② 안도, 안심 ③ 구제 ④ 양각
: income tax relief 소득세 공제
: relieve oneself 배설하다, 소변보다
: relieve each other 서로 교대하다

Biz Tips

▥ The economic slowdown has **sparked off** a large increase in discount sales. 경기 감속이 계기가 되어 할인 판매 붐이 일어나고 있습니다.

▥ I'll **bow out of** the presidency.
회장직을 사임하겠습니다.

simplicity
[simplísəti]
n. ① 간결함, 소박함 ② 간단, 평이

: lead a life of simplicity 소박한 생활을 하다
: with simplicity 간단하게
: simplify 단순화 하다

fume
[fju:m]
n. 가스, 연기, 악취
v. ① 연기를 내다 ② 격노하다

: be in a fume 성나서 씩씩거리고 있다
: cf. fumigate 살충제를 뿌리다, 연기를 내다

markup
[márkλp]
n. 이윤, 가격 인상

: markdown 가격인하
: I think you'll have at least 20% markup.
  적어도 20%의 이윤을 보실 거라 생각합니다.

spot
[spat]
n. ① 반점 ② 오점 ③ 장소, 지점
v. 발견하다

: hit the spot (음식 등이) 입에 딱 맞다
: on the spot 즉시, 그 자리에서
: have a spot on one's record 경력에 오점이 있다
: be in a bit of a spot 조금 난처한 입장에 처해있다

weigh
[wei]
v. ① 무게를 달다
   ② 무게가 ~이다
   ③ 신중히 고려하다

: put on weight 몸무게가 늘다
: weigh one's word 말을 신중히 하다
: weigh down 무겁게 누르다, 마음을 무겁게 하다
: weigh one's choices as to
  ~에 관한 선택을 신중히 고려하다

Point Tips

ⅢⅢ spark off 유발시키다

ⅢⅢ bow out of ~을 사임하다

Collocation 확인하기

□ 차가 밀려 꼼작 못하다	be caught in traffic
□ 우호적인 협정	amicable agreement
□ 개인주의 사회	individualistic society
□ ~에 의해 일어나다	be brought about by
□ 철저히 확인하다	double-check
□ 피할 수 없는 문제	an inescapable problem
□ 식용 버섯	edible mushroom
□ 공금을 횡령하다	embezzle the public money
□ 진퇴양난에 있다	be between a rock and a hard place
□ 목재 적치장	lumber yard
□ 상호간에 이익이 되는	mutually beneficial
□ 품위가 떨어지다	be beneath one's dignity
□ 범죄의 온상	hotbed of crime
□ 안식휴가	sabbatical leave
□ ~에 근거를 두다	be based on
□ 구두계약	verbal contract

NOTE

- be caught in a shower 소나기를 만나다 [cf. catch 어획고, 포획, 잡은 것]
- amicable 우호적인, 친화적인   • escapable 피할 수 있는
- edible 식용에 적합한 [edibles 식품, 음식]   • embezzle 유용하다, 횡령하다
- dignity 존엄, 품위 [with dignity 위엄 있게, 점잔빼고]
- sabbatic, -cal 안식의

□ 기구를 해산하다	disband[dissolve] the organization
□ 잠재 투자자	probable investor
□ 군중심리	mob psychology
□ 거꾸로	the other way around, vice versa
□ 도주 차량	runaway car
□ 평균적으로	on average
□ 노력의 성과가 전혀 보이지 않다	have nothing to show for one's effort
□ 자원고갈	exhaustion of resources
□ 징계조치의 원인	a cause for disciplinary action
□ 사활이 걸린 문제	a matter of life and death
□ 창조적인 생각	creative thinking[idea]
□ 상대적 우위	relative advantage
□ ~에 대해 주저하다	have reservations about
□ 선호하는 휴가일	vacation preferences
□ 난관을 극복하다	weather the storm
□ 안도의 한숨을 쉬다	breath a sigh of relief
□ 부동산 시장	estate market

NOTE

- **disband** 해산하다
- **dissolve** 녹이다, 용해시키다, 해산시키다
- **mob** 군중, 대중; 떼를 지어 습격하다

실전 예문 연습하기

01 Dividing students into small groups usually helps
_____ discussion.
학생들을 소규모로 나누는 것이 토론을 용이하게 하는데 도움이 됩니다.

A facilitates
B fascinates

02 I _____ allegiance to the flag of the United States
of America. 나는 미합중국 국기에 충성을 맹세한다.

A pledge
B plight

03 The meat company _____ a new advertising plan
for low-fat beef.
그 육류 회사는 저지방 쇠고기에 대한 새 광고 기획을 실행에 옮겼다.

A implicated
B implemented

04 Lately joint _____ with foreign firms are
mushrooming.
최근 외국과의 합작기업이 우후죽순처럼 생겨나고 있다.

A capital
B ventures

05 Unions have the _____ of a strike in negotiations
with management.
노동조합은 경영진과 협상할 때 파업이라는 수단이 있다.

A levy
B leverage

06 She was _____ when she learned that she doesn't
have cancer.
그녀는 자기가 암에 걸리지 않았다는 것을 알고 안도했다.

A relived
B relieved

07 We have little time, so we must go the most
_____ route.
시간이 별로 없으니 직행 길로 가야 한다.

A direct
B directory

08 Let's _____ the job by dividing it into smaller
tasks. 그 일을 더 작은 업무로 나누어 간단하게 하자.

A simplify
B simplicity

Answer
|||| 01 A   02 A   03 B   04 B   05 B   06 B   07 A   08 A

09 His wife's love of the ocean _____ him to take a vacation at the seashore.

그의 아내는 바다를 매우 좋아해서 그를 설득하여 바닷가에서 휴가를 보내도록 했다.

A induced
B inducted

---

10 Getting a driver's license _____ learning how to drive, studying the rules of the road, and taking a test.

운전면허증을 따기 위해서는 운전을 배우고, 도로 교통법을 익히고, 그리고 시험을 치러야 한다.

A revolves
B involves

---

11 It's a _____ that all women cry easily.

모든 여자들이 잘 운다는 것은 고정관념이다.

A stethoscope
B stereotype

---

12 When someone insulted her, she _____ and walked out of the room.

누군가 그녀를 모욕하자 그녀는 몹시 성을 내며 방에서 걸어 나갔다.

A fumigated
B fumed

---

13 I _____ a friend in a crowd and stopped to talk.

나는 군중 속에서 친구를 발견하고는 말을 걸려고 멈춰 섰다.

A spotted
B sprained

---

14 After carefully _____ up the various alternatives, the president decided to close the plant.

각종 선택 대안을 비교 검토한 후 사장은 그 공장을 폐쇄하기로 결정했습니다.

A comparing
B weighing

---

15 I _____ the numbers and found no mistake.

숫자를 두 번 확인했는데 아무 실수도 없었다.

A double-crossed
B double-checked

Answer

09 A   10 B   11 B   12 B   13 A   14 B   15 B

어휘 개념 파악하기

▶ **-ware**는 어떤 물질로 만든 '물건'을 뜻한다.

- brassware 놋쇠 제품
- chinaware 도자기
- kitchenware 부엌용품
- earthenware 토기, 질그릇

▶ **-wide**는 '~의 범위에 걸친, 전(全) ~의'란 의미를 갖는다.

- worldwide 전 세계적인
- nationwide 전국적인
- citywide 전도시의
- countrywide 전국적인
- industrywide 전 산업에 미치는
- systemwide 전 조직에 미치는

▶ 기본 숙어 연습

- give away 거저주다
- sooner or later 조만간
- get through to 설득시키다
- put above ~보다 소중히 여기다
- close at hand 가까이에
- come to nothing 수포로 돌아가다
- look down on ~를 경멸하다
- touch on ~을 간단히 언급하다
- set aside for ~을 제쳐두다
- stand up for ~을 지지하다
- place an ad 광고를 내다
- under the weather 몸이 좀 안 좋은
- on the rocks 파멸 상태인
- come to think of it 생각해보다
- pull one's leg 농담하다
- have a head of ~에 재능이 있다
- hard and fast 엄격한
- by leaps and bounds 급속하게

▶ '던지다'와 관련된 단어

- throw stones at ~에게 돌을 던지다
- cast a ballot[vote] 투표를 하다
- hurl rocks at the police 경찰에게 돌을 힘껏 던지다
- fling clothes 옷을 내동댕이치다
- toss a coin 동전을 위로 던지다
- pitch a ball 공을 던지다

● 직업과 사람 4 ●

■ negotiator 협상자	■ newscaster 뉴스 방송자
■ occupant 입주자	■ offender 범법자
■ optometrist 검안사	■ park ranger 공원 관리원
■ participant 참가자	■ patient 환자
■ pedestrian 보행자	■ pharmacist 약사
■ photographer 사진사	■ physician 내과의
■ pilot 조종사	■ plumber 배관공
■ police officer 경찰	■ porter 짐꾼
■ president 사장	■ printer 인쇄소 직원
■ procurer 조달자	■ publisher 출판인
■ real-estate agent 부동산 중계인	■ receptionist 호텔 접수계원
■ recluse 은둔자	■ regulator 단속자
■ reporter 기자	■ rescue worker 구조요원
■ researcher 연구원	■ resident 거주자
■ respondent 응답자	■ retailer 소매상인
■ reviewer 평론가	■ roadman 도로공사 인부
■ safety guard 안전요원	■ sailor 선원
■ security officer 경호원	■ sheriff 보안관
■ shipping clerk 화물 발송계	■ shopkeeper 상점주인

P A R T 4 NEW 토익 핵심 영단어

maneuver [mənúːvər] *n.* ① 방향조종, 궤도 수정 ② 속임수, 책략	: in a maneuver 궤도를 수정하여 : go on maneuvers 군사훈련을 하다 : basic skiing maneuvers 기본 스키 동작기술 : a lot of legal maneuvers 많은 법적인 묘책
working capital [wɔ́ːrkiŋ kǽpitl] *comp.* 운영자본	: **working hours** 근무시간 : **working committee** 운영위원회 : **working couple** 맞벌이 부부 : **working knowledge** 실용지식 : **working capital** 운영 자본 : **workings** 작동방법
table [téibl] *v.* 연기하다, 보류하다	: table a vote 투표를 연기하다 : table a bill 법안을 보류하다
tow away [tou əwéi] *phv.* 견인하다	: in tow ~을 달고서 : towaway zone 견인 지역
row [rou] *n.* 열, 줄 *v.* 노를 젓다	: in a row 연속해서 : *cf.* [rau] 언쟁, 소동, 주먹다짐
annex [ənéks] *n.* ① 증축 건물 ② 별관 *v.* 합병하다	: annex notes to a book 책에 주를 달다 : Germany annexed Austria just before World War II. 독일은 2차 세계 대전 직전에 오스트리아를 합병했다.

Biz Tips

ⅢⅢ Our supervisor brought up the idea of instituting **flextime**.
저희 상사가 플렉스 타임제 도입을 꺼냈습니다.

minutes [mínits] *n.* 회의록	: make a minute of ~을 기록해두다 : the minute S + V ~하자마자 : minute [mainjút] 극히 적은, 미세한
state-of-the-art [stéit əv ði áːrt] *a.* 최신의	: state-of-the-art electronics 최신 전자공학 : *syn.* top-of-the-line, cutting-edge up-to-the-minute, up-to-date
wearing [wέəriŋ] *a.* 지치게 하는 *n.* 착용	: wear and tear 마모 : *cf.* weary ① 피곤한, 지친 ② 지긋지긋한 wearisome 짜증나게 하는, 성가신
stock [stɑk] *n.* ① 저장, 재고 ② 가축 ③ 주식 ④ 줄기 ⑤ 혈통	: out of stock 품절되어 : take stock 재고 조사를 하다 : stock market 증권시장 : fat stock 식육용 가축

statement
[stéitmənt]
n. ① 성명, 진술 ② 표명
  ③ 명세서
	: make a statement (about)
	  ①~에 대한 성명을 발표하다 ②~에 대한 의사표시를 하다
	: *cf.* restate ① 다시 말하다 ② 바꿔 말하다

way out [wei aut] *comp.* ① 해결책, 타개책 ② 출구	: find a way out of depression 불황의 타개책을 강구하다 : *cf.* way-out 엉뚱한, 특이한
clogged [klɑgd] *a.* 막힌	: clog *v.* 막히게 하다 : My nose is all clogged up from a cold. 감기로 코가 완전히 막혔어요.

Point Tips

⫶⫶⫶⫶ **flextime** 근무시간 자유선택 제도

PART 4 NEW 토익 핵심 영단어

A · 핵심 어휘 따라잡기

yield [jiːld] *v.* ① 결과를 낳다 ② 양보[굴복]하다 ③ 생산하다 *n.* ① 수확 ② 수익	: yield to pressure[emotion, temptation] 　압력[감정, 유혹]에 굴하다 : yield to traffic on the right 우측 차량에 양보 : a large yield 풍작
giveaway [gívəwèi] *n.* ① 누설, 폭로 ② 경품, 무료견본	: a giveaway show 현상 퀴즈프로 : at giveaway prices 거저나 다름없는 값으로
draft [dræft] *n.* ① 초안, 초고 ② 징병제 ③ 외풍 ④ 환어음 *v.* ① 초고를 쓰다 ② 밑그림을 그리다 ③ 징병하다	: the final draft of a report 보고서의 최종본 : on the draft 징병제로 : have a cold draft 외풍이 있다 : draft beer, beer on draft 생맥주
come to terms [kʌm tuː təːrmz] *phr.* ① 합의를 보다 ② ~을 잊고 정상적으로 가다	: come off 성공하다 : come out ahead 유리하다, 승자가 되다 : come out wrong 잘못 전해지다 : come through 공표되다 : come unassembled 조립이 안 된 상태로 있다
banquet [bǽŋkwit] *n.* 연회	: award banquet 시상식을 겸한 연회 : give[hold] a banquet 연회를 베풀다

Biz Tips

　The idea is fine **as far as it goes**, but we need more information.
　그 안 자체는 그것으로 괜찮습니다만 저희들로서는 정보가 좀 더 필요합니다.

476

case
[keis]

n. ① 사례, 경우
② (소송, 수사) 사건
③ 환자

: a case in point 적절한 예
: as is often the case with
~에 흔히 있는 일이지만
: in any case 어떠한 경우에도
: in case of ~할 경우
: in no case 결코 ~이 아니다
: such being the case 사정이 이러하니

subject
[sʌ́bdʒikt]

n. ① 주제 ② 과목
③ 국민 ④ 피실험자
a. ① 지배하에 있는
② 받기 쉬운
③ 필요로 하는

: subject to ① ~을 조건으로 하여 ② ~에 걸리기 쉬운
: subjective 주관적인, 사적인 (↔ objective)
: a subject of the queen 여왕의 신하
: For his paper on AIDS, he studied four
different subjects. 에이즈에 관한 그의 논문을 위해
그는 네 명의 다른 피실험자들을 연구했다.

colloquium
[kəlóukwiəm]

n. 전문가 회의, 세미나

: hold a colloquium on ~에 대한 세미나를 열다
: *cf.* colloquial 구어의, 일상 회화의

out of
[aut av]

phr. ① ~에서 벗어난
② ~이 부족한

: out of favor 호감을 주지 못하는
: out of mind 정신이 없는
: out of operation 작동이 되지 않는
: out of order 고장 난
: out of place ① 적절치 못한 ② 제자리에 있지 않은
: out of town 지방에 있는

**Point
Tips**

‖‖‖ as far as it goes 그것에 관한 한

Collocation 확인하기

□ 획기적인 기술을 창조해내다	create a breakthrough
□ 수박 겉핥기식으로 하다	scratch[skim] the surface
□ 목적이 엇갈려 있다	be at cross purposes
□ 상당한 자산	great asset
□ ~의 모든 것	what ~ is all about
□ 일을 건성으로 하다	have a casual attitude toward
□ 무표정한 얼굴	impassive face
□ 일시적인 유행	a passing fad
□ 초음파 검사	ultrasound scan
□ 마찰을 빚는 태도	abrasive manner
□ 적절한 예	a case in point
□ 진심으로 사과드립니다.	Please accept our sincere apologies.
□ ~해 주시니 이해심이 많으시군요	it was most understanding of you to do
□ 공증인	notary public
□ 공평한 결정	impartial decision
□ 지체되어	in arrears

NOTE

- **breakthrough** 돌파구, 획기적인 약진
- **skim** 위에 뜬 찌끼를 걷어내다, 스쳐지나가다
- **casual** ① 약식의, 간편한 ② 건성으로의, 되는 대로의 ③ 우연한, 뜻밖의
- **impassive** 감정이 없는 [impassively 무감각하게, 태연히]
- **abrasive** 닳게 하는; 연마제 · **notary partial** 부분적인, 편파적인

☐ 괄목할만한 성장	remarkable growth
☐ 동분서주하다	wear out one's feet
☐ 통관절차를 마치다	clear customs
☐ ~와는 아주 딴판	a far cry from
☐ 음력	lunar calendar
☐ 염가판	cheap edition
☐ 회사의 경영방식	how the company is run
☐ 불안을 다스리다	manage one's anxiety
☐ 앞으로 계속 성공길 바라다	anticipate another period of success
☐ 청바지와 운동화 차림으로	in jeans and sneakers
☐ 인도적인 관심	humanitarian interests
☐ 유기농산물	organic product
☐ 심부름가다	go on[run, do] errands
☐ 심부름 보내다	send someone on an errand
☐ 다루기가 어려운	demanding
☐ 낭비벽	squander mania
☐ ~ 등등	including, but not limited to
☐ 경력과 학력	experience and educational background

NOTE

• humanitarian 인도주의의　　• squander 낭비하다, 탕진하다; 낭비

01 He made _____ to get the best assignments at work.
그는 직장에서 가장 좋은 업무를 받기 위해 속임수를 썼다.

A maneuvers
B manipulations

02 The tax committee _____ a motion by its chairperson to vote on a new tax bill.
조세 위원회는 새 과세 법안 표결을 위한 위원장의 동의를 보류했다.

A postponed
B tabled

03 The truck is being _____ away for repairs.
트럭이 정비하려고 견인되고 있습니다.

A tattooed
B towed

04 Bacteria are _____ organisms.
박테리아는 극히 미세한 유기체이다.

A minute
B miracle

05 The long car trip was _____.
오랜 자동차 여행은 피곤했다.

A wearisome
B wearing

06 They had reportedly hidden large _____ of chemical weapons.
그들은 많은 화학무기를 비축하여 숨겨둔 것으로 보고 되었다.

A stoppers
B stocks

07 She does not wear fur, to make a _____ about the killing of animals.
그녀는 동물 학살에 대한 의사 표시로 모피를 입지 않는다.

A statement
B stationery

08 Wilson refused to _____ to requests to raise salaries.
윌슨은 봉급을 올려달라는 요청에 응하기를 거절했다.

A yield
B meet

Answer

||||| 01 A   02 B   03 B   04 A   05 B   06 B   07 A   08 A

09 Our company provides small product samples as
_____ to customers.

A getaways
B giveaways

우리 회사는 고객에게 서비스로 작은 견본품을 증정한다.

---

10 A copy of the _____ will be sent to you for review
as soon as possible.

A abstract
B draft

검토할 수 있도록 가능한 빨리 초안의 사본을 보내드리겠습니다.

---

11 It took years for Ron to come to _____ with his
mother's death.

A terms
B terse

론이 어머니의 죽음을 받아들이는 데는 수년이 걸렸다.

---

12 There were several food poisoning _____
following the church picnic.

A cases
B catches

교회에서 소풍을 갔다 오고 나서 여러 명의 식중독 환자가 생겼다.

---

13 Upon its expiration the contract will be renewed
every three years _____ to agreement of both
parties. 계약이 만료되면 쌍방의 합의에 따라 3년마다 갱신됩니다.

A subjective
B subject

---

14 The chemistry department held a _____ on new
developments. 화학과는 새로운 사실에 대한 세미나를 열었다.

A colloquium
B consortium

---

15 We finally had a _____ in negotiations with
management. 결국 우리는 경영진과의 협상에서 돌파구를 얻었다.

A breakthrough
B breakup

---

16 The current _____ among young people is to
wear baseball caps.

A fade
B fad

요즘 젊은이들 사이에 유행은 야구 모자를 쓰는 것이다.

Answer

09 B   10 B   11 A   12 A   13 B   14 A   15 A   16 B

어휘 개념 파악하기

▶ **-wise**는 '~와 같이' 혹은 '~방향으로'라는 의미를 지닌다.

- **clockwise** 시계방향처럼
- **crabwise** 게걸음으로
- **likewise** 똑같이, 마찬가지로
- **stepwise** 계단식으로, 서서히

▶ **기본 숙어 연습**

- **make out** 이해하다
- **hang around** 서성거리다
- **settle on** ~로 정하다
- **off and on** 불규칙적으로
- **hand in** 제출하다
- **once and for all** 아주
- **act of God** 불가항력
- **do one's bit** 책임을 다하다
- **get around** 용케 피하다
- **fill in for** (자리 등을) 대신하다
- **see to** ~에 주의하다
- **allow for** ~을 고려하다
- **cross out** 삭제하다, 지우다
- **little short of** ~와 다를 바 없는
- **the last straw** 인내의 마지막 한계
- **know the ropes** 요령을 알다

▶ **'돌아다니다'와 관련한 단어**

- **roam** 목적 없이 거닐다
- **stray** 길을 잃고 돌아다니다
- **rove** 배회하다
- **wander** 방랑하다
- **ramble** 이리저리 거닐다
- **meander** 구불구불 나아가다

▶ **뜻을 구별해야 할 형용사**

- **comparable** 비교되는
  comparative 비교적인
- **regrettable** 유감스러운
  regretful 후회하는
- **industrial** 산업의
  industrious 근면한
- **sensible** 분별 있는, 현명한
  sensitive 민감한
- **uninterested** 무관심한
  disinterested 사욕이 없는
- **desirable** 바람직한
  desirous 부러워하는

직업과 사람 5

- **sign maker** 간판장이
- **spokesman** 대변인
- **stockbroker** 주식중개인
- **store clerk** 상점 점원
- **subscriber** 구독자
- **supplier** 납품업체
- **surveyor** 측량기사
- **teammate** 팀동료
- **telemarketer** 텔레마켓터
- **teller** 출납계원
- **the management** 경영진
- **travel agent** 여행사 직원
- **vendor** 행상인
- **volunteer** 자원봉사자
- **welder** 용접공

- **social worker** 사회사업가
- **statistician** 통계학자
- **stockholder** 주주
- **subcontractor** 하청업자
- **superintendent** 건물 관리인
- **surgeon** 외과의사
- **taxpayer** 납세자
- **technician** 기술자
- **telephone operator** 전화 교환원
- **tenant** 임차인
- **trainee** 훈련병
- **undertaker** 장의사
- **veteran** 퇴역군인
- **weatherman** 일기 예보자
- **wholesaler** 도매상인

PART **4** NEW 토익 핵심 영단어

회화에 강해지는 Idiom

- **make friends with** ~와 사귀다
- **one of these days** 근일 중
- **out of season** 철이 지난
- **in private** 사적으로

- **on the other hand** 다른 한편
- **turn down** 거절하다
- **in public** 공개적으로
- **at a loss** 당황한

A 핵심 어휘 따라잡기

- 연사가 두 손으로 제스처를 취하고 있습니다.

  The speaker is gesticulating with both hands.
  - ☐ **gesticulate** 몸짓으로 나타내다

- 나는 과속으로 단속되어 딱지를 떼었다.

  I got pulled over and ticketed for speeding.
  - ☐ **get pulled over** (경찰의 지시로) 차를 길가로 정지시키다

- 조기가 게양되고 있습니다.

  A flag is being flown at half-mast.
  - ☐ **fly a flag at half-mast** 조기를 게양하다

- 남자가 음료수 공장에서 일하고 있습니다.

  The man is working in the bottling plant.
  - ☐ **bottling plant** 음료수 공장, 맥주 공장

- 트럭이 길가에 쓰레기를 버리려고 한다.

  The truck is going to dump the dirt by the road.
  - ☐ **dump** v. ~을 쏟아 버리다 n. 쓰레기 더미, 쓰레기장

- 그는 전화를 받으러 가고 있습니다.

  He is being called to the phone.
  - ☐ **be called to the phone** 전화를 받으러 가다

- 남자가 비행기에 탑승하고 있습니다.

  The man is boarding the plane.
  - ☐ **board** (배나 비행기를) 타다, 탑승하다

Biz Tips

〬〬〬 **The retailer's mark-up is 50%.**
소매상의 이윤은 50%입니다.

• 남자가 육체미 대회에서 연기를 하고 있습니다.

The man is performing in the body building competition.

　□ **body building competition** 육체미 대회

• 젊은이가 대형 휴대용 카세트를 들고 가고 있다.

The young man is carrying a boom box.

　□ **boom box** 대형 휴대용 카세트

• 그녀는 도서관에 있는 책들을 훑어보고 있습니다.

She is browsing through some books in the library.

　□ **browse** ① 훑어보다 ② 풀을 뜯어 먹다

• 꼬마가 길에 있는 턱을 자전거로 넘어가고 있다.

The kid is riding his bicycle over a bump in the road.

　□ **bump** v. ~와 충돌하다 n. 충돌, 혹, 도로의 턱진 곳

• 남자가 아이를 안고 걸어간다.

The man is carrying the child.

　□ **carry a child** 아이를 안고 가다, 데리고 가다

• 전등이 천장에 매달려 있다.

The light hangs from the ceiling.

　□ **ceiling** ① 천장 ② 상한　: **hit the ceiling** (가격 등이) 최고에 달하다

• 그는 타이어를 갈아 넣고 있다.

He is changing the tire.

　□ **change a tire** 타이어를 갈아 끼우다

Point Tips

▥ **mark-up** 이문, 이익

A 핵심 어휘 따라잡기

- 고양이를 쫓아내고 있습니다.

  The cat is being chased away.

  ¤ chase away 쫓아버리다

- 여자가 자기 바지를 맞는지 입어보고 있습니다.

  The woman is checking the fit of her pants.

  ¤ check the fit 맞는지 입어보다

- 요리사가 양배추를 잘게 썰고 있다.

  The cook is chopping up a cabbage.

  ¤ chop up 잘게 자르다

- 사람들이 물건상자를 나르고 있다.

  People are carrying crates of goods.

  ¤ crate (운송용) 나무상자

- 남자는 목발에 의지하고 있습니다.

  The man is being supported by crutches.

  ¤ crutches 목발

- 남자가 대중에게 연설을 하고 있습니다.

  The man is delivering a speech to the public.

  ¤ deliver a speech 연설을 하다

- 사람들이 건물을 철거하고 있습니다.

  People are demolishing buildings.

  ¤ demolish 철거하다

Biz Tips

|||| Is this **genuine** or an imitation?
이것은 진짜입니까, 모조품입니까?

- 쇼를 위해 조명을 어둡게 하고 있습니다.

  Lights are being dimmed for a show.

  ¤ **dim a light** 조명을 어둡게 하다

- 경찰관이 사거리에서 교통을 정리하고 있습니다.

  An officer is directing traffic at the intersection.

  ¤ **direct traffic** 교통정리를 하다

- 오토바이가 집 앞 진입로에 주차되어 있습니다.

  A bike is parked on the driveway.

  ¤ **driveway** 집과 앞의 도로 사이의 길

- 그들은 진지한 대화를 나누고 있습니다.

  They are engaged in a serious conversation.

  ¤ **be engaged in** ~에 종사하고 있다

- 남자와 아이는 정장 차림을 하고 있습니다.

  Both the man and the boy are dressed in a formal fashion.

  ¤ **be dressed in a formal fashion** 정장 차림을 하고 있다

- 여자가 식물로 어떤 실험을 하고 있습니다.

  The woman is conducting an experiment with plants.

  ¤ **conduct an experiment** 실험을 하다

- 부부가 골프연습장에서 골프를 연습하고 있다.

  The couple is practicing in a driving range.

  ¤ **driving range** 골프연습장

- 남자가 개에게 원반을 던지고 있다.

  The man is throwing a frisbee to the dog.

  ¤ **frisbee** 원반던지기 놀이

Point Tips

IIIII **genuine** 진짜의

Collocation 확인하기

□ 창조성을 높이다	enhance one's creativity
□ 사전정보	advance information
□ 인적 자원 관리	human resources management
□ ~하려는 시도로	in an attempt to
□ 사상최고치를 기록하다	hit an all-time record
□ 명예훼손	defamation of character
□ 시범적인 프로그램	pilot program
□ 팔방미인	an all-rounder, a jack-of-all-trades
□ 모든 것을 하나로 하는 편리함	all-in-one convenience
□ 누구에게나 맞는	one-size-fits-all
□ 단골고객	loyal[regular, steady] customer
□ 회계연도	fiscal year
□ 기회 균등 업체	equal opportunity employer
□ 지역 공예품	local crafts
□ 법적경로	legal channel
□ 퇴원하다	get out of the hospital
□ ~하기 위해 모든 노력을 하다	make every effort to do

NOTE

- **enhance** 높이다, 늘리다
- **defamation** 명예훼손, 중상, 비방
  [**libel** 문서에 의한 명예훼손 | **slander** 말에 의한 명예훼손]
- **pilot farm** 시험 농장 [**pilot** 수로 안내인, 조종사; 안내하다; 안내의, 시험적인]

□ 착공식을 하다	break ground
□ 자명하다	speak for itself
□ 우선과제	a major priority
□ 부당 노동 행위	unfair labor practices
□ 수리견적	repair estimate
□ 두고 볼 일이다	remain to be seen
□ 건강을 회복하다	regain one's health
□ ~로부터 승인을 얻다	obtain approval from
□ ~보다 경쟁력에서 우위에 서다	gain a competitive edge on
□ 고통을 줄여주다	lessen one's pain
□ 자세한 설명서	detailed statement
□ 단도직입적인 질문	straightforward[incisive] question
□ 분명히 해두다	straighten up
□ ~하도록 승낙하다	give the go-ahead to do
□ 노사간의 불화	disagreement between labor and management
□ 계약에 따르면	pursuant to the agreement

NOTE

- **regain** 되찾다, 회복하다
- **incisive** 날카로운, 통렬한
- **lessen** 줄이다
- **pursuant to** ~에 따른

Collocation 확인하기

□ 불가침협정	nonaggression pact
□ 홍수로 피해를 입다	suffer damage from a flood
□ 하수관	sewage duct
□ 쓰레기 분리수거	separate garbage collection
□ 일반 통념에 어긋나다	go against conventional wisdom
□ 일관성 없는	on-again off-again
□ 마감시간에 맞추다	meet the deadline
□ 반신용 봉투	self-addressed envelope
□ 전파매체	broadcast media
□ 폭넓은 경험	broad[wide-ranging] knowledge
□ 영향 평가 보고서	impact statement
□ 기업의 인수 합병	mergers and acquisitions (=M&A)
□ 신원조회	a background check
□ 결례를 범하다	commit a breach of good manners
□ 계약 위반	breach of agreement
□ 직접 만나는 미팅	a face-to-face meeting
□ ~에 큰 중요성을 두다	place great importance on
□ ~에 의문을 품다	have doubts about

NOTE

• **aggression** 공격, 침범　　　　• **breach** 어김, 불이행, 침해

☐ 믿을 만한 분석	reliable analysis
☐ 자료의 신뢰성	reliability of the data
☐ 감사의 표시로	as a token of one's gratitude
☐ 교착상태에 빠지다	run into a stalemate, reach a deadlock
☐ 굳건한 거래관계를 쌓다	build a solid business relationship
☐ 파티를 열다	throw[give, hold] a party
☐ 최소한으로	to a minimum
☐ 여러 가지 생각을 하다	do a lot of thinking
☐ 단골손님으로서	as a longtime customer
☐ 대대적으로	on a large scale
☐ 순식간에	in a flash
☐ 한꺼번에	in a clean sweep
☐ 붐을 일으키다	create[stir] a boom
☐ 균형을 조심스럽게 깨다	tip a balance
☐ 심하게 손상된 상태로	in a badly damaged condition
☐ 예상했던 대로	as expected
☐ 무역 적자	trade deficit

NOTE

- **gratitude** 감사, 사의 [in gratitude for ~을 감사하여]
- **stalemate** 교착상태, 수의 막힘
- **flash** 번쩍이다; 섬광, 순간
- **tip** 기울이다
- **deficit** 적자, 부족액

▶ 분사가 형용사 역할을 하는 복합어

- a puzzling question 어려운 질문
- the following day 그 다음 날
- a born singer 타고난 음악가
- a deserted village 폐허가 된 마을
- a well-read writer 박식한 학자
- a long-delayed departure 오래 지연된 출발

▶ '명사 + ly'가 형용사가 되는 단어

- manly 남자다운
- orderly 정돈된, 규율 있는
- lonely 외로운
- homely 가정적인, 못생긴
- motherly 자애로운
- costly 값이 비싼, 희생이 큰
- timely 적시의, 때맞춘
- lovely 사랑스러운

▶ '동기, 자극'과 관련된 단어

- one's motive in -ing 누가 ~하는 동기
- as an inducement to do ~을 하기 위한 유인책으로
- give an impulse to ~에게 자극을 주다
- as an incentive for ~에 대한 자극제로
- put spurs to ~에게 박차를 가하다, 격려하다

▶ '범위'를 나타내는 단어

- beyond the range of ~이 미치지 않는 곳에
- out of one's reach ~의 손이 미치지 못하는 곳에
- within the scope of ~의 범위 내에
- keep within compass 도를 지나치지 않게 하다
- the whole gamut of crime 온갖 범죄

● 회계와 경리 업무 ●

■ **account** 계정, 보고서	■ **accounting** 회계
■ **allotment** 특별수당	■ **allowance** 수당
■ **audit** 회계감사	■ **be in the black** 흑자이다
■ **be in the red** 적자이다	■ **beneficiary** 수익자, 수혜자
■ **benefit** 이익, 이득	■ **benefits** 수당; 복지혜택
■ **budget** 예산	■ **calendar year** 역년
■ **compensation** 보수, 급여; 배상	■ **damage** 손상, 손해
■ **deficit** 적자, 결손	■ **earnings** 수입, 소득
■ **expenditure** 지출, 경비	■ **expense** 지출, 비용
■ **fiscal** 회계[재정]의	■ **fiscal year** 회계연도
■ **gain** 이익, 이득	■ **gross income** 총수입
■ **gross** 총계(의)	■ **incentive** 장려금
■ **income** 수입, 소득	■ **ledger** 원장, 대장
■ **loss** 손실	■ **lucrative** 돈벌이가 되는
■ **margin** 수익, 마진	■ **net income** 순수입
■ **net profit** 순이익	■ **outlay** 비용, 경비
■ **overhead** 경상비, 고정비	■ **overtime allowance** 초과 근무 수당
■ **payroll** 임금대장	■ **pension** 연금
■ **proceeds** 매상고, 수익	■ **profit** 이익, 수익

PART **4** NEW 토익 핵심 영단어

A 핵심 어휘 따라잡기

● 지상요원들이 항공기에 연료를 공급하고 있습니다.

The aircraft is being fueled by the ground crew.

◻ **fuel** *v.* 연료를 공급하다 *n.* 연료

● 남자가 낯선 이에게 길을 가르쳐주고 있습니다.

A man is giving directions to the stranger.

◻ **give directions** 길을 가르쳐주다

● 소들이 들판에서 풀을 뜯고 있다.

Cows are grazing on the meadow.

◻ **graze** *v.* (가축이) 풀을 뜯다, 방목하다 *n.* 방목

● 지상요원들이 승객의 화물을 하역하고 있습니다.

The ground crew are unloading passengers' luggage.

◻ **ground crew** 지상요원   ◻ **unload** 짐을 내리다

● 트럭이 새 도로를 건설하는데 필요한 모래를 운반하고 있다.

Trucks are hauling sand to build a new road.

◻ **haul** *v.* (트럭 따위로) 운반하다 *n.* 수송, 운반거리

● 재봉사가 바지 단을 감치고 있습니다.

The tailor is hemming the pants.

◻ **hem** *n.* ① 옷단 ② 짧은 헛기침 *v.* ① 옷단을 감치다 ② 포위하다

● 등산객들이 등산로를 따라 걷고 있습니다.

Climbers are walking along the hiking trail.

◻ **hiking trail** 등산로

Biz Tips

▥▥▥ I refer to your letter July 5 **addressed to** Mr. Kim of U&M.
U&M의 Mr. Kim에게 보낸 7월 5일에 관한 귀하의 편지에 관한 건입니다.

TOEIC VOCA

핵심 어휘 따라잡기

- 비행기가 학교 위를 선회하고 있습니다.

  The plane is hovering over the school.

  ☒ **hover** 선회하다, 빙빙 돌다

- 그는 쭈그리고 앉아 열심히 공부한다.

  He hunkers down and studies hard.

  ☒ **hunker down** 쭈그리고 앉다 ： **on one's hunkers** 쭈그리고 앉아서

- 사자가 먹이를 노리고 숨어서 기다리고 있다.

  The lion is lying in wait for the prey.

  ☒ **lie in wait** 숨어서 기다리다

- 개가 수레를 끌고 있습니다.

  The dog is lugging around a cart.

  ☒ **lug around** 끌고 다니다

- 의사들이 병동을 돌아다니며 회진을 하고 있다.

  Doctors are making rounds of the ward.

  ☒ **make rounds of** (의사나 경찰이) 순찰하다, 회진하다

- 농부들이 소의 젖을 짜고 있습니다.

  Farmers are milking cows.

  ☒ **milk a cow** 소의 젖을 짜다

- 흙을 나르고 있습니다.

  The earth is being moved.

  ☒ **move earth** 흙을 운반하다

Point Tips

‖‖‖ **addressed to** ~에 보내진

PART **4** NEW 토익 핵심 영단어

핵심 어휘 따라잡기

● 구급요원들이 부상 경찰을 돌보고 있습니다.

The paramedics are attending to an injured policeman.
　　□ paramedic 구급요원

● 여자는 자신이 산 물건값을 치르고 있다.

The woman is paying for her purchase.
　　□ pay for a purchase 물건값을 치르다　　□ purchase 구입, 구입품

● 곰이 우리에 가둬져 있습니다.

The bear is penned in the cave.
　　□ pen *n.* 우리 *v.* 우리에 가두다

● 노인이 벽에 안내문을 붙이고 있습니다.

The old man is putting up a notice on the wall.
　　□ put up a notice 안내문을 붙이다

● 여자가 커튼을 달고 있습니다.

The woman is putting up the curtains.
　　□ put up the curtains 커튼을 달다

● 작은 모형이 책상 위에 있습니다.

A miniature replica is standing on the desk.
　　□ replica (미술품의) 복사, 복제품　　□ miniature 모형, 축소형

● 목부들이 소떼를 모으고 있습니다.

Ranchers are rounding up the cattle.
　　□ round up ~을 모으다

● 공사인부들이 비계를 조립하고 있습니다.

Construction workers are assembling a scaffolding.
　　□ scaffolding (공사장의) 비계, 발판

Biz Tips

‖‖‖‖ The hotel is **well accommodated**.
그 호텔은 설비가 잘되어 있습니다.

- 어떤 여자가 창밖을 바라보고 있습니다.

  A woman is staring out the window.

  ¤ stare 빤히 쳐다보다, 응시하다

- 남자들이 술집 의자에 앉아 있습니다

  The men are sitting on bar stools.

  ¤ stool 등받이가 없는 의자

- 여자가 해변에서 일광욕을 하고 있습니다.

  The woman is sunbathing on the beach.

  ¤ sunbathe 일광욕을 하다

- 옷들이 줄에 걸려 있다.

  Clothes are hanging on the line.

  ¤ hang 매달다, 매달리다

- 그는 회전문으로 나가고 있다.

  He is passing through the turnstile.

  ¤ turnstile 십자형 회전식 문

- 긴 종이 줄기가 바닥에 풀려 있다.

  A long stream of paper has unrolled onto the floor.

  ¤ unroll 풀다, 풀리다

- 수의사가 개에게 주사를 놓고 있습니다.

  The veterinarian is giving a shot to the dog.

  ¤ veterinarian 수의사   ¤ give a shot to ~에게 주사를 놓다

Point Tips

|||| **well accommodated** 설비가 잘 되어 있는

Collocation 확인하기

☐ 당초 계획보다 일 년 빠른	one year earlier than originally planned
☐ 채용 워크숍	job workshop
☐ ~와 거래를 하다	do business with
☐ 성공적인 일	job well done
☐ 관심을 주셔서 감사합니다만	we appreciate your interest, but
☐ ~라는 견해를 취하다	take the view that
☐ 역도 마찬가지다	and vice versa
☐ 안전을 강화하다	set up[tighten up] security
☐ 여기저기 생기다	pop up
☐ 우리끼리 얘긴데	just between two of us
☐ 낮은 출석률	low turnout
☐ 차량 고장	car trouble
☐ ~와 조약을 비준하다	ratify the treaty with
☐ 실언	a slip of the tongue
☐ 힘을 합치다	pull together
☐ ~에 대한 요점을 말하다	get to the point of
☐ 생산원가의 인상으로	due to the increased production cost

NOTE

* He loves her and vice versa. 그는 그녀를 사랑하고 그녀도 그를 사랑한다.
* ratify 비준하다, 실증하다

☐ 바로잡다	put to rights
☐ 어느 정도 해결된 것 같다	seem to be half solved
☐ 포장이 좋지 않아서	due to bad packing
☐ 다이얼을 돌리는 도중에	halfway through dialing
☐ 대충 훑어보다	run through
☐ 기탄없이 얘기하다	talk things out
☐ 좌지우지하다	call the tune
☐ 막후에서 영향력을 행사하다	pull the strings
☐ ~의 표준이 되다	set the standard for
☐ ~에 대한 장을 마련하다	set the stage for
☐ ~의 대가를 치르다	pay the price for
☐ ~라는 점을 간과하다	overlook the point that
☐ 간결하고 적절한	short and to the point
☐ 플러그를 소켓에 끼우다	insert[put] the plug in the socket
☐ ~에서 최대한의 이익을 얻다	get the maximum benefit from
☐ ~가 할 수 있는 가장 작은 일은	the least one can do is
☐ 요령을 익히다	get the hang of
☐ ~에 대한 초석을 놓다	lay the groundwork for

NOTE

- **string** 끈, 한 줄 [a string of 한 줄의]
- **groundwork** 토대, 기초 공사

□ 끝마무리하다	put the finishing touch on
□ ~사이에 숫자가 맞지 않음	the discrepancy between A and B
□ ~라는 결론을 내리다	come to the conclusion that
□ 사업을 정착시키다	get the business off the ground
□ 본론으로 들어가다	get down to the business
□ 3개월간의 유예기간 동안	during the 3-months grace period
□ 업무와 관련한 스트레스	job tension in connection with one's work
□ 훈화	pep talk
□ 허풍	tall story
□ ~에 잠깐 들르다	make a quick stop at
□ 위조수표	a counterfeit[forged, spurious] check
□ 추후로 미루다	put something on the back burner
□ ~을 없던 일로 치고 잊다	get something behind someone
□ 이래라 저래라 하다	tell someone what to do
□ 설득해서 시키다	talk someone into
□ 어떤 공통된 입장을 찾다	find some common ground
□ 그런 식으로 계속해서	and so on until

NOTE

- **discrepancy** 상위, 불일치, 모순
- **spurious** 가짜의, 위조의
- **grace** 우아, 은총, 유예
- **burner** 버너, 연소실

□ 조금 못 미치다	fall slightly short of
□ 현장	job site
□ 양면성	two sides of the same coin
□ 아파서 집에서 쉬다	be at home sick
□ ~함을 주의해야 한다	You should be cautioned that
□ 일정을 단축하다	cut short of one's schedule
□ 비공개 입찰	sealed bid
□ 판매목표를 달성하다	attain the sales goal
□ 손으로 짠 양탄자	a handwoven rug
□ 마지못해 ~하려고 하다	make a half-hearted attempt to do
□ 건강에 위협이 되다	pose health risks
□ 그 일에 대한 보수	the remuneration of the job
□ 하층 사회	the rank and file
□ 전망해보면	to put things in perspective
□ 사내 연수	an in-house training program
□ 저자세	low profile (↔ high profile)

NOTE

- seal 날인하다, 봉인하다
- bid 입찰, 노력, 시도
- pose 궁지에 빠지게 하다
- the rank and file 하급직원, 사병, 하층사회
- perspective 원근법, 전망, 균형 [see things in their perspective 사물을 옳게 보다 ǀ out of perspective 원근법에서 벗어나, 불균형하게]

어휘 개념 파악하기

▶ 분사가 형용사 역할을 하는 복합어

- an unlooked-for quest 불청객
- a blue-eyed girl 파란 눈의 소녀
- a five-storied building 5층 건물
- a quick-tempered man 성미가 급한 남자
- a simple-minded person 단순한 사람
- a long-nosed friend 코 큰 친구

▶ 'more'와 관련한 어구

- all the more 더욱 더
- and more 그 외 여러 가지
- more or less 대략, 거의
- what is more 더군다나, 게다가
- nothing more than ~에 지나지 않는
- neither more or less than ~이상도 그 이하도 아니다
- The sooner, the better. 빠르면 빠를수록 좋다.

▶ '바꾸다'와 관련한 단어

- alter 바꾸다, 변경하다
- change 바꾸다, 변하다
- exchange 교환하다
- vary 변경하다, 다르다
- modify 수정하다
- amend 수정[개정]하다
- revise 개정하다
- transform 변형시키다
- reform 개혁하다
- shift 자리를 옮기다

▶ 'against'는 서로 상충하고 상반되는 힘이 가해지는 경우에 사용한다.

- lean against ~에 기대다
- have against ~에 반감을 가지다
- act against 거슬리게 행동하다
- take against ~에 반감을 가지다
- against the blue sky 하늘을 배경으로
- against poverty 가난함에도 불구하고

● 회사의 부서와 직위 ●

■ **acting** 대리의	■ **affiliate** 계열사
■ **board of directors** 이사회	■ **branch** 지사
■ **colleague** 동료	■ **conglomerate** 거대 기업
■ **consultant** 고문	■ **coordinator** 조정자
■ **corporation** 법인, 주식회사	■ **department** 부서, 과
■ **director** 중역	■ **division** 부서, 국
■ **enterprise** 기업	■ **entrepreneur** 실업가
■ **executive** 이사, 경영간부	■ **firm** 회사, 상사
■ **foreman** 현장주임	■ **head office** 본사
■ **headquarters** 본사	■ **holding company** 지주회사
■ **interoffice** 부서간의	■ **managerial** 관리의
■ **parent company** 모회사	■ **partnership** 제휴, 합자회사
■ **representative** 대표자, 대리인	■ **section** 과, 영역
■ **subsidiary** 보조의; 자회사	■ **supervisor** 감독자, 주임
■ **supporting** 보조의	■ **trustee** 이사; 피신탁인

■ **tycoon** 실업계의 거물

□ **human resources department**   인적자원부
□ **multinational corporation**   다국적 기업
□ **payroll department**   경리부서
□ **personnel department**   인사부서

PART 4 NEW 토익 핵심 영단어

A 핵심 어휘 따라잡기

● H빔을 용접하고 있다.

The H beam is being welded.

☐ weld *v.* 용접하다 *n.* 용접

● 남자들이 자동차를 수리하고 있습니다.

The men are working on the car.

☐ work on a car 차를 수리하다

● 외부로 전화를 하시려면 먼저 9를 누르세요.

Push 9 first to make an outgoing call.

☐ an outgoing call 외부전화

● 혼선이 됐나 봐요.

I guess the lines are crossed.

☐ be crossed 혼선되다

● 그런 이름을 가진 사람은 없습니다.

We don't have anyone by that name.

☐ by that name 그러한 이름을 가진

● 그녀는 오늘 아파서 못 나온다고 전화했습니다.

She called in sick today.

☐ call in sick 아파서 못 나온다고 전화하다

● 미스터 김 좀 대 주세요.

Please connect me with Mr. Kim.

☐ connect A with B A를 B에게 연결하다

Biz Tips

⁗ When it comes to computers, I am **all thumbs.**
컴퓨터에 관한한 나는 정말 재주가 없습니다.

- 언제 덜 바쁘실 때 다시 전화 드릴까요?

  May I call you at a more convenient time?
  - ¤ convenient time 편리한 시간

- 전화가 끊기면 다시 걸게요.

  If we become disconnected, I'll call you back.
  - ¤ disconnect 연결을 끊다

- 뉴욕에 도착하면 전화하겠습니다.

  I'll get back to you as soon as I get to New York.
  - ¤ get back to ~에게 연락하다

- 우리는 계획의 중요성을 그들에게 이해시켜야 합니다.

  We should get across to them the importance of our project.
  - ¤ get ~ across to ~을 누구에게 이해시키다

- 그분과 통화하기가 가장 편리한 시간이 언제지요?

  When's the best time to get hold of him?
  - ¤ get hold of ~와 통화하다

- 저는 그런 사항을 결정할 권한이 없습니다.

  I don't have the authority to make that kind of decision.
  - ¤ authority ① 권한 ② 권위자 ③ 당국

- 그 문제에 대해 같이 검토를 했으면 합니다.

  I'd like to go over that problem with you.
  - ¤ go over 검토하다

Point Tips

|||| all thumbs 서투른 (= clumsy)

 **핵심 어휘 따라잡기**

● 그건 토론 중인 주제와 아무런 관련이 없어요.

That has no bearing upon the subject under discussion.
- bearing ① 영향력, 관계 ② 태도 ③ 방향

● 의견이 다른 점도 있지만 기업윤리에 관해서는 생각이 일치합니다.

We may have our differences, but we are of one mind on the subject of business ethics.
- be of one mind 생각이 일치하다

● 속단하지 말아요. 그들이 늦었다고 해서 사고를 당한 것을 의미하지는 않아요.

Don't jump to conclusions - just because they're late doesn't mean they have an accident.
- jump to conclusions 속단하다

● 그것은 너의 잘못이 아니야. 어쩔 수 없는 일이었어.

It really wasn't your fault, it was just one of those things.
- just one of those things 어쩔 수 없는 일

● 그들은 다른 종류의 사업들로 다각화할 때라고 결정했다.

They decided it was time to branch out into other kinds of business.
- branch out 다각화 하다

● 철저히 의논할 복잡한 문제가 많이 있습니다.

We have a number of complex problems to thrash out.
- thrash ① 채찍질하다 ② 격파하다 ③ 철저히 논의하다 (out)

Biz Tips

⊪ We **would like** you **to make** sincere efforts to solve this matter. 이 문제를 해결하는데 진지한 노력을 해 주시길 바랍니다.

⊪ What I mean is not **the case**.
제 말의 취지는 그런 것이 아닙니다.

- 어떻게 그런 생각을 해 내셨어요?

  How did you come up with the idea?

  ☒ **come up with** (생각, 의견 등을) 내다

- 2005년 총파업 때는 화물 기사들이 자신들의 트럭으로 항구 진입로를 막아 사실상 수출화물 운송을 마비시켰습니다.

  During the 2005 general strike, truckers blocked the access roads to ports with their vehicles, virtually paralyzing export cargo transportation.

  ☒ **access road** 진입로　　☒ **paralyze** 마비시키다

- 법률 개정을 통해 사회, 경제, 복지, 외국인 근로자 등과 관련한 광범위한 새로운 규정과 정책이 시행될 예정입니다.

  A wide variety of new rules and policies covering society, economy, welfare, and foreign workers are scheduled to begin this year as a result of legal revisions

  ☒ **be scheduled to do** ~할 예정이다　　☒ **revision** 개정

- 전체적인 경기 상황이 여전히 좋지 않아 국민들은 당분간 안정된 직장을 찾기가 힘들 것이다.

  The overall economic condition is still in bad shape and people will not be able to find stable jobs for the time being.

  ☒ **overall** *a.* 전반적인, 전면적인 *ad.* 전체적으로　　: **overalls** 작업복

- 시간이 걸리는 몇 가지 다른 약속 때문에 파티 초대를 받아들일 수가 없습니다.

  Because of several other time-consuming commitments, I am unable to accept your invitation to the party.

  ☒ **commitment** ① 약속　② 결정　③ 헌신

Point Tips

▥▥ would like someone to do 누가~하기를 바라다

▥▥ the case 사실, 진상, 실정

□ 문제는 ~에 있다	the problem lies with
□ 주요 업무	the principal service
□ 경쟁력 있는 가격	a competitive price
□ 안전수칙	safety precautions
□ 단언하다	say positively
□ 담당자	the person in charge, the right person
□ 나는 ~을 확신하다	It's perfectly clear to me that
□ 한 푼이 아쉬울 때	when every penny counts
□ 재고가 없는 부품	out-of-stock parts
□ 전반적인 경기전망	the overall economic outlook
□ 얼마의 미지불 차액	the outstanding balance of
□ 긴급 구제를 하다	bail out
□ 시험해보다	try out
□ 중지를 모으다	put one's heads together
□ 반대로	the other way around
□ 일상적인 일, 일상다반사	the order of the day
□ 작동이 잘되는	in good working order

NOTE

• competitive edge 경쟁력
 [competition 경쟁, 시합 ︱ competitive bids 경쟁력 있는 입찰가]
• precautious 조심하는, 경계하는　　• count 중요하다

☐ ~하는 유일한 방법은	the only way to do
☐ 깜빡 잊어버리다	slip one's mind
☐ 기억을 상기시키다	jog one's memory
☐ 머리를 식히다	get one's head together
☐ 구체적으로 지적하다	put one's finger on
☐ 거센 비판을 불러일으키다	spark off [touch] a storm of criticism
☐ 줄다리기	tug of war
☐ 언제 한번	one of these days
☐ 일에 시달리고 있는	under a lot of pressure at work
☐ 체면 때문에	out of politeness
☐ 바쁜 가운데서도	out of one's busy schedule
☐ 인적이 없는 곳에	in the middle of nowhere
☐ 금전욕	lust of money
☐ 천재지변	act of God
☐ 신용한도액	line of credit
☐ 업종	line of business
☐ ~의 중재로	on the intervention of
☐ 이러지도 저러지도 못하다	get caught in the middle

NOTE

• **lust** 강한 욕망, 관능적인 욕구 • **intervention** 중재, 간섭

Collocation 확인하기

☐ ~에 대해 한 치의 양보도 않다	not yield an inch on
☐ 기본적인 서비스	service with no frills
☐ ~라 해도 과언은 아니다	it is no exaggeration to say that
☐ ~일 때만큼 중요한 때는 없다	be never important than when
☐ 가장 중요한 것	the name of the game
☐ 시당국	municipal authorities
☐ 입에서 살살 녹다	melt in one's mouth
☐ 몇 년 전만 해도	not many years ago
☐ 시간을 낼 수 있다	can make oneself available
☐ 불량대출	bad loan
☐ 최고 한도	top limit, ceiling, maximum limit
☐ 불티나게 팔리다	sell like hot cakes
☐ 납세의무	tax liability
☐ 휴일	red letter day
☐ ~을 축소하다	make cutbacks in
☐ 지불을 완료하다	make all the payments in full
☐ 최후의 보루	the last citadel

NOTE

• frill 주름 장식 [No frills 첨가물 없음, 순수함 –상품의 표시]
• municipal 시의, 지방자치의 • citadel 성채, 요새, 거점

☐ 용기가 부족하여	for lack of[in want of] courage
☐ 진전이 없음	the lack of progress
☐ 발행일	the issue date
☐ 쟁점	hot issue
☐ 누구에게는 A가 B로 여겨지다	A is regarded by someone as B
☐ ~라는 아이디어는 성공적이다	is a winning idea
☐ 저금리 대출	low interest loans
☐ 가격인하	cut in prices
☐ ~에 딱 맞는	just in keeping with
☐ 혹시 ~한 경우를 대비해	just in case
☐ 대량으로 구매하다	buy in bulk, buy in large quantities
☐ ~에 경제제재조치를 가하다	impose economic sanction against
☐ 흠잡을 데 없는 예절과 가정교육	impeccable manners and breeding
☐ ~은 어떻습니까?	Can I interest you in ~?
☐ 백퍼센트 보증	one hundred percent guarantee
☐ ~에 대해 어떻게 사과드릴까요?	How can I apologize for ~?
☐ 금전상의 보수	pecuniary rewards

NOTE

- It's good for two days after the issue date.
  발행일로부터 2일간 유효합니다.
- bulk 크기, 용적 [in bulk ① 대량으로 ② 적하한 그대로]
- impose 부과하다
- impeccable 결함 없는

어휘 개념 파악하기

▶ **about**와 의미가 같은 표현

· on, over, of, for, as to, as for
· as regards, regarding, with regard to
· concerning, respecting, with respect to, in respect of

▶ **out of**의 개념 : ① ~밖으로 ② ~을 벗어난 ③ ~때문에

· out of order 고장 난
· out of breath 숨이 찬
· out of fashion 유행에 뒤진
· out of turn 순서 없이
· out of balance 균형을 잃은
· out of ignorance 무지해서
· out of curiosity 호기심에서

· out of danger 위험하지 않은
· out of date 시대에 뒤진, 구식의
· out of sight 안 보이는
· out of business 파산한
· out of sorts 기분이 좋지 않은
· out of fear 두려움 때문에
· out of common courtesy 예의상

▶ **'복잡한'**의 의미를 갖는 단어

· complex in construction 구조가 복잡한
· complicated circumstances behind 배후의 복잡한 사정
· the novel with an intricate plot 줄거리가 복잡한 소설
· be involved in debt 부채로 복잡하게 얽혀 있다

▶ **'공정한'**과 관련된 단어

· a fair judgment 공정한 판단　　· a just punishment 공정한 처벌
· hold an impartial view of ~을 편견 없이 보다
· an unbiased attitude 공평한 태도
· a disinterested person 이해관계가 없는 공정한 사람
· a dispassionate attitude 중립적이고 냉정한 태도
· an objective report 객관적인 보고서

● miscellanies 1 ●

- **abrasion** 찰과상
- **adhesive** 접착제
- **alternating current** 교류
- **anemia** 빈혈
- **anesthetic** 마취제
- **antidote** 해독제
- **attic** 다락방
- **balance beam** 평균대
- **belch, burp** 트림
- **binoculars** 쌍안경
- **bottled water** 생수
- **brain death** 뇌사
- **burial** 매장
- **chemical fiber** 화학섬유
- **close call** 구사일생
- **coma** 혼수
- **concave lens** 오목렌즈
- **constipation** 변비
- **constitution** 체질
- **convex lens** 볼록렌즈
- **cramp** 근육경련
- **crude oil** 원유
- **derricks** 유정탑
- **detergent** 합성세제
- **diagnosis** 진단
- **diaper** 기저귀
- **direct current** 직류
- **empty stomach** 공복
- **equator** 적도
- **erosion** 침식
- **eruption** 분화, 폭발
- **feel listless** 노곤하다
- **flea market** 벼룩시장
- **funnel** 깔때기
- **general public** 일반국민
- **go into orbit** 궤도에 진입하다
- **ground water** 지하수
- **herbicide** 제초제

PART 4 NEW 토익 핵심 영단어

A 핵심 어휘 따라잡기

- Those poor people live in a dilapidated house with holes in the roof and broken windows.

  그런 가난한 사람들은 지붕에 구멍이 뚫리고 유리창도 깨진 다 쓰러져 가는 오두막에 산다.

  ¤ **dilapidated** [dilǽpədèitid] *a.* 황폐해진, 무너져 가는

- That company is now defunct; it closed last month.

  그 회사는 지난달 문을 닫았기 때문에 현재는 조업을 하지 않는다.

  ¤ **defunct** [difʌ́ŋkt] *a.* 가동하지 않은, 죽은 : **now-defunct** 지금은 없어진

- The priest consecrated his life to religion.

  그 성직자는 종교에 일생을 바쳤다.

  ¤ **consecrate** [kánsikrèit] *v.* ① 신성하게 하다 ② 바치다, 전념하다

- We augmented the advertising budget in order to increase sales. 우리는 판매를 늘리기 위해 광고 예산을 증가시켰다.

  ¤ **augment** [ɔːgmént] *v.* 늘다, 증대하다 (=increase)

- The park was littered with such debris as old newspaper, dead leaves, and tin cans.

  공원은 신문지, 낙엽, 깡통 등과 같은 부스러기들로 어질러져 있었다.

  ¤ **debris** [dəbríːs] *n.* 파편, 조각, 부스러기

- He made an extravagant demand on his employer by asking for a huge raise.

  그가 고용주에게 엄청난 임금 인상을 요구한 것은 도가 지나쳤다.

  ¤ **extravagant** [ikstrǽvəgənt] *a.* ① 값비싼 ② 터무니없는, 도를 지나친

  : **extravagance** *n.* ① 낭비 ② 사치품 : **extravaganza** 호화판 행사

Biz Tips

‖‖‖ Though we have our differences, there seems to be a lot of **common ground** between us.

의견을 달리하는 점도 있지만 입장을 같이 하는 부분도 아주 많은 것 같습니다.

‖‖‖ Instead of working **at cross purposes**, let's join forces.

서로 상반된 채로 일하지 말고, 힘을 합쳐봅시다.

TOEIC VOCA

핵심 어휘 따라잡기

P
A
R
T
4
N
E
W
토
익
핵
심
영
단
어

- Everyone at the party was cordial to each other.
  파티에 참석한 모든 사람들은 서로를 따뜻하게 대했다.
  > ¤ **cordial** [kɔ́ːrdʒəl] *a.* 마음이 따뜻한, 인정이 있는

- They defaulted on our contract when they didn't deliver the materials promised.
  그들이 약속했던 자재를 가지고 오지 않은 것은 계약 불이행이었다.
  > ¤ **default** [difɔ́ːlt] *v.* 이행하지 않다 *n.* ① 불이행 ② 기권 ③ [컴] 애초 값
  > : **win by default** 부전승을 하다

- The newspapers disseminate information to the public.
  신문은 대중에게 정보를 유포한다.
  > ¤ **disseminate** [disémənèit] *v.* 퍼뜨리다, 유포하다   : **dissemination** 유포

- He manipulated the price of a stock so he could buy it cheaply.
  그는 주가를 조작하여 주식을 싸게 샀다.
  > ¤ **manipulate** [mənípjəlèit] *v.* ① 다루다, 조정하다 ② 조작하다
  > : **manipulative** 속임수의, 손으로 교묘히 다루는

- She is totally immersed in her studies.
  그녀는 공부에 완전히 빠졌다.
  > ¤ **immerse** [imə́ːrs] *v.* 잠그다, 빠져들게 하다
  > : **be immersed in** (= **immerse oneself in**) ~에 몰두하다

- He defrayed the costs of a new car by taking a second job.
  그는 부업을 해서 새 차 값을 지불했다.
  > ¤ **defray** [difréi] *v.* (비용을) 지불하다

Point Tips

⫼ **common ground** 입장[의견]이 같은 부분

⫼ **at cross purposes** 서로 상반된 채로, 서로 엇갈리는 목적을 가지고

A 핵심 어휘 따라잡기

- After days of heavy rain, we were on guard for contingent flooding. 며칠간 폭우가 내려서 우리는 발생할지 모르는 범람에 대비했다.
- We will buy this house contingent on selling our current home. 우리는 지금 살고 있는 집을 팔 수 있다면 이 집을 살 것이다.

  ¤ contingent [kəntíndʒənt] a. ① 일어날 수 있는 ② 부수적인, ~을 조건으로 하는
  : contingent expenses 임시비
  : a fee contingent on success 성공 사례금

- The couple bickers often about which roads to drive on to get places.
  그 부부는 종종 어느 길로 갈 것인지에 관해 다툰다.

  ¤ bicker [bíkər] v. 말다툼하다 : bickering 말다툼, 언쟁

- Her death was a homicide from a knife wound to the heart.
  그녀는 심장에 칼을 맞아 살해되었다.

  ¤ homicide [hámәsàid] n. ① 살인(행위) ② 살인자
  : syn. murder, manslaughter

- He is cognizant of the fact that he must pay back the money he borrowed.
  그는 자기가 빌린 돈을 갚아야 한다는 사실을 알고 있다.

  ¤ cognizant [kágnəzənt] a. 인식하고 있는 : cognition 인식

- She honed her piano playing by practicing eight hours a day. 그녀는 하루 여덟 시간씩 연습하여 피아노 실력을 향상시켰다.

  ¤ hone [houn] v. ~을 숫돌에 갈다, 연마하다 n. 숫돌

Biz Tips

This change is part of process of **consolidating** our branches. 이러한 변화는 우리 회사 지점들의 통폐합 과정의 일부입니다.

We should ask for more **concessions** from them.
우리는 그들로부터 더 많은 양보를 요구해야 합니다.

- After the flood, the ground floors of houses were awash with water and mud. 홍수가 지나간 후, 집집마다 1층은 물과 진흙으로 뒤덮여 있었다.
  - ¤ awash [əwɔ́ʃ] a. 물이 넘치는, 뒤덮인 : be awash with ~으로 뒤덮이다

- The politician maligned her opponent as dishonest.
  그 정치인은 자신의 경쟁자를 부정직하다고 비방했다.
  - ¤ malign [məláin] v. 비방하다, 헐뜯다 a. 악성의
    : syn. speak ill of, slander, libel, abuse

- We can correlate the increase in profits to the increase in our sales. 우리는 이익의 증가와 판매의 증가를 관련시킬 수 있다.
  - ¤ correlate [kɔ́:rəlèit] v. 서로 관련시키다 n. 서로 관계가 있는 것
    : correlation 상호 관계

- Patients inhale painkilling medicine before an operation.
  환자들은 수술 전에 마취제를 흡입한다.
  - ¤ inhale [inhéil] v. 들이쉬다 : inhalation 흡입, 들이마시기
    : syn. suck in, breathe in : the inhalation of oxygen 산소의 흡입

- The situation is very volatile; rioters may try to overthrow the government. 상황이 매우 불안정하다. 폭도들이 정부를 전복시키려 할지도 모른다.
  - ¤ volatile [válətil] a. ① 휘발하는 ② 변덕스러운
    : a volatile chemical 휘발성 화학물질

- I fasten screws on an assembly line and the work is a pure drudgery.
  나는 조립 라인에서 나사못을 조이는 일을 하는데, 그건 정말 지루한 단순 작업이다.
  - ¤ drudgery [drʌ́dʒəri] n. 지루한 단순 업무

Point Tips

⫶⫶⫶⫶ consolidate v. ① 강화하다 ② 합병하다

⫶⫶⫶⫶ concession n. 양보, 용인

핵심 어휘 따라잡기

- The emperor's decrees and letters were in the national archives. 그 황제의 법령과 서한은 국립 기록 보관소에 있었다.
  - ¤ **archives** [ɑ́:rkàivs] *n.* 기록 보관소, 데이터의 집적

- The large corporation decentralized its manufacturing operations into five regional facilities.
  그 대기업은 제조 공정을 다섯 개의 지역 공장에 분산시켰다.
  - ¤ **decentralize** [di:séntrəlàiz] *v.* 분산시키다, 지방 분권화하다

- He deviated from society by becoming a drug addict.
  그는 약물 중독자가 되면서 사회에서 일탈하고 말았다.
  - ¤ **deviate** [dí:vièit] *v.* ① 일탈 행위를 하다 ② 어긋나다

- When he failed to repay the loan, the bank repossessed his car as forfeiture. 그가 빚을 갚지 못하게 되자, 은행은 그의 차를 몰수물로서 회수해갔다.
  - ¤ **forfeiture** [fɔ́:rfətʃər] *n.* 몰수(물), 상실
  - : **forfeit** *v.* ① 몰수되다 ② 몰수패를 당하다 *n.* 몰수패

- What kind of career do you envision for yourself?
  당신은 어떤 종류의 직업을 마음에 두고 있습니까?
  - ¤ **envision** [invíʒən] *v.* 미래의 일을 상상하다, 마음속에 그리다
  - : *syn.* **envisage, foresee**

- An increasing number of guns have been confiscated in school recently.
  최근 학교에서 압수되는 총기의 숫자가 점점 증가하고 있습니다.
  - ¤ **confiscate** [kánfiskèit] *v.* 압수하다, 몰수하다

Biz Tips

  ⅠⅠⅠⅠ Careful long-range planning will help you **keep** things **in perspective.**
  신중한 장기계획이 있으면 일을 올바로 판단하는데 도움이 될 것입니다.

- They appreciate all the creature comforts of home.
  그들은 집에 있는 모든 안락한 것들에 감사하고 있다.

  ¤ **creature comforts** 육체적인 안락을 주는 것

- She invited me to a party, so I reciprocated and invited her to my party.
  그녀는 나를 파티에 초대했고 나는 답례로 그녀를 우리 파티에 초대했다.

  ¤ **reciprocate** [risíprəkèit] *v.* 서로 주고받다

  : a reciprocal treaty 호혜조약 : a reciprocal mistake 서로 오해하기

  : trade reciprocity 무역 상호주의

- The police caught the thief and his accomplice, who was driving the car. 경찰은 절도범과 차를 운전한 공범을 잡았다.

  ¤ **accomplice** [əkámplis] *n.* 공범자, 협력자

- The issue of raising taxes causes acrimonious arguments.
  세금 인상 문제는 신랄한 논쟁을 불러일으킨다.

  ¤ **acrimonious** [æ̀krəmóuniəs] *a.* 신랄한, 매서운

  : acrimony 엄격함, 신랄함 : speak with acrimony 독설을 퍼붓다

- Our game plan is to make a low first offer and then to increase until we have an agreement.
  우리의 전략은 처음에 낮은 가격을 제안한 다음, 합의점에 도달할 때까지 가격을 올리는 것이다.

  ¤ **game plan** ① 경기 전략 ② 사업 전략, 행동 방침

- Everything hinges on his decision.
  만사는 그의 결정에 달려있다.

  ¤ **hinge on** ~에 달려 있다, ~에 따라 정해지다 : hinge 경첩

Point Tips

⁗ keep something in perspective ~을 올바로 판단하다

핵심 어휘 따라잡기

- That company is a discrete entity from the others, which are all owned by the parent company.

  그 회사는 모회사에 소속된 다른 회사들과 완전히 분리된 독립 사업체다.

  ¤ discrete [diskríːt] *a.* 분리된, 관련 없는

  ⋮ *cf.* discreet *a.* 분별력 있는, 신중한   ⋮ be discreet in ~을 삼가다

- She is adamant about not seeing her old boyfriend anymore.   그녀는 옛 남자 친구를 절대로 다시 보려 하지 않는다.

  ¤ adamant [ǽdəmənt] *a.* 완강한, 굽히지 않는

- Her car broke down in the country, and getting it fixed was a big hassle.

  그녀의 차는 시골에서 고장이 났고, 그것을 고치는 일은 정말 짜증나는 일이었다.

  ¤ hassle [hǽsl] *n.* 자질구레한 [짜증나는] 일 *v.* 어려움을 주다

  ⋮ avoid legal hassle 법적 다툼을 피하다

- Airport security has been beefed up.

  항공 보안이 강화되었습니다.

  ¤ beef up ~을 강화하다

- She is a versatile musician who can play many instruments.

  그녀는 여러 가지 악기를 다룰 줄 아는 다재다능한 음악가다.

  ¤ versatile [və́ːrsətl] *a.* ① 다재다능한 ② 다용도의

- Starvation was rampant in the country after the war.

  전쟁이 끝난 후 기아가 나라에 만연했다.

  ¤ rampant [rǽmpənt] *a.* 만연하는, 날뛰는   ⋮ rampant crime 만연하는 범죄

Biz Tips

|||| Please accept my deepest sympathy and sincerest **condolence** on the occasion of the death of your father.
아버님이 돌아가신 것에 깊은 동정심과 심심한 애도를 드립니다.

520

- The nation was untied, then political opinion diverged and several political parties were formed.
  국가가 통일되고 나자 정치적 의견이 갈라졌고 수개의 정당이 생겼다.
    - ¤ diverge [divə́:rdʒ] v. 갈리다, 분기하다 : divergent 일치하지 않는

- That country is in upheaval with earthquakes and little food.
  저 나라는 지진과 식량난으로 혼란에 빠져 있다.
    - ¤ upheaval [ʌphíːvəl] n. 혼란, 대변동
      : in upheaval with ~로 혼란에 빠져 있다

- Love is inherent in a good marriage.
  사랑은 행복한 결혼생활에 내재해 있다.
    - ¤ inherent [inhíərənt] a. 내재한, 고유의   : inherently 본질적으로

- It is amazing that a huge amount of data can be condensed into a few CDs.
  엄청난 양의 자료가 몇 장의 CD에 압축될 수 있다는 것은 놀라운 일이다.
    - ¤ condense [kəndéns] v. 압축하다, 요약하다 : condensation 압축, 응축

- All the students responsible for the prank face expulsion from school.   그런 장난에 책임이 있는 모든 학생들은 제적에 직면해 있다.
    - ¤ expulsion n. [ikspʌ́lʃən] v. ① 분출 ② 추방, 제명

- An accident caused turmoil in his life.
  사고로 인해 그의 생활에 동요가 일어났다.
    - ¤ turmoil [tə́ːrmɔil] n. 소란, 소동, 동요
      : in economic and social turmoil 경제적 사회적 혼란 속에

Point
Tips

Ⅲ condolence 애도, 위문

P
A
R
T
4
N
E
W
토익
핵심
영단어

어휘 개념 파악하기

▶ **after-**는 시간적으로 뒤나, 혹은 결과적인 것을 나타낸다.

- after-dinner 식후의
- aftershock 여진
- aftereffect 여파
- after-sales 판매 후의

- aftertaste 뒷맛, 여운
- afterimage 잔상
- aftercare 산후 몸조리
- afterpain 산후 복통

▶ **'부분'을 나타내는 단어**

- part 일부, 부분, 직분, 본분
- share 몫, 분담, 주식, 점유율
- fragment 파편, 떨어진 조각

- portion 한 조각, 몫, 운명
- piece 조각, 단편, 한 구획
- segment 단편, (원의) 호

▶ **Noun + Noun** 복합어 연습

- rental agreement 임대계약
- full refund 전액 환불
- overhead costs 경상비
- estate market 부동산 시장
- tax liability 납세의무
- common ground 공통적 입장
- round trip 왕복운행
- conference call 전화회의
- labor dispute 노동분쟁
- heavy rainfall 집중호우
- legal dispute 법적분쟁
- potential client 잠재적 고객
- vested interest 기득권
- safety reasons 안전상의 이유
- advanced country 선진국
- commercial purpose 업무용
- lending rate 대출금리
- storm window 방풍창

- welfare benefits 복리후생
- full price 정상가격
- sluggish economy 불경기
- market value 시장가치
- production staff 생산직원
- awards ceremony 시상식
- review committee 검열위원(회)
- conference hall 회의장
- employee satisfaction 직원 만족
- marked increase 두드러진 증가
- financial condition 재정상태
- valuable asset 막대한 자산
- exhaustive research 철저한 조사
- diverse attractions 다양한 매력
- back issue (잡지 등의) 과월 호
- expiration date 유효기간
- outdoor event 야외행사
- import restriction 수입제한

miscellanies 2

▪ **horizontal bar** 철봉	▪ **incurable** 불치의
▪ **insecticide** 살충제	▪ **latitude** 위도
▪ **living expenses** 생활비	▪ **longitude** 경도
▪ **low blood pressure** 저혈압	▪ **magnifying glass** 돋보기
▪ **nausea** 구역질	▪ **nursery school** 보육원
▪ **oil spill** 유출된 석유	▪ **overdue fine** 연체료
▪ **panty hose** 팬티스타킹	▪ **parallel bars** 평행봉
▪ **paralysis** 중풍, 마비	▪ **pending issue** 현안
▪ **personnel change** 인사이동	▪ **petroleum** 석유
▪ **poison fang** 독침	▪ **public assembly** 대중 집회
▪ **radar observation** 레이더 관측	▪ **red tide** 적조
▪ **response rate** 응답률	▪ **routine checkup** 정기검진
▪ **sow seeds** 씨를 뿌리다	▪ **stanch** 지혈하다
▪ **stratum** 지층	▪ **sulfur dioxide** 아황산가스
▪ **synthetic fiber** 합성섬유	▪ **Temperate Zone** 온대
▪ **tentative plans** 임시계획	▪ **unit price** 단가
▪ **vacuum cleaner** 진공청소기	▪ **vein** 정맥
▪ **violent crime** 강력범죄	▪ **volcanic ashes** 화산재

▫ **compulsory education** 의무교육
▫ **personality disorder** 성격결함

PART 4 NEW 토익 핵심 영단어

- Jim kept his feelings under with an effort.
  짐은 애써 감정을 자제했다.
  (¤ keep ~ under : ~을 억제시키다)

- He came to a few minutes later, unable to remember anything about the accident.
  그는 몇 분 후에 의식이 돌아왔지만, 사고에 대해선 아무 것도 기억할 수 없었다.
  (¤ come to : 의식을 회복하다)

- With the bank loan, the company is over the hill.
  은행 융자로 회사는 위기를 극복했다.
  (¤ over the hill : 고비를 지나서)

- The weather is made to order for the bicycle hiking.
  날씨가 자전거 하이킹 가기에 안성맞춤입니다.
  (¤ made to order for : ~에 안성맞춤인)

- We're all rooting for you, Bill.
  우리 모두는 빌 너를 응원하고 있어.
  (¤ root for : ~을 응원하다)

- The fire in the factory set back production by several weeks.
  공장의 화재로 생산이 몇 주 지연되었다.
  (¤ set back : ~을 연기시키다)

- I yield to none in strong will.
  나는 강한 의지에 있어서 누구에게도 지지 않는다.
  (¤ yield to none : 누구에게도 지지 않다)

- I want that report from your office on the double!
  당신 회사에서 보낼 그 보고서를 급히 해 주세요!
  (¤ on the double : 급히, 빨리)

- It is widely known that no two fingerprints are identical.
  어떤 두 지문도 같지 않다는 사실은 널리 알려져 있다.
  (¤ no two -s : 어떤 두 ~도 아니다)

- I saw many animals running away in all directions.
  나는 사방팔방으로 도망가는 많은 동물들을 보았다.
  (¤ in all directions : 사방팔방으로)

- We came in for some kind of punishment.
  우리는 벌을 좀 받았다.
  (¤ come in for : 〈재산, 벌, 칭찬 등〉을 받다)

- The goal seemed to be within his reach.
  그 목표는 그가 감당할 수 있을 것 같았다.
  (¤ within one's reach : ~의 힘이 닿는)

- Women's liberation still has a long way to go.
  여성해방은 아직 갈 길이 멀다.
  (¤ have a long way to go : 갈 길이 멀다)

- If something does happen, I'll just play it by ear.
  만약 무슨 일이 일어난다면 임기응변으로 대응하겠다.
  (¤ play it by ear : 임기응변으로 행동하다)

- Rumor has it that he was killed in the accident.
  소문으로는 그가 사고로 죽었다는 것이다.
  (¤ have it that : ~을 주장하다)

- **There was** nothing other than **dry bread and water.**
  오직 마른 빵과 물 이외에는 어떠한 것도 없었다.
    (☼ **nothing other than** : 오직, 단지)

- **There were fifty-one men** all told.
  전부 합하여 51 명의 사람이 있었다.
    (☼ **all told** : 전부 합하여)

- **He tried** in vain **to climb the mountain.**
  그는 산을 오르려 했으나 허사였다.
    (☼ **in vain** : 헛되이)

- **AT&T** spun off **Lucent Technology in the mid 1990s.**
  AT&T는 1990년대 중반에 Lucent Technology로부터 떨어져 나왔다.
    (☼ **spin off** : ~로부터 분리되어 나오다)

- **He is a scoundrel** out and out.
  그는 철저한 악당이다.
    (☼ **out and out** : 철저히, 완전히)

- **I can** get a good idea of **what you said.**
  나는 당신이 말 한 것을 잘 이해할 수 있습니다.
    (☼ **get a good idea of** : ~을 잘 이해하다)

- **$10.55** rounded up **is $11.**
  10달러 55센트를 반올림하면 11달러가 됩니다.
    (☼ **round up** : 모으다, 반올림하다)

- **He is** not nearly **so clever as his father.**
  재주로는 도저히 아버지를 따르지 못한다.
    (☼ **not nearly** : 도저히 ~ 아니다)

- **It is not easy living** on the dole.
  실업수당으로 사는 것은 쉽지 않다.
    (☞ **on the dole** : 실업수당으로)

- **She was so angry she wouldn't even** hear me out.
  그녀는 몹시 화가 나서 내 말을 끝까지 들으려고도 하지 않았다.
    (☞ **hear out** : 끝까지 듣다)

- **I want to** have it out with **him.**
  나는 그와 결판을 내고자 한다.
    (☞ **have it out with** : ~와 결판을 내다)

- **An FBI agent is** on the lookout for **a bearded man in a gray suit.** FBI 요원이 회색 옷에 수염 난 자를 감시하고 있습니다.
    (☞ **on the lookout for** : ~을 감시하고 있는)

- **His features** answer to **description.**
  그의 모습은 설명과 일치한다.
    (☞ **answer to** : ~와 일치하다)

- **A problem** cropped up **and she gave up the plan.**
  어떤 문제가 발생하여 그녀는 계획을 포기했다.
    (☞ **crop up** : 갑자기 생기다)

- **He** delved into **the books to look for the facts.**
  그는 그 사실을 알아내기 위해 그 책을 깊이 탐구했다.
    (☞ **delve into** : ~을 깊이 탐구하다)

- **You may use my car,** such as it is.
  좋은 차는 아니지만 제 차를 사용하셔도 됩니다.
    (☞ **such as it is** : 변변치 못하지만)

- **He is well** versed in **Korean history.**
  그는 한국 역사에 아주 정통하다.
  (☐ **be versed in** : ~에 정통하다)

- **They arrived home** safe and sound **after driving in a storm.**
  그들은 폭풍우 속을 운전하여 무사히 집에 도착했다.
  (☐ **safe and sound** : 무사히)

- **It's not good to** pry into **other people's affairs.**
  남의 일에 꼬치꼬치 파고드는 것은 좋지 않다.
  (☐ **pry into** : 캐묻다)

- **We can** ward off **some disease merely by doing some exercise.**
  우리는 단지 약간의 운동만으로도 일부 질병을 예방할 수 있다.
  (☐ **ward off** : 피하다)

- **I am** making do with **my old computer.**
  나는 오래된 컴퓨터로 그럭저럭 변통하고 있다.
  (☐ **make do with** : ~을 가지고 때우다)

- **The police arrived** in the nick of time.
  때마침 경찰이 도착했다.
  (☐ **in the nick of time** : 마침 제때에)

- **In some cases, a telephone interview will be held** in lieu of **a personal visit.**
  어떤 경우에는 개별 방문 대신에 전화 인터뷰가 행해진다.
  (☐ **in lieu of** : ~대신에)